本书为吉林省发展和改革委员会重大项目"激发吉林省民间投资活力的制度安排与政策建议研究"（〔2017〕784号）阶段性研究成果；

吉林省哲学社会科学基金项目"高管性别异质性对科创企业成长的技术创新驱动效应研究"（2021B78）阶段性研究成果；

吉林财经大学2022年度智库培养项目"吉林省制造业企业产销分离必要性及管控研究"（2022ZK057）阶段性研究成果；

吉林财经大学物流产业经济与智能物流实验室2022年度开放基金项目"产销分离模式的数智化精细管理"（2022KFJJ007）阶段性研究成果。

民间投资发展的
制度安排与建议

—— 吉林实践 ——

INSTITUTIONAL ARRANGEMENT AND SUGGESTION OF
PRIVATE INVESTMENT
DEVELOPMENT

李　阳　**主　编**

刘东来　李　硕　刘贺家　**副主编**

社会科学文献出版社
SOCIAL SCIENCES ACADEMIC PRESS (CHINA)

摘　要

　　激发民间投资发展活力、促进实体经济增长是各级政府关注的热点问题。全国各省（区、市）都把深化投融资体制改革、激发民间投资活力作为本地区深化改革、促进经济发展的重中之重。

　　本书从贯彻落实国家促进民间投资相关政策措施情况入手，对吉林省民间投资现状进行摸底调查和分析，深入地区及企业开展专题调研，力求找出制约吉林省民间投资进一步发展的关键瓶颈，特别是对 PPP 助力民间投资发展的制度设计、法律风险等内容进行深入探讨。同时，结合国家新一轮东北振兴吉林省对口浙江省的契机，加强与代表性先进省份的对比研究，深入分析吉林省在促进民间投资领域仍存在的问题及整体投资环境、制度安排、政策支持等方面的不足。最终，提出进一步激发民间投资活力、促进实体经济持续向前发展的整体制度安排与政策保障的立体框架及具体实现路径，力求实现吉林省民间投资环境的深度优化、各项相关制度的深入革新及配套政策的灵活有效。本书主要包括以下几方面的研究。

　　第一，吉林省民间投资发展现状研究。通过实地调研，对吉林省民间资本存量、投资主体需求等方面进行摸底调查研究。重点对促进民间投资的相关政策执行情况进行深入分析。如市场准入的政策放开力度；是否有效去除民间投资显性或隐性门槛；政府和社会资本合作深度及相关软环境和政策优惠的完善程度；国家发展改革委促进民间投资 26 条政策措施具体落实情况及效果等。第二，国家及代表性省份民间投资发展政策及实践梳理与对比分析。第三，吉林省民间投资进一步发展的制约因素研究。找出了制约民间投资进一步发展的关键性因素，如融资难、融资贵；民间投资保障不足；企业持续经营信心不足、资产流动性差，存量资产及资金周转活力不足、偿债压力大；政策不稳定性的负面影响；创新创业活力不足、人才流失严重且成本高；交易制度规则不完善、资本安全退出缺乏保障；

金融支持缺乏整体联动性、缺乏创新产品设计及有效风险监管等。重点分析了在市场准入、PPP 项目合作及政策执行过程中仍存在的问题、不足及成因。第四，助力吉林省民间投资发展的制度安排研究。围绕民间投资市场的准入、审批、收费、金融支持、投资保护及风险监管等方面，力求建构维护市场秩序、保障竞争公平、激发民间投资活力、促进实体经济发展的制度框架。发挥制度让利作用，"多予、少取、放活"，强化政府信用约束，给予社会资本公平待遇，创造公平机会，以制度约束实现结果公平，并提高社会资本投资收益，发挥财政资金"四两拨千斤"的撬动效应。第五，驱动吉林省民间投资长足发展的政策保障研究。从吉林省民间投资发展的现状及进一步发展的实际需求出发，探索驱动吉林省民间投资大力发展的软环境建设、配套政策设计及提高执行效率的最佳路径。宏观上，采取"法无禁止皆可为"的"负面清单"制度，容忍新事物和新形态，给予一定试错纠偏空间。中观上，加快开放自然垄断行业的竞争性业务，给予社会资本参与的空间，激发企业的积极性。微观上，减少企业经营行政干预，尊重企业自主经营；落实减税降费精神，扩大企业生存空间；加大金融政策支持力度，帮助企业突破瓶颈。

目 录

引 言 ……………………………………………………………………… 001

第一章 吉林省民间投资发展现状综观 …………………………… 004

第一节 吉林省经济发展概况 ……………………………………… 004

第二节 吉林省民间投资现状综观 ………………………………… 020

第三节 政府为激发民间投资活力已实施的举措 ……………… 032

第二章 国家及代表性省份民间投资发展政策及实践梳理与对比

分析 ……………………………………………………………… 049

第一节 国家推进民间投资发展的相关政策梳理 ……………… 049

第二节 代表性省份民间投资政策梳理 ………………………… 055

第三节 吉林省与代表性省份民间投资政策对比与评价 ……… 068

第四节 PPP政策梳理与实践发展对比分析 …………………… 077

第三章 吉林省民间投资活力约束诊测 ………………………… 097

第一节 制约吉林省民间投资发展活力的整体瓶颈分析 ……… 097

第二节 吉林省PPP模式推进对民间投资活力的制约分析 …… 104

第四章 吉林省民间投资者的投资潜能研究 …………………… 114

第一节 民间投资与投资潜能的界定 …………………………… 114

第二节 吉林省民间投资者投资潜能的分析 …………………… 116

第五章　激发吉林省民间投资发展活力的制度安排……………… 120

第六章　激发吉林省民间投资发展活力的多维政策建议………… 128

　第一节　全方位布局，多元激发民间投资发展活力…………… 128

　第二节　推进 PPP 模式，助推民间投资 ……………………… 150

第七章　驱动吉林省民间投资长足发展的关键保障研究………… 195

　第一节　通过提高执法效率，提升投资者保护水平…………… 195

　第二节　构建网络评估模型防范系统性金融风险……………… 217

参考文献……………………………………………………………… 230

引　言

　　激发民间投资发展活力、促进实体经济增长是党中央、国务院及吉林省委、省政府关注的热点问题。全国各省（区、市）都把深化投融资体制改革、激发民间投资活力作为本地区深化改革、促进经济发展的重中之重。

　　2016年10月，国家发展改革委印发了《促进民间投资健康发展若干政策措施》，该《措施》从促进投资增长、改善金融服务、落实完善相关财税政策、降低企业成本、改进综合管理服务措施、制定修改相关法律法规6个方面提出了26条具体措施，旨在进一步解决制约民间投资发展的重点难点问题。同年，中共中央、国务院又下发《关于深化投融资体制改革的意见》。2017年7月，国务院就《基础设施和公共服务领域政府和社会资本合作条例（征求意见稿）》公开征求意见，为民间投资注入"安心剂"。

　　中国仍处在工业化、新型城镇化进程中，因此，扩大有效投资具有很强的关联效应、乘数效应和结构效应，是不可替代、不可或缺的重要工具，更是适度扩大总需求，以供给侧结构性改革为主线推动发展的重要方面。在我国经济新常态下，非公经济作用凸显，民间投资为经济发展提供新动力。民间投资总量大，对消费和就业都有很强的带动作用，这不仅关系到稳增长，更影响着调结构；不仅影响当前，还会影响今后一个时期的发展。中央高度重视促进民间投资健康发展的工作，因此将其提升为供给侧结构性改革的重要举措和新常态下创新发展的重要战略步骤。李克强同志指出，我们必须坚持"两个毫不动摇"，促进社会投资尤其是民间投资的健康发展。激发民间投资活力对于补齐短板、优化结构和大众创业万众创新、培育新动能、改善民生等，均发挥促进发展的作用。

　　2018年1~6月中国民间固定资产投资增速下滑，东北地区投资大幅回落，这一趋势引起了国务院的高度关注，国务院启动了针对民间投资的专项督查，相关议题也在国务院常务会议上被专门讨论。李克强同志强调，要充分发挥社会资本的作用，千方百计扩大有效投资。因此，激发社会投资活力，既是发展问题，也是改革问题，迫切需要依靠改革的力度提升社会投资的温度。

与此同时，紧随中央号召，自 2014 年下半年开始，吉林省先后出台《吉林省政府关于推进长春市突出发展民营经济综合配套改革示范区试点的若干意见》《吉林省政府关于进一步促进资本市场健康发展的实施意见》《吉林省政府关于国务院近期支持东北振兴若干重大政策举措的落实意见》《吉林省人民政府关于促进民营经济加快发展若干措施的通知》《吉林省政府关于加快推动工业转型升级的指导意见》等促进投融资及经济发展的一系列政策文件。2015 年 6 月，全国工商联十一届六次常委会在吉林省长春市召开，开展了全国民营企业吉林行活动；2016 年 7 月，首届全球吉商大会成功召开，吸引全世界 1200 余名吉林籍商人回乡考察，签订多项投资协议。从 2016 年开始，吉林进一步开展狠抓经济发展环境行动，先后开展商事制度改革，简化审批程序，对省级非行政许可项目零审批和全省审批一张网，并再次出台 41 条改善经济运行环境的政策意见，对企业进行精准扶持。2016 年 12 月，吉林省委省政府出台《关于深化投融资体制改革的实施意见》。中央及省内的系列政策措施，有效地激发了民间投资活力，有力地推动了吉林省的经济增速。2017 年 5 月，在吉林省委、省政府召开的"三早"行动汇报会上，吉林省委书记强调，要把项目投资与建设摆在更加重要、更加突出的位置，全力以赴抓环境、抓项目、抓落实，推进项目早落地、早开工、早见效，努力推动吉林项目建设取得新的进展，为吉林新一轮全面振兴提供重要的支撑保障。时任省委书记巴音朝鲁、时任省长刘国中调研各地时多次指出，要重点抓好供给侧结构性改革，全力优化发展环境，加大创新力度，全面激发市场主体活力，壮大实体经济，为吉林经济持续健康发展提供动力支撑。这充分反映出吉林省委省政府对大力发展民间投资的高度重视，以及民间投资在新一轮经济增长及东北老工业振兴中的关键性战略地位。激发民间投资活力，将在吉林省经济转型升级、服务业攻坚、促进双创等领域发挥巨大作用，同时也将在新一轮东北老工业振兴中贡献巨大力量。

据吉林省 2016 年发布的经济数据，在全国经济下行压力下，吉林省民间投资呈增长态势，全年民间投资 10200 亿元，占全省投资总额的 74%，民间投资已成为吉林经济名副其实的助推器。然而，2017 年 1~5 月，吉林省民间投资增速呈现负增长（增速为−1.9%），占全省投资额的比重（71.6%）也有所下降。由此可见，将民间资本的巨大存量有效释放，激发民间投资活力，更好地促进吉林实体经济转型增长，仍然任重道远。而激发民间投资活力，简政放权、开拓市场是"源头活水"。结合国家新一轮东北振兴吉林省对口浙江省的契机，促进"放、管、服"深入改革，进一步深化市场准入、审批、收费，金融支持，投资保护和风险监管等制度设计与改革，提高政策灵活性及政策执行效率，让位市场培育商业新形态，打造增长"新动能"，对吉林省助力民间投资深入发展、增强整体经济发展驱动力都具有重要的现实意义。

第一章 吉林省民间投资发展现状综观

第一节 吉林省经济发展概况[①]

　　吉林省,简称"吉",位于中国东北地区中部,地处东北亚地理上的中心位置,是新中国的老工业基地、中国的产粮大省。省会长春市是全国最早的汽车工业基地,拥有著名的汽车品牌如"中国一汽""长春客车"等,长春作为中国电影制作基地之一,有"东方好莱坞"之称。吉林省现辖8个地级市(长春为副省级市)、1个自治州,另设吉林省长白山保护开发区管理委员会,

---

① 资料来源:从吉林省安全生产监督管理局获取到安全生产数据;从吉林省教育厅获取到教育数据;从吉林省卫生和计划生育委员会获取到卫生数据;从长春海关获取到货物进出口数据;从中国铁路沈阳局集团有限公司获取到铁路运输、铁路营业里程数据;从中国人民银行长春中心支行获取到货币金融类数据;从证监会吉林监管局获取到上市公司数据;从吉林省质量技术监督局获取到制造业产品质量合格率、质量检验等数据;从吉林省新闻出版广电局获取到广播电视、图书、期刊报纸等数据;从吉林省水利厅获取到灌溉面积、农业水利设施、水产品产量数据;从吉林省旅游发展委员会获取到旅游数据;从吉林省气象局获取到气象数据;从中国南方航空股份有限公司吉林分公司和吉林省民航机场集团有限公司获取到民航运输数据;从中国保险监督管理委员会吉林监管局获取到保险业数据;从吉林省地震局获取到地震数据;从中国石油天然气管道局长春输油气分公司获取到管道运输数据;从吉林省体育局获取到体育数据;从吉林省生态环境厅获取到环境监测、自然保护区数据;从国网吉林省电力有限公司获取到用电量数据;从吉林省邮政管理局获取到邮政业务数据;从吉林省人力资源和社会保障厅获取到社会保障、城镇新增就业、登记失业率等数据;从吉林省科学技术厅获取到专利、科研机构、技术合同、科研成果等数据;从吉林省文化和旅游厅获取到文化馆、艺术表演团体、公共图书馆、博物馆等数据;从吉林省财政厅获取到财政数据;从吉林省通信管理局获取到上网人数、交换机容量、宽带用户、电信业务总量、移动互联网接入流量、电话用户等数据;从中国邮政集团公司吉林省分公司获取到邮政储蓄平均余额数据;从国家统计局吉林调查总队获取到城乡居民收支、价格指数数据;从吉林省民政厅获取到城乡低保、生活救助资金等数据;从吉林省交通运输厅获取到公路、水路运输以及公路里程数据;从吉林省公安厅获取到交通事故、民用汽车数据;从吉林省农业农村厅获取到农业机械数据;其他数据均从吉林省统计局获得。

共计 60 个县级区划。2016 年全省城镇化率达 55.97%，位居全国第 13。吉林省在人口、面积、GDP 三个方面的全国占比都在 2% 左右。其中，共有人口 2567 万人，占全国总人口的 2%；面积达 187400 万平方公里，占全国总面积的 1.95%；2017 年吉林省的 GDP 达 1.53 万亿元，占全国 GDP 的 1.86%。[1]

吉林省在工业和粮食生产领域具有举足轻重的地位。吉林省具有中坚力量的加工制造业产业分布在石化、汽车和农产品领域，具有比较优势和竞争优势的产业分布在医药、旅游、材料、制造等领域。吉林省出售的粮食数量与粮食总产量之比、人口平均拥有的粮食量和人口平均拥有的肉类量多年来都稳居全国第一。这得益于吉林省的地理位置——位于世界著称的"黄金玉米带"，因此在农业生产方面具有"地利"的优势，也被誉为"黑土地之乡"。

2018 年，吉林省地区生产总值达 1.51 万亿元，排除不可比因素，同比增长 4.5%。具体来看，第一产业的产值增量为 1160.75 亿元，同比增长 2%；第二产业的产值增量为 6410.85 亿元，同比增长 4%；第三产业的产值增量为 7503.02 亿元，同比增长 5.5%。三大产业的产值增量比为 7.7 : 42.5 : 49.8，三大产业的产值增量分别占全国 GDP 增量的 3.9%、44.8% 和 51.3%。不考虑非常住人口，吉林省 2018 年人均 GDP 为 5.56 万元，同比增长 5%，按照当年汇率的平均值计算，折合后为人均 8404 美元。

2018 年，吉林省 CPI 同比增长 2.1%，具体来看，城市 CPI 同比增长 2.0%，农村 CPI 同比增长 2.3%；购进 PPI 同比增长 3.5%，出厂 PPI 同比增长 2.8%；固定资产投资价格指数同比增长 4.6%；农业生产资料价格指数同比增长 3.7%。

2018 年吉林省地方财政年度收入为 1240.84 亿元，同比增长 2.5%，税收收入为 891.71 亿元，同比增长 4.4%。实现地方财政年度开支同比增长 1.7%，具体表现在，用于农业、林业、水利等事务的年度开支为 537.55 亿元，同比增长 3.1%；用于节约能源、环境保护领域的年度开支为 120.79 亿元，同比增长 4.9%；用于保障性住房的年度开支为 124.43 亿元，同比下降 2.8%；计划生育与卫生领域的年度开支为 281.22 元，同比增长 0.7%；教育领域支出为 513.82 亿元，同比增长 1.1%；社保和就业年度开支为 634.10

① 资料来源：吉林省人民政府网，http：//www.jl.gov.cn/sq/jlsgk/。

亿元，同比增长 15.1%。

一 农业

2018 年，吉林省农林牧渔业产值增量达 1204.80 亿元，同比增长 2.0%。具体表现在，农林牧渔服务业产值增量为 44.09 亿元，同比增长 2.0%；渔业产值增量为 23.91 亿元，增长 4.2%；牧业产值增量为 494.08 亿元，增长 2.5%；林业产值增量为 44.56 亿元，下降 8.4%；农业产值增量为 598.16 亿元，增长 3.2%。全年粮食播种覆盖达 569.55 万公顷，比上年多覆盖 5.61 万公顷。具体表现在，油料播种覆盖 28.08 万公顷，比上年减少了 12.7 万公顷；豆类、玉米、稻谷播种覆盖分别为 34.35 万公顷、423.15 万公顷、83.97 万公顷，分别增加了 6.75 万公顷、6.75 万公顷、1.89 万公顷。

2018 年吉林省粮食作物生产总量达 3633 万吨（见图 1-1）。其中，水稻生产总量 646.32 万吨，同比增长 4%，单位面积产量为每公顷 8338.17 公斤，同比增长 1.4%；玉米生产总量为 2799.80 万吨，同比增长 0.8%，单位面积产量为每公顷 6616.80 公斤。

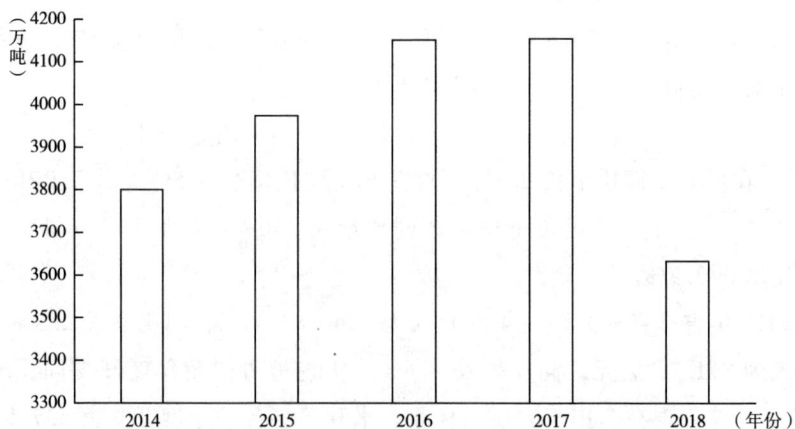

图 1-1 2014~2018 年吉林省粮食作物生产总量

2018 年，吉林省生产禽肉 79.43 万吨，畜肉 172.27 万吨（羊肉 4.62 万吨、牛肉 40.66 万吨、猪肉 126.99 万吨），禽畜肉类总计 251.70 万吨。全年生猪出售和自宰数（出栏）为 1570.42 万头，年底生猪饲养数（存栏）为 870.40 万头；生牛奶生产总量 38.83 万吨；禽蛋生产总量 117.11 万吨。

表1-1 2018年吉林省全年农副产品产量

指标	单位	产量
粮食总产量	万吨	3633.00
蔬菜产量	万吨	438.15
禽蛋产量	万吨	117.11
生牛奶产量	万吨	38.83
水产品产量	万吨	23.41
猪存栏	万头	870.40
牛存栏	万头	325.29
羊存栏	万头	396.59
家禽存栏	亿只	1.62
猪出栏	万头	1570.42
牛出栏	万头	249.56
羊出栏	万只	383.02
家禽出栏	亿只	4.51

2018年，吉林省农村消耗电量54.84亿千瓦时，同比增长3.5%。用于农林牧渔业的各种动力机械的动力总和达3464.19万千瓦，同比增长5.3%。全省节约型灌溉设备拥有量达5.49万套，同比增长30.1%。已配备灌溉设备并能正常灌溉的农田面积达220.26万公顷；机电井拥有量达19.42万眼，同比增长3.7%；中型号、大型号拖拉机共31.59万台。

二 工业和建筑业

2018年，吉林省工业产值增量达5437.1亿元，同比下降10.0%（见图1-2）。年主营业务收入2000万元及以上的工业产值增量同比增长5.0%。其中，重工业、轻工业分别增长6.1%、0.3%。按门类分，电力、热力、燃气及水的生产和供应业、制造业分别增长13.6%、4.1%，采矿业下降0.2%（见图1-3）。按经济类型分，集体企业、国有及国有控股企业、外商及港澳台商投资企业分别增长32.1%、14.3%、13.8%（见图1-4）。

2018年，吉林省规模以上工业（主营业务收入2000万元及以上的工业）中，处于战略地位并需要重点发展的产业产值增量同比增长6.1%，占规模以

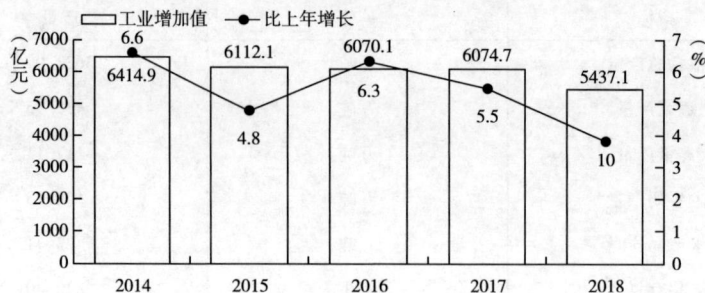

图 1-2　2014~2018 年吉林省工业产值增量及其增长率

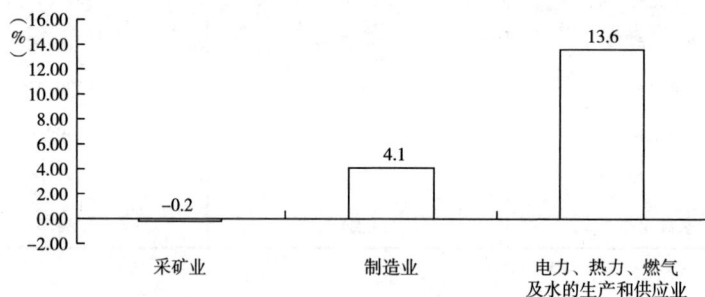

图 1-3　2018 年吉林省经济增长率（按门类）

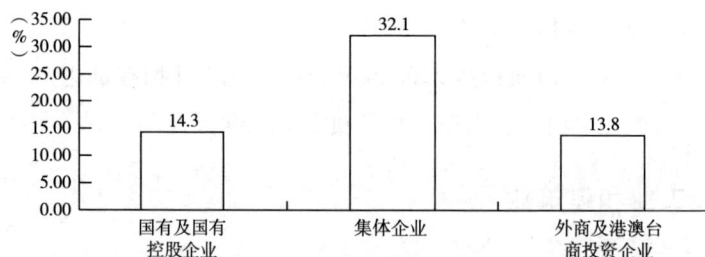

图 1-4　2018 年吉林省经济增长率（按经济类型）

上工业产值增量的 86.8%。高技术制造业和六大高耗能行业的产值增量同比分别增长 14.5% 和 2.1%。而装备制造业的产值增量同比下降 0.7%。这三个行业在规模以上工业产值增量的占比分别为 7.1%、22.1%、6.9%。

2018 年，吉林省规模以上工业企业的税前利润同比增长 10.7%，主营业务收入增长 3.9%。高技术制造业和重点产业的税前利润分别增长 9.0% 和 12.7%。

2018 年，吉林省建筑业增加值同比增长 3.9%，为 1001.7 亿元（见图 1-5）。其中，符合条件和资格的建筑总承包商以及拥有丰富经验的建筑承包商实现了 2183.63 亿元的产值，同比下降 1.6%。

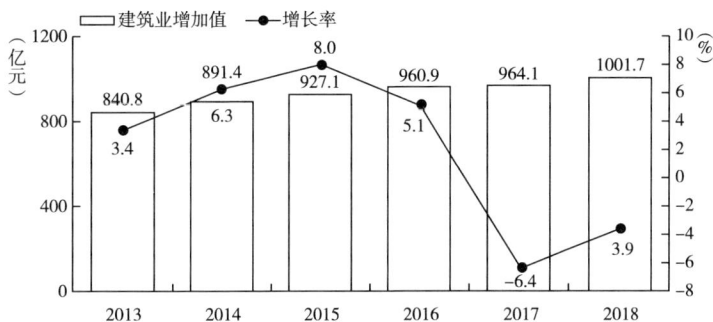

图 1-5 2013~2018 年吉林省建筑业增加值及其增长率

三 固定资产投资

2018 年，吉林省固定资产投资达 1.33 万亿元，同比增长 1.4%。其中，不含农户的固定资产投资达 1.31 万亿元，同比增长 1.4%。按产业分类看，第一产业、第二产业、第三产业分别完成固定资产投资 852.91 亿元、6351.31亿元、5926.69 亿元（见图 1-6），同比分别增长 28.9%、-4.4%、5.1%（见图1-7）。其中，第二产业投资增长率下降主要是因为工业投资下降了 5.7%。

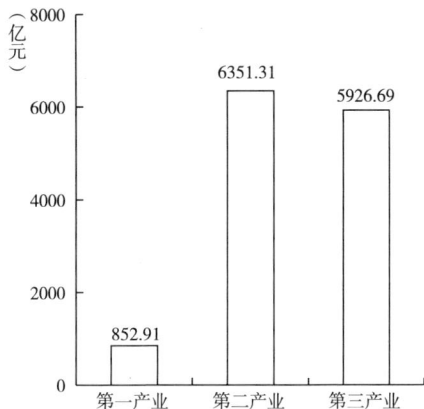

图 1-6 2018 年吉林省三次产业
固定资产投资额

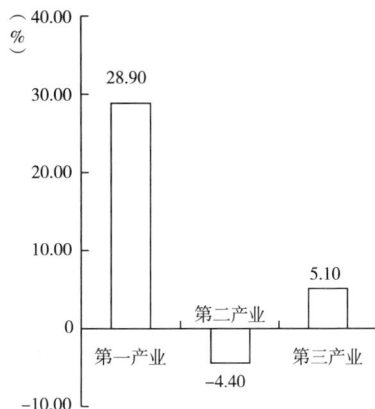

图 1-7 2018 年吉林省三次产业固定
资产投资同比增长率

2018 年，吉林省六大高耗能行业、民间、基础设施的固定资产投资分别为 1273.81 亿元、9666.69 亿元和 2155.68 亿元，同比分别增长 -1.5%、1.3%和 8.3%，在不含农户固定资产投资中所占的份额分别为 9.7%、73.6%和 16.4%。全年土地开发和房屋建设投资 910.14 亿元，同比减少 10.5%。其中，投资于住宅 633.55 亿元，同比减少 10.9%。房屋完成并验收的面积达 1478.85 万平方米，同比增长 9.4%。而销售商品房 1885.21 万平方米，同比减少了 1.8%，这主要是由于住宅销售同比减少了 1.8%。商品房全年销售收入达 1135.18 亿元，同比增长 10.3%。全年新、扩、改建项目投资分别为 6131.35 亿元、2257.54 亿元、2885.12 亿元，同比分别增长 6.4%、4.6%、-5.3%。

四　国内贸易

2018 年，吉林省消费品零售额同比增长 4.8%，总销售额为 7520.37 亿元。以经营地分类来看，乡村和城镇的消费品零售总额分别为 840.17 亿元和 6680.20 亿元，同比分别增长 4.9%和 4.8%。以消费类型分类来看，餐饮收入额和商品零售额分别为 1012.66 亿元和 6507.71 亿元（见图 1-8），同比分别增长 6.5%和 4.6%。

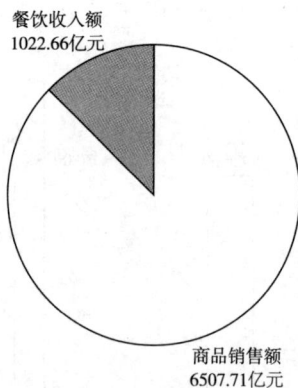

餐饮收入额
1022.66亿元

商品销售额
6507.71亿元

图 1-8　2018 年吉林省消费品零售额（分类型）

在限额以上的企业中，不同行业的商品零售额增减幅度不同。石油及制品类、家具类、中西药品类、日用品类、服装鞋帽及针纺织品类零售额同比有不同幅度的上升，分别为 4.7%、2.7%、3.9%、0.2%、0.1%。相比之下，汽车类、建筑及装潢材料类、通信器材类、文化办公用品类、家用电器和音像器材类、金银珠宝类、化妆品类、粮油食品及饮料烟酒类的零售额则有不同幅度的下降，分别为 10.5%、5.0%、4.3%、16.8%、4.5%、0.3%、0.2%、6.7%。

五 对外经济

2018 年，吉林省进出口货物完成的交易总额为 1362.79 亿元，同比增长 8.6%。其中，进口和出口交易额分别为 1036.98 亿元和 325.81 亿元，同比分别增长 8.5% 和 8.8%（见表 1-2）。

2018 年吉林省对"一带一路"建设国家进出口贸易总额为 380 亿元，同比增长 13.6%，高出全省进出口总额增速 5 个百分点，占全省外贸总值的比重超过 1/4，达到 27.9%，比 2017 年提高 1.3 个百分点。其中，出口 98.1 亿元，同比增长 4.3%；进口 281.9 亿元，同比增长 17.2%。

表 1-2 2018 年吉林省货物进出口总额及增长速度

单位：亿元，%

指标	金额	同比增长
货物进出口交易总额	1362.79	8.6
出口总额	325.81	8.8
一般贸易	223.3	9.0
加工贸易	86.34	17.7
进口总额	1036.98	8.5
一般贸易	969.20	13.4
加工贸易	25.81	-24.8

资料来源：吉林省统计局。

2018 年，俄罗斯一跃成为吉林省第四大进出口贸易合作伙伴，全省全年与俄罗斯的进出口贸易额增长达 61.9%，贸易总额达 62.4 亿元，在"一带一路"建设国家的进出口贸易额中的份额达到 16.4%，与东盟的进出口贸易额有 14.4% 的增幅。欧盟是吉林省最大的进出口市场，2018 年，吉林省与欧盟的贸易额比上年增长了 7.7%，为 190.4 亿元，占进出口贸易总额的 50.1%。

六 交通、邮电和旅游

在货物运输方面，吉林省全年货物运输量和货物运输周转量分别为 5.77 亿吨和 1886.46 亿吨公里，同比分别增长 6.2% 和 6.1%。在旅客运输方面，全年旅客运输总量和旅客运输周转量分别为 3.27 亿人次和 492.68 亿人公里，同比增长分别为 -2.8% 和 1.7%。在航空运输方面，民航全年旅客运输量和起降航班次数分别为 1523.51 万人次和 11.37 万架次。在公路运输方面，公路总里程达 107006.63 公里，等级公路、等外公路、高速公路的总里程数分别为 98900 公里、4987.63 公里、3119.00 公里，占公路总里程的比例分别为 92.42%、4.66%、2.92%（见图 1-9）。

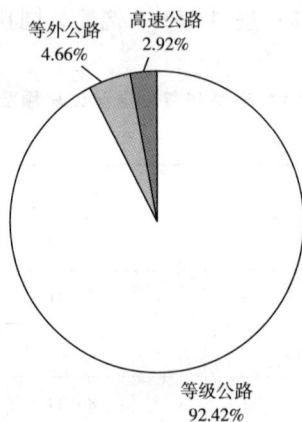

图 1-9　2018 年吉林省各级公路里程占比情况

2018 年，吉林省实现 1147.06 亿元的邮电业务总产值。其中，电信业务和邮政业务的总产值分别为 1074.42 亿元和 72.64 亿元，同比增长 114.9% 和 25.7%。邮政业全年实现的杂志、报纸、邮政寄递服务的业务量分别为 1179.01 万份、2.97 亿份、3.38 亿件，同比分别增长 3.3%、1.5%、1.6%；汇兑、包裹、邮政函件的业务量分别为 40.02 万笔、34.11 万件、1296.59 万件，同比分别减少 30.8%、35.6%、24.5%。邮政储蓄平均余额 1086.24 亿元，同比增长 5.1%。快递业发展方兴未艾，其业务量同比增长

28.8%，达 2.27 亿件；其业务收入同比增长 23.9%，达 37.71 亿元。电信业局用交换机容量同比下降 22.18%，截至 2018 年末为 321.70 万门。移动互联网用户和互联网络宽带接入用户分别为 2457.37 万户和 588.22 万户，其中有 2328.94 万户是手机上网用户。移动互联网接入流量达 13.57 亿 G。固定电话用户数达 462.49 万户。其中，农村和城市的电话用户分别为 102.87 万户和 359.62 万户，固话覆盖率为 17.0 部/百人。有 3001.06 万户使用移动电话，3G 和 4G 移动电话用户分别为 307.90 万户和 2130.45 万户，移动电话覆盖率同比上升 5.2%，为 110.4 部/百人。

2018 年，吉林省旅游业收入同比增长 20.1%，达 4210.87 亿元人民币。其中，旅游外汇收入和国内旅游收入分别为 6.86 亿美元和 4165.60 亿元人民币，同比分别增长 -10.4% 和 20.5%。2018 年，全省接待 2.22 亿人次国内外游客，同比上升 15.2%。其中，接待的入境游客和国内游客分别为 143.75 万人次和 2.20 亿人次，同比增长 -3.2% 和 15.3%。接待的港澳台同胞和外国游客量分别为 19.91 万人次和 123.84 万人次，分别减少了 0.9% 和 3.5%。吉林省拥有 6 家国家 5A 级旅游景区，242 家 A 级旅游景区。全省有 5 家五星级宾馆，147 家星级饭店，1093 家旅行社（含 238 家分社）。

七　金融

2018 年，吉林省融资规模同比增长 1509.74 亿元。截至 2018 年末，全省金融机构本外币存贷款余额分别为 22056.27 亿元和 18993.33 亿元，相比年初分别有 359.40 亿元和 976.40 亿元的增量。其中，人民币各项存贷款余额分别为 21926.98 亿元和 18956.37 亿元，相比年初分别有 364.31 亿元和 990.10 亿元的增量。

2016～2018 年，吉林省金融机构拥有的本外币存款余额与发放的本外币贷款余额均呈持续上升趋势，其中 2018 年本外币存款余额较上年增长 1.65%，比 2017 年的增长率（2.56%）低 0.91 个百分点；2018 年本外币贷款余额较上年增长 5.46%，比 2017 年的增长率（4.65%）高出 0.81 个百分点（见图 1-10）。

农商行与农信社作为农村的主要金融机构，2018 年两个银行共发放的人民币贷款余额相比年初有 381.36 亿元的增量，年末共计 2925.93 亿元。

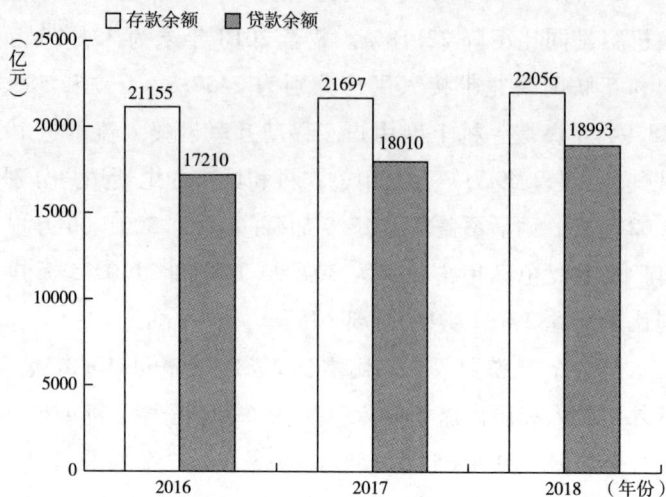

图 1-10　2016~2018 年吉林省金融机构本外币存贷款余额

在所有金融机构发生的住户贷款中，以人民币发放的消费贷款年末余额比上年增加 641.13 亿元，为 3849.85 亿元。按贷款期限分，个人消费贷款中长期与短期年末余额分别为 3515.12 亿元和 334.73 亿元，分别比上年增加了 561.41 亿元和 79.72 亿元（见图 1-11）。

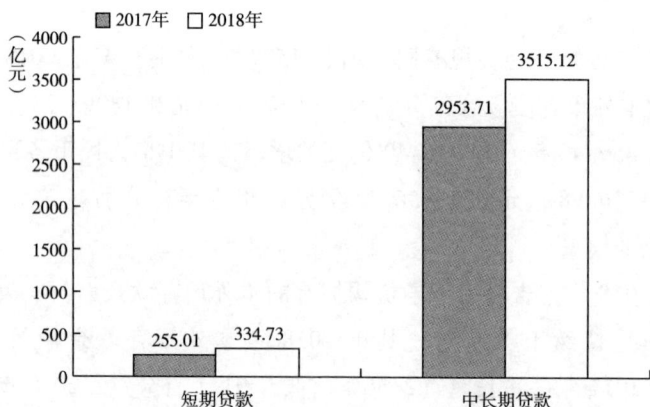

图 1-11　2018 年吉林省个人消费贷款

2018 年末，吉林省现有的上市公司中有 41 家是从境内上市，在证券交易所开立的账户和在证券市场开立的资金账户分别为 450.01 万户和 275.95 万户，比上年都有所下降，下降户数分别为 27300 户和 7700 户。全年发生的证券交易总额为 2.14 万亿元，同比减少 21.4%。其中，债券和股票的交易额分别为 1.03 万亿元和 9278.09 亿元，同比减少幅度分别为 13.2% 与 27.2%。

2018 年吉林省保险行业发生的原保险保费收入总额同比减少 1.8%，为 629.90 亿元。具体表现为，财产险、健康险、意外伤害险的收入分别为 173.41 亿元、96.55 亿元、11.60 亿元，同比分别增长 11.6%、47.2%、24.8%；而寿险收入同比下降 15.3%，全年收入总额达 348.33 亿元。全年发生的赔款和给付金额与上年相比增长 9.8%，为 192.29 亿元。具体表现为，财产险、健康险、意外伤害险的赔款和给付金额分别为 84.85 亿元、35.58 亿元、2.98 亿元，比上年均有所上涨，上涨率分别为 3.3%、69.5%、37.7%；而寿险的赔款和给付金额有所减少，同比下降 1.4%，全年赔款和给付金额共计 68.78 亿元。

八　科学技术和教育

截至 2018 年末，吉林省有中国工程院和中国科学院院士 22 人。已经建设完成并投入使用的实验室，按级别分类来看，国家级重点、省部级重点、省级重点实验室分别为 11 个、3 个、98 个。[①] 另有 157 个省级科技创新中心。

全省国内专利申请量比上年增长 32.2%，全年共计 27034 件；专利授权量比上年增长 25.2%，全年共计 13885 件。其中，发明专利申请量和授权量分别为 10530 件和 2868 件，比上年分别增长 35.3% 和 -6.2%（见图 1-12）。

2018 年吉林省有 674 项科技成果登记为省级。其中，国家科技奖 4 项，省科技进步奖 214 项（一等奖 20 项，二等奖 90 项，三等奖 104 项），省科学技术发明奖 16 项（一等奖 5 项，二等奖 2 项，三等奖 9 项），省自然科学奖 48 项（一等奖 11 项，二等奖 17 项，三等奖 20 项）。2018 年缔结技术类合同共 4252 份，共完成 341.93 亿元的合同交易额，同比增长 55.58%。

2018 年，吉林省拥有包括 14 个国家质检中心的 1016 个产品质检机构，55 个法定计量检定机构全年强制性检定了 107.23 万台测量仪器；拥有 2 家认证机构，有 6026 家企业进行自愿认证并获得了 12989 份证书；监察了 807

---

① 省部级重点实验室是由科技部与吉林省共同建立。

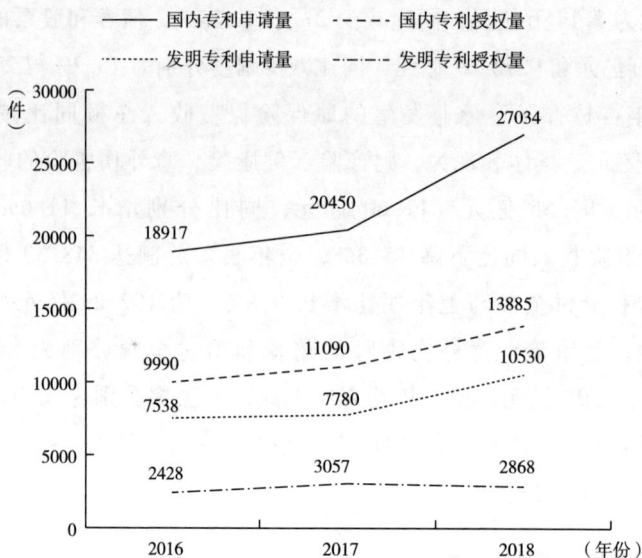

图 1-12　2016~2018 年吉林省专利申请授权数量

个批次的工业产品，共 39 个品种，96.9% 产品的质量合乎标准；有 279 家企业可以使用地理专用标志；共有 59 个省级质量奖，907 个名牌产品（现在仍在有效执行）。

2018 年吉林省发生了干旱、雨雪、严冬等气象灾害，省气象部门发布的预警信号共计 6624 次，以手机短信接收的人数达 900 多万人次。全年实施 1160 次人工防雹工作，防灾覆盖 40000 平方千米的农田。在人工增雨的工作中，实施地面作业 617 次，降雨增加 30 亿立方米；实施空中作业 67 架次，飞行时间共计 237 小时。2018 年末吉林省地震观测井共有 29 口、地震台 37 个（此中含火山观测站 11 个）。

2018 年全省幼儿园、小学、初中、普通高中学校、中等职业教育学校数量分别是 3617 所、3871 所、1175 所、248 所、260 所，2018 年招生人数分别为 18.67 万人（入园人数）、20.13 万人、22.42 万人、12.91 万人、3.51 万人，在校生分别为 41.92 万人（在园人数）、120.19 万人、66.06 万人、40.85 万人、12.09 万人。4.17 万中职毕业生中，已有 2.06 万人取得相关职业技术证书。全省共有 1418 所职业技能培训机构和学校，已有 10.97 万学生完成注册。另有 50 所特殊教育学校，在校学生达 9649 人。

截至 2018 年底，吉林省拥有 62 所普通高校，其中，普通本科院校（含独立学院 6 所）和普通专科（高职）院校分别为 37 所和 25 所。2018 年，普通高校录取 18.75 万人，在校生为 65.83 万人，同比上涨 1.45 万人。另外，成人本科和成人专科 2018 年共录取 5.70 万人，在校生总计 11.90 万人。

全省共有 3042 所民办学校，共计约 62.41 万在校生。按教育层次分类，民办幼儿园、民办小学、民办初中、民办中等职业学校、民办普通高中、包含独立学院的民办普通高等学校的数量分别为 2863 所、17 所、43 所、66 所、35 所、18 所，在校（园）人数分别为 25.95 万人、6.50 万人、7.96 万人、1.67 万人、4.12 万人、16.21 万人，另有一所民办特殊教育学校，在校学生为 69 人。

全省单独设立少数民族学校。其中，幼儿园、小学、初中、普通高中的学校数量分别为 66 所、165 所、71 所、23 所，在校（园）人数分别为 3.06 万人、11.01 万人、5.72 万人、3.84 万人。另外，中职和高等教育的在校生中，少数民族学生分别为 7000 人和 11.31 万人。

九　文化、卫生和体育

截至 2018 年末，吉林省拥有 107 座博物馆，全年入馆参观人数 1050 万人次。此外，有 66 个为公共开放的图书馆，45 个专门表演艺术的团体，79 个文化馆（含群众艺术馆）。

2018 年全省共出版 28499 种（套）图书，图书总定价达 47.55 亿元。当年新出版的图书有 14227 种。期刊、报纸分别印发 7049.38 万册、7.10 亿份，总定价分别为 4.97 亿元、10.14 亿元。电视和广播用户的涵盖比率分别达 99.10% 和 99.01%，其中，数字电视和有线广播电视实际的用户数量分别为 440.73 万户和 453.53 万户。

截至 2018 年末，吉林省共有 7.69 万名执业医师和执业助理医师，另有 7.62 万名执业护士，共计 18.34 万名卫生技术医护人员。卫生院和医院现有 15.79 万张医用病床。全省有 777 个乡镇卫生院，1.88 万名卫生技术医护人员。全省婴儿出生后不满周岁死亡人数占出生人数的比例为 3.14‰，孕产妇死亡率为 15.89/10 万。针对法定传染病，2018 年报告发病人数和报告死亡人数分别为 51133 例和 169 例，报告发病率和报告死亡率分别为 188.17/10 万和 0.62/10 万。

2018 年，在国内、国际重大体育赛事中，吉林省运动员揽获的金、银、铜牌数分别为 103 枚、103 枚、116 枚。全省有 11 个国家级别的人才基地，以储备高水平体育人才。全年培训审批 160 名国家级社会体育指导员，550 名一级社会体育指导员，2844 名二级社会体育指导员，5624 名三级社会体育指导员，共计 9178 人。全省"五个一工程"配置了众多全民健身器材，覆盖了 8801 个含社区的行政村和 1573 个含街道的乡镇，总共资助的体育公园（健身广场）、体育场、全民健身中心数量分别为 70 个、50 个、51 个。

十 人口、人民生活和社会保障

2018 年末吉林省人口总数为 2704.06 万人。其中，有 1555.65 万城镇总人口，常住人口城镇化率相比上年末的 56.65% 略有增加，为 57.53%。全年全省出生与死亡的人口数量分别为 17.99 万人和 17.01 万人，人口增长率为 3.6‰，其中，出生率和死亡率分别为 6.7‰ 和 6.3‰。男女性别比为 102.41：100（见表 1-3）。2018 年城镇就业人数新增 47.94 万人，城镇登记的失业率为 3.46%。

表 1-3 2018 年末吉林省人口数量及占比

单位：万人，%

项目	人口数量	比重
全省总人口	2704.06	—
城镇总人口	1555.65	57.53
乡村总人口	1148.41	42.47
男性	1368.13	50.60
女性	1335.93	49.40

2018 年吉林省农村常住居民与城镇常住居民人均可支配收入分别为 13748 元与 30172 元，同比分别增长 6.2% 和 6.5%（见图 1-13）。农村常住居民与城镇常住居民人均消费支出分别为 10826 元和 22394 元，比上年分别增长 5.3% 和 11.7%。恩格尔系数方面，农村和城镇分别为 27.8% 和 24.9%。

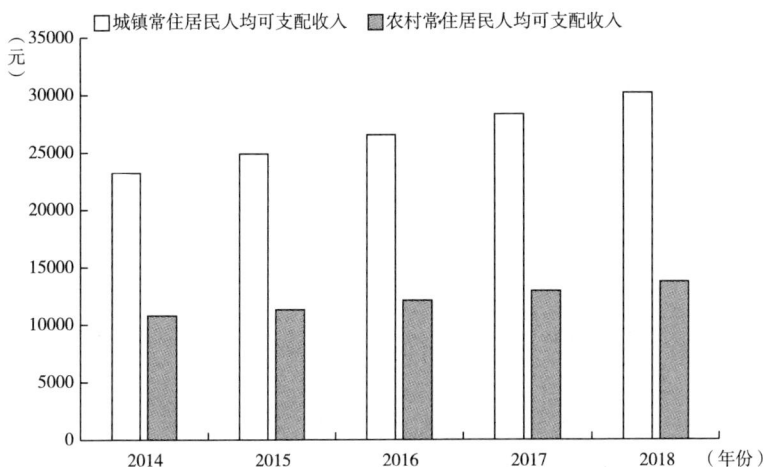

图 1-13　2014～2018 年吉林省城镇和农村常住居民人均可支配收入变化

2018 年吉林省新型农村合作医疗与城镇职工和居民基本医疗保险的参保人数分别为 1226.44 万人和 1380.91 万人，总计 2607.35 万人。有 441.40 万人拥有工伤保险。救助因贫困而不能进行治病的公民共计 235.44 万人次。2018 年全省共筹措 52.46 亿元用于省级临时救助、特困供养、城乡低保。具体表现在以下三个方面，一是为了使 128.15 万困难群众和受灾群众得到基本的生活保障，2018 年吉林省划拨了 2.53 亿元的救助资金。二是全省 8.71 万特困人员得到基本的生活保障。其中，城市和农村的特困人员数量分别为 0.66 万人和 8.05 万人；城市和农村的年人均补助标准分别为 7786 元和 4980 元；集中和分散供养的人数分别为 1.52 万人和 7.19 万人。三是城市低保月保障标准为 508 元，比上年增长 4.96%；月人均补助达 487 元，同比增长 21.8%。农村低保年保障标准为 3872 元，同比增长 3.7%；年人均补助达 2448 元，同比增长 33.3%，111.2 万城乡低保对象得到基本的生活保障。

十一　环境和安全生产

2018 年吉林省能源消费总量为 8158.04 万吨标准煤，比上年增长了 142.79 万吨。其中，清洁能源消费量所占比重为 9.5%。全年耗用的电量同比增长 6.8%，总量为 750.57 亿千瓦时。吉林省万元地区生产总值能耗同比减少 2.6%（见图 1-14），万元规模以上工业综合能源消费量与工业总产值的比例同比减少 2.6%。

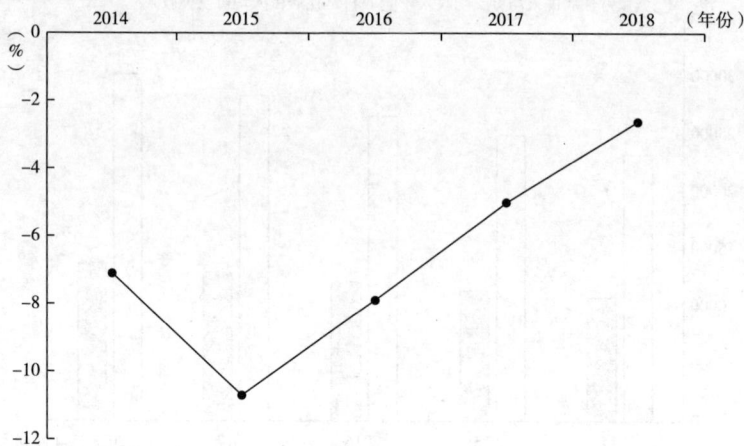

图1-14　2014～2018年吉林省万元地区生产总值能耗降低率

2018年吉林省总体空气质量状况相对平稳，按照《环境空气质量标准》（GB3095—2012），优良级别的天数占全年的比重为90.3%。吉林省的主要江河有85个监测断面，其中有70个达水质控制目标要求，占比达82.4%。在符合上述要求的断面中，有56个属于Ⅰ～Ⅲ类，占比达65.9%（以总断面数为基数）。位于主要城市的15个地表水源地和2个地下水源地水质状况都良好。按等级划分，Ⅱ类、Ⅲ类、Ⅳ类、不达标水源分别为3个、10个、1个、3个。2018年，吉林省有51个自然保护区，国家级、省级、市县级分别为24个、19个、8个，总面积占吉林省国土面积的13.56%，达到254.09万公顷。全年有699人死于生产安全事故，同比减少20.4%。

第二节　吉林省民间投资现状综观

吉林省民间资本投资的规模发展速度并不是一成不变的。在改革开放初期，吉林省处于东北老工业基地的重要位置，一直以重工业及农业发展为主，然而在改革开放初期这些产业是需要国家扶持投入的，作为当时尚未成规模的民间投资，很少涉及这些产业的投资。步入20世纪90年代后，民间资本的规模进一步扩大，民间投资的领域也不断扩展。2010年后，民间资本的投入规模已经占到了全社会投资额的一半以上。

一　吉林省民间投资发展的总体特征

改革开放至今，吉林省民间投资逐渐成为推进全省经济和社会发展的重要力量。根据国家以往的统计资料，吉林省民间投资占全社会投资的比例1999年为39.7%、2000年为43.9%，并基本呈逐年递增趋势。2016年，吉林省民间投资增长了12%，已经占到了固定资产投资的74%，但是同东部发达省份相比，相差较大。近年来，吉林省的民间资本发展速度迅速，较之前已有翻天覆地的变化。这些变化离不开近年来吉林省政府出台的促进支持民间投资发展的相关政策，如打破行业所有制限制和完善产权制度等。

当前吉林省民间投资较东部发达省份的差距更多地体现在投资的产业领域方面。吉林省作为东北老重工业基地和重要粮食产地，民间资本的投资领域更多地倾向于重工业项目和一些农业项目，例如汽车、石化和焊接等重工业和养殖、种植等农业。同发达省份相比，在许多新兴的产业领域方面，如信息产业、小区服务产业和环保产业等，吉林省民间资本就显得落后了许多。同时在成长前景被看好的产业领域，例如旅游产业、教育产业、市场中介组织等，吉林省民间资本的投资力度和重视程度也较为不足。

在吉林省内部，城镇和乡村之间的民间投资发展也较为不平衡。城镇的民间投资规模和投资的产业领域更为庞大和完善，相比之下农村的民间投资发展增速和投资的产业领域较为局限。近年来政府出台的关于发展民间投资的政策更注重农村地区的发展，以解决城乡发展不平衡的问题。

近年来，我国的经济一直处于一个筑底企稳的阶段。其中以民间投资为首的民营经济，已然成为我国经济发展的中坚力量。20世纪初期民间投资展现出了不凡的实力，增长的势头非常迅猛，但在步入21世纪之后，民间投资虽仍处于增长态势，增长率却逐年减缓。从区域来看，民间投资增速回落最快的是西部地区。从数据来看，西部地区的民间投资增长率由2014年7月的20.8%直接回落到2015年12月的4.8%，下降幅度之大令人震惊并且担心。在此期间，西部地区整体的经济情况也呈现了急速下跌的趋势。而中部和东部地区下降态势平稳，并无太大的波动。若从产业类别来看，第一产业的民间投资依然保持着增长的态势，农业型行业（包含种植业、林业、畜牧业、水产养殖业等直接以自然物为对象的有关行业）的民间投资增长率与往年相比增长了24%。第二产业中制造业的民间投资水平呈平稳态势，例如电力、热力、水力等。但资源型行业（指矿产的采集和挖掘以及不可再生能源的采集与加工等）的民间投资却遇到大幅的下降，各方面均出现"断崖式"下跌。第三产业则全方面呈现稳步上升态势。

2016年前三季度，我国的民间投资增长了2.6%，结束了长期以来增长率持续回落的态势。即便如此，我国的民间投资增长率与社会总投资相比，仍处于低位，逐步成为我国宏观经济的一大"痛点"，引起了全社会的广泛关注。2016年5月以来，李克强同志出席的近十次国务院常务会议中有四次都在大会中提出关于民间投资的话题，提出应抓住社会投资，尤其是民间投资这个影响中国经济未来发展的关键点，发挥促进发展的千钧之力。① 国务院针对民间投资的各项政策发布了改进办法，并且出台了推进民间投资发展的众多新政策。例如《国务院办公厅关于进一步做好民间投资有关工作的通知》《促进民间投资健康发展若干政策措施》《降低实体经济企业成本工作方案》《国务院关于积极稳妥降低企业杠杆率的意见》《传统基础设施领域实施政府和社会资本合作项目工作导则》等，② 除此之外还下派了许多督导组到全国各省（区、市）进行调研。政策和调研双管齐下，这种重视程度实在是少见，可见我国政府想要通过相关政策的优化，来刺激民间投资的发展，进而带动中国经济腾飞的迫切心态。

对比国家民间投资的现状，20世纪以来，吉林省民间投资已经逐渐成为推动吉林省经济发展的重要力量。根据国家统计年鉴资料，吉林省民间投资占全社会投资的比例2011年为18.9%、2012年为28.4%、2013年为33%、2014年为40.3%、2015年为44.2%，基本呈现逐年递增的趋势。与同一时期的中部发达省份相比，以2013年为例，当年吉林省民间投资占全社会投资的比例为33%，而湖南省为57.8%、河北省为67%、山西省为64.2%、湖北省为52.4%，相比之下，吉林省的这一数据并不算高。其中，

---

① 储思琮：《民间投资增速回落：李克强为什么抓住这件事不放》，中华人民共和国中央人民政府网，2016年7月19日，http://www.gov.cn/xinwen/2016-07/19/content_5092873.htm。

② 本刊编辑部：《让民间资本投资"有门"》，《投资北京》2016年第9期。

个体民营经济投资占全社会投资的比例，湖南省为 23.1%、河北省为 26%、山西省为 29.2%、湖北省为 17%、吉林省为 7.4%，而当年全国平均值为 12.6%。虽然对比数据来看吉林省与中部各发达省份仍存在着较大差距，甚至没有达到当年的平均水平，但经过政府相关政策的推进，吉林省民间投资占全社会投资比例持续攀升，民间投资增速始终保持在 10% 以上。回顾 2016 年整年的经济社会发展形势，可以概括为三句话，即 "总体平稳"、"稳中有进" 和 "稳中向好"。2016 年吉林省经济增长稳步回升，第一季度、上半年、前三季度的 GDP 增长速度分别为 6.2%、6.7%、6.9%，时隔三年重新回到了全国平均水平以上。①

非政府性企业投资的发展情况对整个民间投资的影响是巨大的，可以说其基本占民间投资的 70%。经过多年的努力与发展，非政府性企业投资成为拉动民营经济、扩大社会就业的一大渠道，并且涵盖面极其广泛，涉及工业类、服务类、创新类、电信类等众多产业，为缩小我国贫富差距，保持社会稳定，推动经济发展作出了不可或缺的贡献。与此同时，吉林省的民营企业也得到了快速的发展，对吉林省经济增长的贡献越来越大。我国民营企业已达 4300 万户，占全国企业总数的 80%，而吉林省的民营企业总数占全国民营企业总数的 17%，足以见得吉林省民营企业近年来的发展是迅猛的。即便如此，吉林省民营企业这类非政府性投资企业仍面临诸多限制因素，阻碍了非政府性民间投资的发展。如何合理地化解此类限制因素是吉林省亟待解决的一大问题，相信民营企业未来的发展是不可限量的。

除占有很大份额的民营企业投资之外，民间投资还包括居民进行的民间投资。居民进行的民间投资所产生的效益也在很大程度上影响着民间投资的总体发展态势。2016 年吉林省规模以上的工业企业利润连续增长 6 个月，一年下来增长了约 6 个百分点。除此之外，吉林省还通过增加城镇工作岗位实现新增就业 53 万人，并完成了 30 万人脱贫的艰巨任务。此项伟大举措彻底将居民从巨大的压力和负担中解脱了出来。数据显示，吉林省 2016 年的民间储蓄量高达 5000 亿元，这说明吉林省的民间投资潜能很大，其资

---

① 张卫华、王爱花：《经济增长已企稳宏观环境仍复杂——2013 年全区经济运行述评》，《市场论坛》2014 年第 4 期。

金储备是非常充足的。也从侧面反映了吉林省的居民要么是对民间投资的认识还不够，没有意识将自己的存款投入民间投资市场去赚取利益，要么就是了解吉林省民间投资过去几年的发展态势，逐渐对吉林省的民间投资失去了信心，不敢再将资金投入民间投资市场或者说不再愿意将资金投入民间投资市场，不管是哪一种，相信只要政府和社会做得好，都能在未来激发出吉林省民间投资者的巨大投资潜能。

吉林省现有的居民投资渠道除了银行储蓄、购买国债和后续衍生出来的支付宝的余额宝、微信的理财通等互联网金融，这类通过投入资金赚取微弱利息收益的投资，还包括投资信托产品、投资股票（炒股）、购买债券、购买股权、购买商业保险和投资固定资产（如投资房地产）。这几大类投资具有不同的特点，例如银行存款储蓄和购买债券是对于居民来说最便捷的投资方式，但回报率非常低，而且投资周期一般较长。部分居民会利用手里的闲钱进行此类投资，这类居民大多不期望此类投资能为自己带来多大的经济利益，只求稳定发展，是一种保底的心态。购买股票则是一项高风险高收入的投资项目，可以轻易地实现"一夜暴富"，这也是炒股风靡全国的一个重大原因，大家仿佛都看到了一条发家致富的捷径，但殊不知有多少投资者也经历过炒股失败"一夜回到解放前"而破产的绝望。喜欢投资股票的居民投资者大多胆大心细，有一定拼搏精神，对该项投资能够带来的收益值期望较高。购买商业保险则是针对风险本身而购买的保险，能够合理地、可预见地规避风险。而像投资房地产就有投资对象具有固定不可移动的特性，以及投资过程周期很长而且成本较高等特点。

2014年至2016年，吉林省民间投资一直保持较高增长，增速均在10%以上。2015年，吉林省民间投资完成9108亿元，较上年增长13.3%；2016年第一季度，吉林省民间投资完成328亿元，同比增长20.0%；2016年综合1~4月统计数据，民间投资进一步加速到20.7%。但2017年和2018年，吉林省民间投资呈现了回落趋势，2017年1~4月，吉林省投资总额为1102.78亿元，同比增长6.3%。其中，国有、非国有投资分别为294.98亿和807.79亿元，增速分别为59.5%和-5.2%，民间投资为722.08亿元，增速为-10.6%。

2018年吉林省民间投资下降1%，占固定资产投资的57.1%，相比于

2017 年，表现出投资不足的态势。①

从 1978 年实施改革开放政策之后，吉林省的民间投资按照适合自己的方式有序运转，对吉林省的全部经济体系以及社会的发展起到重要的推进作用。随着经济社会的发展，吉林省民间投资逐渐形成第二产业集中度高、行业集中度大、固定资产比重大、发展增长稳定的特点。吉林省民间投资的主要特征包括以下几方面。

1. 民间投资主要集中在第二产业

近年来，吉林省民间投资的三次产业结构相对稳定，第一产业占比较低但增速较快，第二产业占比始终达六成以上，第三产业投资占比在三成以上。2017 年 1~5 月，吉林省第一产业民间投资 101.17 亿元，同比增长15.6%，占总投资的 5.39%；第二产业投资 1193.74 亿元，同比下降 7.6%，占总投资的 63.63%；第三产业民间投资 581.30 亿元，同比增长 9.0%，占总投资的 30.98%（见表 1-4）。

表 1-4　2017 年 1~5 月吉林省三次产业民间投资情况

单位：亿元，%

三次产业	总投资额	同比增长	占总投资比例
第一产业	101.17	15.6	5.39
第二产业	1193.74	-7.6	63.63
第三产业	581.30	9.0	30.98

2. 民间投资的行业集中度较高

2017 年 1~5 月，吉林省民间投资主要集中在制造业、房地产业、农林牧渔业、批发和零售业、交通运输仓储业和邮政业五个行业中，这五个行业合计占全部民间投资的 80.6%。而排在后五位的行业是金融业、卫生和社会工作、文化体育和娱乐业、公共管理和社会组织、教育业，这五个行业合计仅占全部民间投资的 2.2%。

3. 民间投资占固定资产的比重较大

2019 年 1~3 月，吉林省民间投资占全部固定资产投资比重为 46.8%②，

① 资料来源：《吉林省 2018 年国民经济和社会发展统计公报》。
② 资料来源：吉林省人民政府网站。

广泛地覆盖吉林省国民经济的各个行业。其中，农林牧渔业、制造业、批发和零售业、居民服务修理和其他服务业的民间投资占其行业固定资产投资的比重均在80%以上。

4. 民间投资发展呈稳定增长趋势

2017年全年，吉林省民营经济总量为7905亿元，达到了全省经济总量的51.7%，比2016年增加了0.3个百分点（2016年为51.4%），民营企业实现主营业务收入37498.8亿元，同比增长7.0%。吉林省2017年总投资额为13130.9亿元，其中吉林省民间投资额达到了9666.69亿元，占投资总量的73.6%（见图1-15、图1-16）。对比2016年，在两届吉商大会的带动下民间投资的井喷式发展，2017年吉林省民间投资总体呈现了稳定增长的态势。

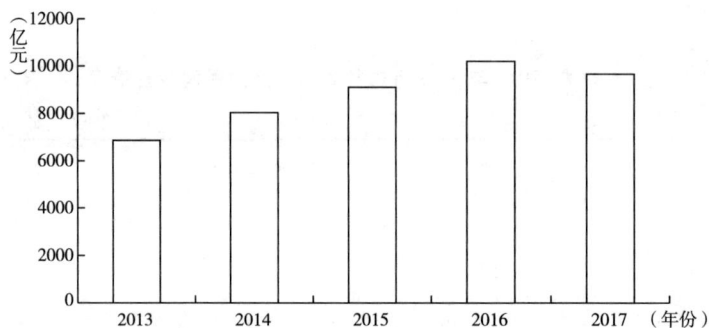

图1-15　2013~2017年吉林省民间投资额

资料来源：《吉林省国民经济和社会发展统计公报》（2013~2017年）。

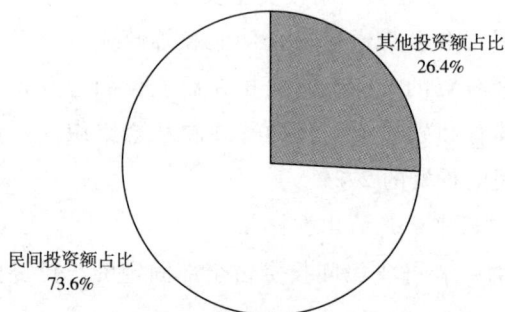

其他投资额占比
26.4%

民间投资额占比
73.6%

图1-16　2017年吉林省民间投资额占比情况

资料来源：《吉林省2017年国民经济和社会发展统计公报》。

总体来看，吉林省民间投资发展比较迅速，规模不断扩大，活力逐步增强。但是，受宏观经济环境影响，市场需求不足，导致民间投资者存在观望情绪，投资增长压力较大。同时，吉林省仍处于产业结构调整、动力转换、增速换挡的关键节点，实体经济困难、市场预期不稳定的问题仍然存在，特别是汽车、房地产市场需求疲软，投资回报率不断降低，企业投资更为谨慎，投资动力不足的问题开始显现。但是，随着旅游业的迅速发展，民间资本更多倾向投资旅游产业及其相关周边产业。因此合理利用并疏导民间投资的方向变得越来越重要。

二 吉林省民间投资的区域分布

吉林省经济区域基本上可以划分为西部、中部和东部这三个区域。在经济发展程度和规模上，由于一汽产业位于中部地区的长春市，而东部地区临近边境，商贸产业发达，所以中部和东部地区发展程度较高，民间投资利用的程度也更高。而西部地区位于干旱地区，环境问题也在一定程度上制约着西部地区的发展。

1. 西部生态经济区

在经济上，吉林省西部地区也称为西部生态经济区，西部地区的主要城市包括白城市、松原市等。在经济总量上，2015年，白城地区生产总值为699亿元，其中第一产业总量为118亿元，第二产业总量为318亿元，第三产业总量为263亿元。松原地区生产总值为1636亿元，其中第一产业为285亿元，第二产业为721亿元，第三产业为630亿元。① 由此可以看出，吉林省西部地区的主要经济产业仍是第二产业，但是第三产业所占的经济比重也很高。下面以白城市民间投资为主要实例进行介绍。

"十二五"时期，白城市民间投资在五年间累计完成1085.93亿元，占全部投资总量的48.25%，这五年，民间投资额分别为179.61亿元、245.1亿元、194.73亿元、213.46亿元和253.03亿元，占各年投资总量的比重分别为50.79%、34.5%、29.88%、64.09%和56.08%。同时民间投资所涉及的产业领域也不断拓宽，并且在部分行业已占据主导地位。以民间投资为主创立的一批企业脱颖而出，例如吉林绿能生态牧业有限公司、吉林雏鹰农牧有

---

① 资料来源：《吉林统计年鉴2016》，中国统计出版社，2016。

限公司和华电吉林大安风力发电有限公司等，这些企业已进入了技术创新、产业集聚、专业分工的发展阶段，成为推动白城市经济发展的重要动力。同时三次产业也竞相发展，2015 年，第一产业的民间投资额为 62.12 亿元，这比 2011 年增加了 47.29 亿元，年均增长达到了 43.06%；第二产业的民间投资为 148.01 亿元，年均增长达 8.63%；第三产业 42.9 亿元，年均增速为 -7.47%；可见第一产业民间投资增长最快。民间投资的三次产业结构由 2011 年的 8.3：5.9：3.3 转变为 2015 年的 2.5：5.8：16.9，可以看出第三产业所占比重在逐渐提高。

凭借民间投资主体的多元化、投资方式的多样化，白城市经济发展变得更有活力，同时白城市民间投资主体也呈现以私营个体经济为主的多元化的发展态势。2011~2015 年，在白城市的各项目投资中，民间投资额累计为 1085.93 亿元，其中，有限责任公司、私营个体经济和其他经济投资额累计分别为 36.9 亿元、261.6 亿元和 530.5 亿元，分别占民间投资总额的 3.4%、24.1% 和 48.9%。私营个体经济投资年均增长达到 36.17%，占比由 2011 年的 12.7% 上升至 2015 年的 30.9%，有限责任公司投资年均增长达到 4.15%，占比由 2011 年的 5.0% 上升至 2015 年的 5.2%，其他经济投资年均增长为 2.81%，占比则由 2011 年的 79.5% 下降至 2015 年的 63.0%。

2. 中部创新转型核心区

在经济上划分，吉林省中部地区主要包括长春市、吉林市、辽源市和通化市等，其中以省会长春市最为重要。2015 年，长春市民间投资达到 1420 亿元，占全部投资的八成，同比增长近 30%。2016 年 1~10 月，长春市的固定资产投资累计 4360.8 亿元，同比增长 11.3%，这一增幅较全国平均增幅高 3 个百分点，比全省平均增幅高 1 个百分点，同时，投资总量在"东北四市"（沈阳、大连、长春和哈尔滨）中达到第一。在近年沈阳和大连投资萎缩、哈尔滨增幅下降的东北投资形势中，长春市的投资却逆势而上，保持了稳步上升态势。截至 2016 年 10 月，长春市新开工项目 4943 项，同比增加 2214 项，增长了 81.1%。而全施工项目累计达到 5818 个，同比增加了 2526 个，增长 76.7%。① 新增施工项目成为支撑投资总量的重要保障。

---

① 杨嵩男：《2016 年吉林省民间投资增速预计超 10%》，《长春日报》2016 年第 1 期。

同时，民间投资项目的规模不断加大，大型项目的带动作用增强。长春市项目计划投资共 12190.6 亿元，同比增长 29.2%，而新开工项目计划投资 4387.6 亿元，同比增长 25.6%。其中，长春市亿元施工项目达到 1037 项，同比增加了 231 项，亿元项目投资额达到 1772.3 亿元，同比增长 16.4%；10 亿元项目 244 项，同比增加了 84 项，10 亿元项目投资累计 886.9 亿元，同比增长 54.4%；超百亿元项目首次超过了 6 项，共完成投资 266.1 亿元，同时带动长春市投资增长 20.3 个百分点。此外，科技产业的竞争带动能力不断加强，重点领域的投资也有所加强。例如在长春新区建设的长春光电信息和智能制造产业园，其总投资为 55 亿元。民间投资的快速增长，成为拉动投资增长的重要动力也成为带动长春市投资发展的主要力量。至 2016 年 10 月，在固定资产投资中，民间投资达到了 3304 亿元，增长 19.1%，比长春市各项投资平均增幅高了 7.8 个百分点，占到全部投资的 75.8%，民间投资也拉动整个投资增长了 13.5 个百分点。①

与此同时，长春市在做大做强汽车、轨道客车和农产品加工这三大支柱产业的同时，也重点发展了生物医药、电子信息新材料等一系列战略性新兴产业。一大批拥有自主知识产权、市场应变能力强的创新型企业如雨后春笋发展壮大，而这些企业大都来自民间投资。概括来说，长春市已基本走上政府扶持民营经济、民间资本助力振兴经济的优良发展模式。

3. 东部绿色转型发展区

在经济上，吉林省东部地区主要是延边地区，其中以延吉市为主要城市。2015 年，延吉市以税源培育项目为重点，完成全社会固定资产投资 252.03 亿元，全市固定资产投资总量以较快速度增长，投资总量位于全省县市前列，继续保持着领先的优势。从增速上来看，延吉市在固定资产投资增长速度上趋于减缓，2015 年同比增长 14.7%，这一增速在全省投资额超 250 亿元的县市中排名第二。同时，2015 年全市全年施工项目为 246 项，其中新开工项目 203 项，占到了施工项目总数的 80% 以上，达到 82.5%，新开工项目的大量增加，为全年投资增长打下了坚实的基础。2015 年，延吉市继续加大对工业的投资力度，工业投资得到了快速的发展，工业投资正朝着集约化、内涵式发展进一步迈进，同时固定资产的投资结构得以继

① 张博：《吉林省民间投资增速再创新高》，《吉林日报》2015 年第 12 期。

续优化，产业转型速度也变快。2015 年工业固定资产投资额为 110.80 亿元，占全社会固定资产投资额的 45.4%，工业项目投资拉动全社会固定资产投资增长 5.6 个百分点，同比增长 12.3%。其中技改性投资为 79.02 亿元，同比增长 10.8%。敖东国药基地、烟草工业园、韩正人参、恒大人参和安发生物科技园等一批大型项目带动投资发展的成效显著。同时，工业和服务业的投资也做到协同发展，服务业投资比重也持续扩大，位居各项产业第一。2015 年延吉市对服务业完成投资 132.81 亿元，同比增长 13.8%。①

与此同时，延吉市潜力巨大的民间投资，成为经济发展的重要动力，民间投资继续以较快速度增长。2015 年，延吉市民间投资达到 163.66 亿元，同比增长 18.4%，占延吉市全社会固定资产投资的 67.1%。民间投资拉动全社会固定资产投资增长 11.7 个百分点，对延吉市全社会固定资产投资的贡献率达到 94.0%。大量的投资带动了民营经济的快速发展，全年延吉市民营经济的主营业务收入达到 990.70 亿元，同比增长 9.1%。房地产开发项目的投资依旧保持快速增长，房地产投资的增长对稳定经济发展发挥了重要作用。2015 年，延吉市对房地产开发的投资达到 43.01 亿元，同比增长 32.2%，比同时期的全社会固定资产投资增速高 17.5 个百分点，房地产投资对延吉市全社会固定资产投资的支撑作用越来越明显。②

从图 1-17 可以看出，各城市地区间的民间投资差距还是比较明显的。尤其是长春市的民间投资额是白城市和延吉市总和的数倍之多，民间投资额分布不均的现象严重，因此，协调吉林省各地区民间投资的发展十分重要。

三 吉林省民间投资的产业倾向

在分析往年投资的规模和增速后，另一个重要的因素就是民间投资涉及的产业和投资的方向。

吉林省作为东北老工业基地，其最初的民间投资领域更多的是农业和工业领域，比如种植业和汽车产业。民间投资者最重要的组成部分是民营企业，而民营企业受本身规模和资本条件的限制，在以往的第一产业和第

---

① 杨晶：《"十二五"促进民间投资，规模近千亿》，《延边日报》2013 年第 4 期。
② 刘恒璇：《对延边民间投资状况的几点思考》，《延边大学大学报》（社会科学版）2005 年第 6 期。

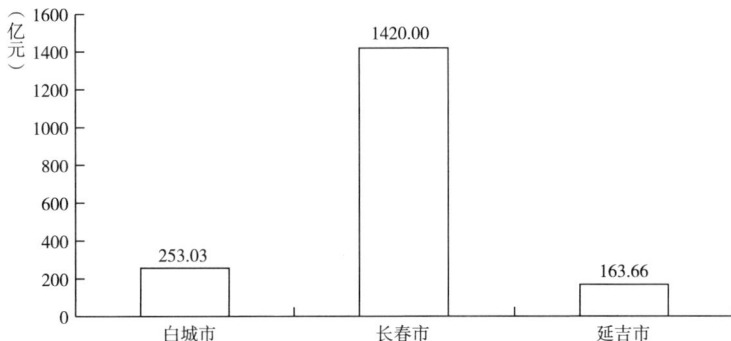

图 1-17 2015 年吉林省主要城市民间投资额比较

二产业上的投资已经不适应当前发展的趋势，因此，对于民间投资者和吉林省政府而言，投资的方式和领域必须改革和转型。

近年来，政府更是加大了对民营企业的扶持力度。2016 年，民营经济主营业务收入增长了 7.2%，其中个体工商户数量增长了 8.1%，私营企业户数增长 10.1%。同时，吉林省也重点推进供给侧结构性改革，降低企业成本共计 480 亿元；民间企业也加强了对外资的利用，引进域外资金、实际利用外资分别增长 12.0%、10.0%。① 这些措施都使得吉林省民间资本迅速地积累和提升。同时，在拓宽投资产业领域方面，政府引导民间投资更多地投入新兴产业和民生领域，重点是轻工、纺织、食品、医药和教育领域。这一举措不仅促进了民间资本投资领域的扩大，而且极大地改善了居民生活水平。利用民间资本加大对民生相关产业的投入力度，势必会成为未来数年民间资本的利用和投资发展趋势。

对于吉林省民间投资者的投资潜能而言，在传统的第一产业和第二产业上的投资发展空间已经不大，但是在新兴产业和民生相关产业上未来的投资潜能依旧巨大。同时，不断增长的民间资本规模也为吉林省民间投资者更大规模的投资提供了资本，因此，吉林省民间投资者在投资金额和投资的产业领域规模上的潜能巨大。

而传统的第一产业和第二产业，在当前吉林省社会经济发展的经济地位已经受到第三产业的冲击，第三产业在经济社会发展所扮演的角色也越

① 许春燕、潘福林：《吉林省民间投资的现状及政策选择》，《工业技术经济》2004 年第 1 期。

来越重要。因此，吉林省民间资本大量流入其中也是必然的趋势。

在第二产业内部，工业经济转型成为近年吉林省重工业的发展趋势，简而言之就是减少对传统重工业的发展投入，而转向其他污染较小、更直接有利于民生发展的相关产业。最为典型的是，装备制造业总量已经超过传统的石化工业，成为吉林省的第三大产业。2016 年全省对装备产业的投资同比增长 20%左右，其中电子、医药产业投资的增长幅度也在 9%以上，这三项产业的投资成为工业投资的主要驱动力。2016 年，吉林省全年固定资产投资同比增长 10%，而民间投资增速达到 10%以上并且持续保持这一水平。同时消费需求也充分释放，全年社会消费品零售总额同比增长 9.8%，比上年提高 0.5 个百分点。电子商务交易额增长 30%，战略性新兴产业的产值增长 7.7%。在食品产业，超过 1300 家的企业为民营企业，近年来民间投资不断扩大，2015 年在食品产业领域的投资已超过 1000 亿元，有力地推动了食品产业快速发展。[①]

由此可见，吉林省民间投资对吉林省的社会经济发展起到相当大的作用，且对民间资本的合理运用更是助力了吉林省经济发展方式的转型。所以吉林省民间投资在装备制造、食品、电子商务和医药产业上的投资潜能依旧巨大。

第三节　政府为激发民间投资活力已实施的举措

一　吉林省民间投资基础制度建立

基础制度的建立是形成和发展吉林省民间投资良好循环的基础，更是企业投资的保障。判断一项民间投资是否规范，基础制度是基本依据，因此，完善吉林省民间投资基础制度是当务之急。

1. 为企业提供平台，提升科技创新能力促进转型

吉林省人民政府出台了《中国制造 2025 吉林实施纲要》《吉林省推进制造业与服务业融合发展行动方案》等，这些都对吉林省民营经济转型发展给予了有力的支撑，并且也为吉林省民营经济转型发展起到关键的引导

① 李竹青：《重大项目成民间投资大舞台》，《经济参考报》2017 年第 3 期。

作用。吉林省为全力产出科研成果，投入了大量资源建设与光电子产业和化工新材料相关的产出基地。帮助小企业入驻创业园，整合小微企业，为其提供发展平台和运行模式，促进科技创新转型。其中，吉林省仅在光电子产业领域培育了 52 家企业，同时，拥有 15 家服务类型的企业发展成的光电子生态产业园区。这些企业与园区既汇集了光电子创新要素，又将光电子资源系统集成。在此基础上，吉林省努力提供一个大众创业、万众创新的氛围与机会，不仅对各类有关的策略以及解决方案进行了补充与修订，而且还对创业环境进行了提升与改善。截至 2019 年，吉林省每天新生 297 家企业；促进各种基因工程药物和疫苗产品（如菌苗、疫苗、单克隆抗体等）研制成功；大规模生产绝对式光栅尺、"吉湾一号" CPU、OLED 发光材料、CMOS 传感器、碳纤维、聚醚醚酮、超高密度 LED 显示屏、聚酰亚胺纤维和玄武岩纤维等。吉林省民企借助本省的产业优势实现结构型转变，在此之后企业发展速度迅猛，这些都为吉林省经济繁荣发展做出必不可少的贡献。

辽源东北袜业园被我们所熟知。面对一个个独自发展的小企业，东北袜业园区为了整合它们使其向集群发展，形成了全新的企业定位与独具特色的"系统工业服务商"和"平台+服务"运营方式。我们从小袜子帮助辽源经济成功转型的事例可以看到集聚产生大能量的发展智慧。截至 2019 年，东北袜业园区已实现 65 亿元的年产值，拥有的自主品牌的数量已高达 100 个，织袜产业的产能已经达到每年 23 亿双，已有 810 家企业入园，有 2.3 万人直接和间接安置就业；已有 228 家孵化基地，累计在孵企业与出孵企业分别为 6500 户和 3000 户。

2. 行业准入放宽，投资范围扩大

积极支持民营资本进入银行业、证券基金业、保险业和小额贷款公司。通过城市商业银行增资扩股、农村信用社改制农村商业银行和村镇银行设立等途径，支持民间资本进入银行业金融机构。比如中发金控投资管理有限公司、吉林三快科技有限公司等民间资本联合发起设立注册资本 20 亿元人民币的互联网民营银行"亿联银行"，已于 2017 年 5 月 16 日正式营业，成为东北地区第一家民营银行；累计注册成立私募投资基金机构超过 300 家，绝大多数是民营资本；安华农业保险、都邦保险民营资本占比较高；小额贷款公司民营控股 738 家，占全省小额贷款公司数量的 97.4%。

二 吉林省民间投资软环境建设

为了更好地促进吉林省民间投资的发展，减轻企业的负担，降低成本，增加企业的投资信心，建设适合的软环境是非常必要的，例如成立软环境办公室，加快投资审批，多整合一，加强信用信息系统的建设等。这些软环境的建设不仅方便监管部门的工作和监控，同时能够辅助企业更好地投身于投资行列。

1. 成立软环境建设办公室

2016年5月，吉林省为加强全省软环境建设召开软环境建设视频大会，这次会议有8100余人参加，会议就相关问题做出详细部署。

2016年7月，吉林省委、省政府出台《关于进一步加强经济发展软环境建设的意见》，成立软环境建设领导小组，省委、省政府主要领导为成员，省属主要委、厅、办共32家负责人参加，并设立专门的"软环境建设领导小组办公室"。办公室承担规划监督、诚信体系建设等致力于软环境建设的七大职能。办公室与腾讯公司合作，聘任社会上专职监督员加盟，对各区域部门设计软环境建设的行为进行监督与管理，与线上模块和经济趋势相结合进行实地考察，出现问题直接上报省委、省政府。各地、市、州和区县也建立同类机构。

2. 加快投资审批

吉林省人民政府出台《政府核准的投资项目目录（吉林省2017年本）》和《吉林省企业投资项目核准和备案管理办法》，进一步规范核准和备案行为，仅保留了规划选址和土地预审两项核准前置要件；建立并启用了覆盖全省的在线审批监管平台，实现了投资项目网上并联审批，缩短了审批时限，提高了审批效率；全面推行"双随机、一公开"制度，全省40多个部门分别建立了随机抽查事项清单、检查对象名录库、检查人员名录库和抽查实施细则。

3. 积极推进"多证合一"改革

2017年6月吉林省人民政府出台《关于推行"多证合一"改革的实施意见》，7月1日起，"多证合一"以及一次性即可实现多证同步办理制度在吉林省全面实施。吉林省已完成超30万家企业统一社会信用代码转换和发证工作。下一步，将陆续整合更多涉企证照，通过部门间信息共享，最终实现"一照一码走天下"。

4. 加强信用信息体系建设

建成吉林省信用信息数据交换平台（即"省级信用平台"），按照一数一源、分级负责的原则，整合全省相关行业和部门所记录的全体成员信誉信息，建立各形态组织信誉信息公共数据库，实现与省工商局、省政务大厅、省高法、省国土资源厅等相关信用信息平台的互通共享，与全国统一信用信息共享平台和"信用中国"网站实现共享共用；开通升级信用平台应用门户"信用吉林"网站，以信用信息数据库为基础，实现信用信息发布与公示、信用查询、信息互动、信用监管和各类信用服务等功能。升级信用平台整合了 50 个中省直部门，1.6 亿条信用数据。利用省级信用信息平台，省内商业银行与国地税共享纳税信用评价结果，开展"银税互动"，推进"缴税贷"，向小微企业发放贷款超 3 亿元。部门联动，推进失信联合惩戒措施。省国税向全社会公布税收"黑名单"，共追缴税款、滞纳金罚款超 2 亿元；开展政府机构失信专项整治工作。2017 年 2 月开始，在全省范围内组织开展了清理拖欠企业资金专项整改行动，集中整治了全省各级政府及其部门存在的问题，包括在经济建设、吸引资金等方面无信用违约占用、借用以及拖欠企业资金等问题。对被列为法院失信被执行人的政府机构，逐一地区、逐一案件建立工作台账，督促各失信政府机构全面履行法定义务或与申请执行人达成和解协议，并按照有关规定提请法院从失信被执行人名单中删除。对清理不及时、不全面的地区进行警告。

5. 改善金融服务，为民营企业发展提供保障

积极鼓励政策性、开发性金融机构如国家开发银行以及中国农业银行对规模较小的企业在贷款等方面提供帮助，推动银行与国税局合作。创新使用了一种贷款模式，即政府在财政资金方面做担保，银行向符合条件的中小型企业提供免抵押贷款的模式。政府和担保公司有效配合，发挥其管理作用；加快构建全省担保运营体系，将发展融资担保机构，特别是政府性融资担保机构纳入各级政府支持小微企业的重要工作，同时大力推动再担保体系建设；充分发挥财政资金的引导作用，设立了相关省级专项资金，通过补助、事后奖补、贷款贴息、股权投资等方式，大力支持民营企业和创业孵化基地的投资及信贷业务；出台《吉林省创业担保贷款实施办法》，提高对满足规定的小微企业的最高贷款额度，将原来的 200 万元翻倍提升，

在利率、期限、额度、贴息政策、反担保条件等均有较大突破。2015 年至 2017 年 6 月，全省累计发放创业担保贷款 31.79 亿元，累计直接扶持 3.5 万人，间接带动 15.1 万人实现就业。据吉林省人民银行统计，到 2018 年 12 月末，吉林省小微企业贷款余额比吉林省全部贷款、大型企业贷款与中型企业贷款分别高 2.1%、2.6% 和 9.3%，同比增长 7.6%，达到 3668.15 亿元。①

6. 努力为企业降低制度性交易成本

第一，制止乱收费。2017 年 5 月 12 日，《吉林省物价局转发国家发展改革委关于开展涉企收费检查的通知》要求坚持"清理与规范相结合、清理与查处相结合、清理与减负相结合"和"双随机、一公开"的原则，突出行政审批中介服务、行业协会商会、进出口环节、金融、电子政务平台、建设等领域的收费情况。重点检查行政审批中介服务收费、行业协会商会收费、进出口收费、金融机构收费、电子政务平台收费和建设领域收费 6 个方面。第二，根据吉林省污染治理成本、环境资源稀缺程度、经济发展水平等情况，合理确定排污权有偿使用基准价格。第三，对全省企业收费项目开始审查，主要对各类如"红顶中介"等腐败现象和凭借权力与地位乱收费的现象进行检查。为真正减少企业压力，对商业银行乱收费行为实施严重处罚。第四，为真正解决个体小微企业在最开始的用地难和租用厂房费用高的问题，可以采用以下方式：改革完善国有建设用地供应方式，对民营企业租赁使用标准化厂房提供支持，将年租制应用到工业用地。

三　吉林省民间投资人才政策实施

良好的人才政策是促进民营经济及民间投资发展的根本，为大力落实民间投资发展战略，促进民间投资迸发新的活力，吉林省对与人才相关的制度与规定（从引入到后期的培养以及留用）持续进行修订与补充。尤其在 2018 年吉林省出台"十八条人才新政"（《中共吉林省委　吉林省人民政府关于进一步激发人才活力服务创新驱动发展战略的若干意见》）之后，各级部门持续促进该政策的落实，建立专门的人才工作机构，为贯彻落实人才政策提供有力的组织保障。

---

① 资料来源：吉林省人民政府网站。

1. 确保留住人才，增强服务保障体系

加强吉林省人才一站式服务建设，开通绿色人才服务通道，对引进的高端人才在某些方面采取特定的办事方式，并在多方面免费提供帮办业务，提高人才办事效率；完善人才安家补贴政策，根据人才类别的不同，给予人才 3 万~200 万元的补贴，以免除优秀人才安家的后顾之忧；完善人才子女入学政策。教育是限制很多优秀人才选择就业地的一个关键因素，吉林省在这方面充分发挥了政府职能，给予引进人才子女任意选择一所公办高中和民办学校就读的政策；在各地人才工作机构建立联络协调机制，明确人才工作的责任主体，确保人才新政得到强有力的推进和实施。

2. 强化人才创新创业激励政策

为保证更多的创新创业人才留在吉林省，全省实施创新创业扶持计划，该计划是指对四个方面的人才在规章制度、资金、机遇和服务保障等方面提供最大力度的支持，这四个方面的人才包括实施战略性产业人才、科研成果转化人才、高校毕业生以及域外吉人。省级科技创新中心、孵化器、重点实验室等科技创新平台需要一定的资金支持，吉林省应在这方面加大投资力度，让各类人才在创新创业过程中有平台、有环境、有保障。人才评价渠道更加丰富，鼓励和支持各类人才到企业和基层一线工作服务。实行职称特殊评聘政策，为企业尤其是民营企业注入新的创新发展活力。

四　吉林省民间投资的监管制度现状

银行、股票和债券市场融资有较高的审批门槛，这使得多数企业转向民间融资。因此，打造完善的民间融资监管体系，使民间融资市场规范有序，既有利于企业解决融资问题，也能保证民间融资机构合理合法竞争。中国对民间投资缺少明确的法律法规，仅是对其进行了限制。应将之前分散在民法、刑法以及银保监会、中央人民银行、公安部、工商总局等部门的条例文件整合归纳，出台专门针对民间融资的法律法规。我国对民间融资的方方面面进行规范已刻不容缓。

1. 合并监管机构，民间融资监管主体尚未明确

之前民间融资的监管很大一部分归属于银监会和保监会，民间融资监管职权不明，出现了监管重复和监管漏洞等情况，给监管工作带来不便。针对这个问题，政府虽然将两家机构合并为银保监会，但还未设立民间融

资监管机构，这样既影响了现有的金融监管制度，又不能发挥监管机构的协同作用。

2. 未明晰民间融资的监管对象

我国民间融资形式多样，并且随着互联网经济的发展出现了新的融资形式。这些形式在投资领域、途径、方式上并没有准确的产权界定，以至于不能确定民间投资者与其他投资者是否有平等的投资机会。同时，在民间合法融资经济行为中，还存在很多非法集资、非法吸收公众存款和高利贷等行为。

吉林省民间投资现状纵观梳理如表 1-5 所示。

表 1-5 吉林省民间投资现状纵观梳理

框架维度	发展现状
基础制度建立	1. 为企业提供平台，提升科技创新能力促进转型 2. 行业准入放宽，投资范围扩大
软环境建设	1. 成立软环境建设办公室 2. 加快投资审批 3. 积极推进"多证合一"改革 4. 加强信用信息体系建设 5. 改善金融服务，为民营企业发展提供保障 6. 努力为企业降低制度性交易成本
人才政策实施	1. 确保留住人才，增强服务保障体系 2. 强化人才创新创业激励政策
监管制度构建	1. 合并监管机构，民间投融资监管主体尚未明确 2. 未明晰民间投融资的监管对象

五 吉林省 PPP 项目发展概况

2015 年 6 月，吉林省政府共推出了 98 个 PPP 合作项目，总投资共 931 亿元；2016 年底，有 115 个项目列入吉林省 PPP 项目库，同比增长 101.8%。项目覆盖直属省政府直接管辖的地区和 9 个州市，涉及文体、社保养老、市政工程等 15 类基础设施和公共事业。已经开展的项目占比为 19.1%。2016 年全年 PPP 项目投资额同比增长 200.9%，为 2868.2 亿元。其中，已经签约或支付的投资额占投资总额的15%，合计430.4亿元。[①] 截至2018年1月，吉林省PPP项目引入社会资本2358.9亿元，全省民间投资占比达到73.6%；共谋划亿元以上重大项目2148个，总投资1.72万亿元，转化实施项目636个。到2018年6月30日，吉林省共有140个PPP项目纳入财政部PPP综合信息平台管理库，入库金额达3232.39亿元。[②] 其中，交通运输类13个，水利建设类5个，生态建设和环境保护类11个，农业类1个，科技类1个，保障性安居工程类1个，医疗卫生类2个，养老类2个，教育类4个，体育类5个，市政工程类80个，政府基础设施类3个，城镇类综合开发类6个，旅游类1个，其他类5个。

近年来，长春市政府在各区县创设了多个招商局，以便更快地吸收投资。除此之外，市领导时常组织招商团队并带队去北上广等地区举行PPP项目的推广介绍会议，以吸收各地的投资。由此看来，政府近年来一直在大力推广PPP项目。

同时，吉林省坚持以"稳增长"为核心，将PPP项目作为创新政府管理方式的途径，拓宽社会资本尤其是民营资本进入渠道，拉动社会投资，促进经济发展。认真贯彻落实习近平生态文明思想，秉持"绿水青山就是金山银山"理念，充分发挥PPP项目在流域治理、海绵城市、环境监测等生态环保领域作用，引入社会资本的专业化技术和管理。作为东北地区经济大省，吉林省城乡之间仍然存在着巨大的差距，城市公共服务有待改善。吉林省多个地区的工业化发展已处在前、中期，如今，吉林省的产业结构已发生非常大的变动，驱动本省经济上升的主导力量由单线（工业）变成双线（工业和服务业）。而医疗、教育等公共事业应按怎样的路径发展依然需要探索。吉林省经济持续增长是不可否认的事实，但地区间经济差距却很大。例如，长春的产业体系、经济发展水平、居民消费力度远远高于同省的其他地区。所以，政府应持续促进所有城市的发展，引导不同地区形成自己的发展特点，持续推进经济转变形态、改造升级，才能提高全省经济发展的总体水平，进而推动全省经济的本质性升级。

---

① 资料来源：中华人民共和国财政部金融司《吉林省2015年度PPP工作总结》《吉林省2016年度PPP工作总结》《吉林省2017年度PPP工作总结》。

② 资料来源：财政部政府和社会资本合作中心—全国PPP综合信息平台管理库项目，http：//www.cpppc.org：8086/pppcentral/map/toPPPMap.do。

六 吉林省民间投资政策执行现状

2016 年以来，吉林省陆续发布了加强民间投资活动的规章制度，在政策执行过程中，秉承着简政放权、多整合一、打造新的发展平台的原则积极促进了吉林省民间投资的发展。

1. 政策执行简政放权，简化流程减少企业负担

2017 年 7 月，吉林省将 32 个与企业证照有关的信息全部整合到营业执照上，在众多省份中率先实行与完成将企业的许多证整合为一个证的改革。吉林省通过改革，让企业凭借一个执照、一个代码就可办理各项业务。2017 年 10 月，吉林省通过实行改革对办事流程整合再造，企业办理证照只需三天，比原来节约了近十倍的时间。为解决获取创业资金难这一问题，吉林省采取注册资本认缴登记制，采用这种方法可节省至少 28 亿元的开办费用。为降低创业成本，吉林省通过放宽住所登记条件从而充分利用了现有场地资源，近 16 万户市场主体从中受益。吉林省为解决办理营业执照慢这一问题，采取先申请营业执照后办理有关许可证这一方式，从而缩减了工商登记前置审批事项，为企业节省了 3~6 个月的时间。为解决企业入市容易退出难这一问题，吉林省实施企业简易注销登记。共有 5541 家企业适用简易程序退出市场，办理时间至少减少一半，大大提高了运行效率。为真正还权于企业，吉林省放宽企业名称登记限制，在该制度实施之后，企业名称申请量激增。吉林省减少政府部门行政审批事项，由 2013 年的 592 项减少到 2017 年的 193 项，企业备案项目实现即来即办，这样就使审批时间平均缩短 1/5 以上。

吉林省积极探索工商登记，实现了由线下向线上的转变，整个过程全部通过电子化处理，共计线上发放营业执照高达 13850 张；为了让信息更加融通，吉林省建设国家企业信用信息公示系统以及小微企业名录库搭建综合服务平台，共计收集相关企业信息 1342.5 万条，访问次数超过 2 亿次；累计公示帮助小微企业政策 137 件，平台点击量超过 80 万次。这些变化都有利于民营经济的发展。

2. 鼓励民间投资，全力打造平台

在两届吉商大会的带动影响下，吉商投资越来越频繁与积极。2017 年，

吉林省民间投资比以往增长 1.3%，完成 9666.7 亿元，占全部资产投资比重达 73.6%。[①]

近年，吉林省扶持民营经济发展的一个重要方面是解决了民营企业融资困难、融资费用高的问题。根据吉林省人民银行提供的数据，到 2018 年 12 月末，吉林省小微企业贷款余额高达 3668.15 亿元，同比增长 7.6%，增速比吉林省全部贷款高 2.1%，比大型企业贷款高 2.6%，比中型企业贷款高 9.3%；省工行普惠贷款余额 22.15 亿元，比年初增加 6.00 亿元；为了解决银行对小微企业不愿意甚至不敢贷款这一问题，兴业银行确定小微企业不受责罚的情况以及核查解决步骤，截至 2018 年末，该行小微企业贷款比上年投放增加 12.86 亿元，高达 51.35 亿元；为促进人们常用的创业担保贷款与贴息不担保贷款都有所增加，吉林银行通过与省人社厅共同召开创业担保贷款平台业务推进会，让省内各分行与本地小额贷款担保机构进行直接沟通，让传统方式与新兴方式都有所改进。

3. 推进 PPP 项目政策实践及效果

（1）制定配套政策，完善制度基础

2015 年以来，吉林省委、省政府先后印发了《吉林省人民政府关于创新重点领域投融资机制鼓励社会投资的实施意见》《吉林省关于在公共服务领域推广政府和社会资本合作（PPP）模式管理实施办法》《中共吉林省委 吉林省人民政府关于深化投融资体制改革的实施意见》等政策文件，从生态环保、农业、水利、市政设施、交通、能源、信息和民用空间设施、社会事业等领域进一步拓宽了社会资本领域，规范了 PPP 项目流程，进一步推动了 PPP 示范项目实施。为加快推进全省 PPP 项目建设，2015 年以来，吉林省财政厅新设立了专门处室，负责全省 PPP 项目的政策研究、政策咨询、信息统计工作。长春市、吉林市、通化市等 10 余个市县财政部门设立 PPP 专门管理机构，抽调专业人员，负责 PPP 有关工作。吉林省大力建设 PPP 项目库，加强 PPP 项目推介工作。

2016 年，吉林省组建 PPP 第三方咨询服务机构库，已有咨询机构 30 家，律师事务所 10 家，会计师事务所 7 家。2014 年以来，吉林省通过国家发改委和省发改委门户网站向社会推介项目 40 个，总投资 789 亿元。截至

---

① 资料来源：《2018 年吉林省金融运行报告》。

2018 年 11 月，根据财政部政府和社会资本合作中心数据，向财政部信息平台报送的 PPP 项目中，吉林省共入库 PPP 项目 156 个，总投资 3143.72 亿元。① 截至 2018 年 11 月，吉林省发改委网站显示，吉林省建立了覆盖市政工程、交通运输、生态环保等 15 个领域的项目库。其中长春市和四平市已签约的项目分别有 24 个和 9 个，投资总额分别为 285.6 亿元和 164.7 亿元；辽源市已签约项目 2 个，总投资 4.3 亿元；通化市已签约项目 5 个，总投资 110.1 亿元；白山市已签约项目 4 个，总投资 23.6 亿元；松原市已签约项目 4 个，总投资 50.1 亿元；白城市已签约项目 3 个，总投资 21.5 亿元；吉林市已签约项目 18 个，总投资 269.7 亿元。②

（2）积极加入国家 PPP 示范项目，积极发挥示范作用③

国家 PPP 示范项目需经过各个省级财政部门的推荐，PPP 工作领导小组办公室组织专家评审。国家从项目采购程序中是否存在竞争、社会资本是否真实、运作方式是否合理、交易结构是否适当和财政可否长期承受等方面确定入围项目，并每年发布项目情况。为深入推进公共服务领域的政府和社会资本合作，国家开展了 PPP 示范项目筛选工作，加强示范引领和样板推广，让更多的 PPP 项目能够准确有效地在目标地实施，并在稳定增长、促进改革、调整结构、普惠民生等方面发挥积极作用。在财政部示范项目中，吉林省的项目数量逐年增加，这是吉林省 PPP 发展的又一进步。

（3）拓宽融资渠道，加大资金支持力度④

2014~2016 年，吉林省积极争取中央预算内资金、试点资金共 1.025 亿元，专项支持 44 个 PPP 项目建设；设立了以奖代补专项资金，已有 16 个项目获得 1700 万元的奖补资金支持；设立了 PPP 项目融资引导资金，为吉林省 PPP 项目提供增信和融资支持，目前规模已达 18 亿元。另外长春市高新技术产业开发区北区污水处理厂已被列入国家发改委首推的 11 单 PPP 资产证券化项目，拟社会融资 1.3 亿元；松原市海绵城市已经被列入世界银行

① 资料来源：财政部政府和社会资本合作中心，http：//www.cpppc.org/。
② 资料来源：吉林省发改委，http：//www.jldrc.gov.cn/zl/ppp/。
③ 资料来源：财政部政府和社会资本合作中心，http：//www.cpppc.org/zh/zyxmqd/7017.jhtml。
④ 资料来源：2017 年 7 月，国家行政学院第三方评估组对吉林省"大力促进民间投资政策措施落实情况"的评估。

拟融资支持的项目。

（4）打造试点示范，创新 PPP 项目[①]

2014~2016 年，在国家和吉林省政府的大力支持下，吉林省部分地区主动作为，创新举措，推动 PPP 项目建设，其成效明显，具有较强的示范带头作用。2016 年，松原市作为全国重大市政工程领域 PPP 创新重点城市，成立了以常务副市长为组长的传统设施领域 PPP 工作领导小组，建立了联席会议机制和调度机制，完善了相关规划和管理办法，并安排 500 万元专门用作 PPP 项目前期工作经费，吸引更多的金融资本参与 PPP 项目建设；公主岭市成立 PPP 工作领导小组，下设 PPP 项目指挥部，组建了财建集团、岭富集团等投融资平台，先后与中铁、中财、山东水务、无锡华光以及国开行、农发行等企业和金融机构开展战略合作，为 PPP 项目提供融资支持。2016 年 4 月国务院办公厅公布了《关于对 2016 年落实有关重大政策措施真抓实干成效明显地方予以表扬激励的通报》，长春市农安县为东北三省唯一获得表扬的地区。另外，农安县被列为全国深化县城基础设施投融资体制改革的试点县，延吉市朝阳川镇被列为全国深化城镇基础设施投融资模式创新特色镇。

（5）开展信息宣传与信息公开

吉林省积极利用传统媒体、网络平台、新闻发布会、项目推介会等方式，加强对吉林省 PPP 政策的解读，加强对长春市 PPP 项目的宣传推荐，回应社会方面的关注，促进各方达成共识，帮助项目实施。吉林省重点通过多种载体、多种形式进一步加强对党政领导、行业管理部门有关 PPP 项目理念的宣传，特别是针对 PPP 项目开展较慢的地区，促进其充分认识 PPP 项目的本质内涵，尊重 PPP 项目的客观规律，尽快适应政府职能和履职方式的转变。在吉林省财政厅门户网站上设立 PPP 项目专栏，开通"项目信息""政策制度""服务需求""网络课堂""项目推介""公示项目信息""公开相关制度文件""学习材料"等模块，积极利用网络媒介宣传 PPP 项目工作，推广 PPP 项目知识。在省级 PPP 项目综合信息平台中，发布与 PPP 项目全生命周期有关的各种信息，多维度加大信息公开及监管力

[①] 资料来源：2017 年 7 月，国家行政学院第三方评估组对吉林省"大力促进民间投资政策措施落实情况"的评估。

度。在吉林省发改委官网和吉林省财政厅网站上建立 PPP 信息发布平台，面向全国公开披露政策法规及项目信息。

截至 2018 年 10 月，政策制度专栏已发布 PPP 相关信息 33 条，涵盖转发财政部的通知以及财政厅的通知等，网络课堂专栏发布《以奖代补申报注意事项》《四川省推广运用 PPP 模式及以奖代补情况简要汇报》《山东省 PPP 示范项目申请以奖代补资金审核情况汇报》《PPP 项目案例解析》《PPP 奖补政策解读》等内容。在吉林省发改委门户网站上，PPP 项目专栏开通了项目库、政策法规、典型案例三个栏目。

截至 2018 年 10 月 14 日，项目库里有长春市、吉林市、四平市、辽源市、通化市、白山市、松原市、白城市等 10 个地区的信息；政策法规栏目有《PPP 项目库操作注意事项》《国务院关于鼓励和引导民间投资健康发展的若干意见》等 16 个文件；在典型案例项目中有北京地铁 4 号线项目、大理市生活垃圾处置城乡一体化系统工程、固安工业园区新型城镇化项目、合肥市王小郢污水处理厂资产权益转让项目、江西峡江水利枢纽工程项目、酒泉市城区热电联产集中供热项目、陕西南沟门水利枢纽工程项目、深圳大运中心项目、苏州市吴中静脉园垃圾焚烧发电项目、天津市北水业公司部分股权转让项目、渭南市天然气利用工程项目、张家界市杨家溪污水处理厂项目、重庆涪陵至丰都高速公路项目等。

（6）积极构建 PPP 咨询机构

2016 年 3 月 7 日，在吉林省财政厅组建的 PPP 第三方咨询服务机构库招标中，吉林省建苑设计集团有限公司入选咨询服务机构库。集团战略合作伙伴功承律师事务所同期入选律师事务所服务机构库。吉林省财政厅 PPP 第三方咨询服务机构库的建立标志着吉林省政府与社会资本合作项目咨询服务的进一步规范化，遴选出有较高服务能力和水平的服务机构入库，促进吉林省 PPP 项目的开展。

（7）筹建吉林省与中国政企合作基金

中国政府和社会资本合作融资支持的中国 PPP 基金，是经过国务院批准，由财政部与全国社保基金会、邮储银行、农业银行、中国银行、光大集团、交通银行、工商银行、中信集团、中国人寿保险共同建立的。该基金是公司制的，并由中国政企合作投资基金股份有限公司（母基金）和中国政企合作投资基金管理有限责任公司（母基金管理公司）共同完成工作。

中国政企合作投资基金股份有限公司在 2016 年 3 月 4 日正式成立，公司的注册资本为 1800 亿元人民币，公司主要的业务为非证券业务的投资、投资管理以及咨询、股权投资、债券投资、项目投资、投资管理、资产管理、企业管理、经济信息咨询。该公司以社会资本方的身份参与 PPP 项目投资，坚持市场化和专业化的运作，以股权、债权、担保等方式，为纳入国民经济和社会发展规划、基础设施和公共服务领域专项规划以及党中央和国务院确定的其他重要项目中存在的 PPP 项目提供融资支持。

截至 2018 年 6 月，在中国 PPP 基金与 9 省（区、市）签署的基金投资合作协议涉及 PPP 项目名单中，吉林省集双高速公路（通化—梅河口段）PPP 项目、长春新区东北亚国际物流港项目、长春市地下综合管廊建设工程—南部新城乙六路（芳草街—甲三路）项目、长春市八一公园建设工程项目、吉林市地下综合管廊项目、四平市海绵城市建设 PPP 项目、通化市地下综合管廊及道路改造 PPP 项目、白山市老旧小区及弃管楼节能宜居（城市风貌设计及改造）项目、白山市地下管廊工程、长白山旅游轨道交通 PPP 项目、公主岭市水务一体化项目、大岭汽车物流产业园区东风大街（兴岭路—新凯河）道路工程、公主岭市 2016 年老旧小区综合改造工程 PPP 项目都涵盖其中。

（8）组建吉林省 PPP 机构库、专家库

吉林省利用智力资源，加强宣传引导。省财政厅征收、组建并且完善吉林省 PPP 专家库，利用 PPP 咨询机构及首都专家资源，以研究的方式来解决项目进行过程中所存在的具体问题，提高项目的质量。吉林省着力加强政府和社会资本合作模式实施能力建设和队伍建设，继续做好全省 PPP 相关人员的业务培训工作，通过学习 PPP 的工作理念和方法以及流程和政策制度进一步提高业务水平，同时进一步优化培训内容，开展一些更偏向于实操、针对性更强的培训。同时加强中介管理，完善省级 PPP 咨询服务机构库、PPP 专家库，完善相关的双库管理，提高咨询机构、专家的规范意识，接受社会各界监督。举办 PPP 业务培训，邀请财政部、知名咨询机构专家讲解 PPP 业务知识、政策体系和操作实务等，收集并编写国家和各省 PPP 项目典型案例并印发学习，通过多种形式提高吉林省各地 PPP 业务能力。

七　吉林省民间投资发展前景

自 1978 年之后，吉林省的民间投资对吉林省的整个经济体系以及社会的发展起到了推进作用。国家统计数据显示，吉林省民间投资在全社会的投资所占比重逐年增加，但与东部发达省份相比，差距较大。因此，吉林省民间投资还有较大的发展空间，特别是在民间资金的资金量、人才数量以及未来的经济贸易方面都可能有较大的发展。

1. 民间资金储量充足，大有潜力可挖

2017 年前三季度，吉林省实现规模以上工业增加值 4651.41 亿元，同比增长 5.4%。居民基本实现了收入同步增长，2018 年全省城镇常住居民人均可支配收入比上年增长 6.5%，达到 30172 元；城镇常住居民人均消费支出增长 11.7%，为 22394 元；农村常住居民人均可支配收入达到 13748 元，增长 6.2%（见表 1-6）。① 吉林省 2016 年的民间储蓄量高达 5000 亿元，坚持贯彻执行国务院关于鼓励引导民间投资 "新 36 条" 等组合性政策措施，包括降低市场门槛、破除各种壁垒、放宽市场准入、鼓励引导民间资本进入金融服务等领域、支持民间资本重组联合和参与国企改革等。吉林省将持续激活更多的民间资本，使其成为吉林经济提质增效的新动能。

表 1-6　2018 年吉林省居民人均可支配收入和消费支出情况

单位：元，%

类别	金额	同比增长
城镇常住居民人均可支配收入	30172	6.5
城镇常住居民人均消费支出	22394	11.7
农村常住居民人均可支配收入	13748	6.2

2. 人力资源现状与民间投资发展相匹配

吉林省高校数量较多，人才培养机制完善，全省共有研究生培养机构 22 个，共有普通高等学校 58 所（含独立学院 7 所）。根据对学校综合实力的评估，吉林省已拥有 37 所本科院校、21 所高职专科学校以及 14 所成人

---

① 资料来源：《吉林省 2018 年国民经济和社会发展统计公报》。

高校。根据吉林省教育厅统计，2013年，全省研究生毕业人数达17489人，其中博士毕业生2161人，硕士毕业生15328人；普通本专科毕业生146379人，其中本科毕业生103426人，高职（专科）毕业生42953人。截至2017年6月全省新增高技能人才9762人，其中技师和高级技师1758人。人才素质和人才数量能满足吉林省民间投资发展的需求。与此同时，吉林省的人力成本在全国处于低位水平，2018年吉林省城镇非私营单位就业人员年平均工资为51558元，远少于全国城镇非私营单位就业人员年平均工资（82461元）。①

3. 地理位置良好，处于"一带一路"建设框架中，民间投资贸易前景良好

2017年1~10月吉林省进出口总额为1038亿元，同比增长4.1%，进出口总额排全国第22位。其中，出口额241.7亿元，同比增长5.9%，排全国第26位；进口额796.3亿元，同比增长3.5%，排全国第18位。出口方面，占吉林省出口额90%的八大类重点出口商品中，有四类商品出口有所增长，其中农产品出口额同比增长9.5%，出口额净增加5.5亿元；汽车及零部件出口额同比增长17.4%，出口额净增加5.9亿元；轻纺产品出口同比增长3.1%，出口额净增加0.9亿元；木制品及家具出口同比增长8.8%，出口额净增加2.4亿元。

2018年前三季度全省外贸进出口累计完成1046亿元，同比增长10.1%，高出全国平均水平0.2个百分点。其中出口额完成239亿元，同比增长8.0%；进口额完成807亿元，同比增长10.8%。长春市等5个地区进出口实现增长且增幅均超过全省平均，其中吉林市、四平市、通化市增幅均超过25%。长春市外贸增势良好，同比增长14.9%，出口额净增加106.8亿元，进出口额占全省总值的79%，是拉动全省进出口额增长的重要支撑。延边市、辽源市、白山市、松原市四个地区进出口额下降，但降幅较前8个月均有所减少（见表1-7）。2018年前三季度，全省一般贸易进出口额完成923.1亿元，占全省进出口总额的88%，同比增长16.7%；加工贸易进出口增长9.2%。从企业性质看，外资企业进出口额仍占半壁江山，比重达到51%，但增速低于国有企业、民营企业26.3个、12.5个百分点。民营企业出口额占比达到36.0%，是全省出口的第一主力军。②

---

① 资料来源：https://baijiahao.baidu.com/s？id=1633470333973035500wfr=spider&for=pc
http://www.creditsailing.com/XinWenFaBu/645948.html。

② 资料来源：http://www.ebrun.com/20181112/307368.shtml。

表 1-7　2018 年前三季度吉林省外贸进出口情况

类别	吉林市、四平市、通化市	长春市（进出口额占全省总值的 79%）	延边市、辽源市、白山市、松原市
同比变化	↑	↑	↓
变化比例	25%	14.9%	降幅减小

随着我国经济发展速度放缓和朝鲜考虑改革开放的利好消息，国内市场日趋成熟，竞争激烈，大量民间资金看好新兴的朝鲜市场，如珠三角、长三角、环渤海地区等区域经济体纷纷将巨额资金投入朝鲜煤炭市场，建设发电厂，修公路、修港口，投入开采煤矿设备，提高运输能力，完善基础设施，抢占煤炭市场。而吉林省延边地区集全省之力建造出海口，在珲春市从图们江填江造桥，向江里延伸二百多公里直通朝鲜罗津港，为全面开采朝鲜铁矿粉提供条件，抢占先机。

随着建设丝绸之路经济带与 21 世纪海上丝绸之路倡议的提出，我国展现出了一种更加开放的形势。在这种大背景下，吉林省的长吉产业创新发展示范区迎来了更好的前景。吉林省所处地势优越，是东北亚区域的几何中心，毗连俄国与朝鲜，日本海与吉林省珲春的距离仅有 15 公里，这是我国从海上到俄罗斯、朝鲜东海岸、日本西海岸甚至北欧的最近点。正是由于优越的地理条件，吉林省周围分布着俄、朝大小 10 个港口，占据 13 个国家级边境口岸，与俄、朝、日、韩、蒙 5 国都有贸易往来。东北亚国际物流产业园区等一系列振兴东北经济的项目建设会为吉林省民间投资发展带来更多的机会。

第二章 国家及代表性省份民间投资发展政策及实践梳理与对比分析

第一节 国家推进民间投资发展的相关政策梳理

一 《国务院关于鼓励支持和引导个体私营等非公有制经济发展的若干意见》

2008 年 3 月 28 日，国务院发布《国务院关于鼓励支持和引导个体私营等非公有制经济发展的若干意见》，由于总计 36 条文件内容，该意见也被称为《非公 36 条》。这是 1949 年以来中央政府第一部以推进非公有制经济发展为核心的文件。

《非公 36 条》从以下七个方面提出意见：第一，带领非公有制企业提升综合实力；第二，政府对非公有制企业的关注与管理也要加强；第三，引导发展非公有制经济和加强相关规定的融合；第四，支持非公有制企业和职工在合法权益方面的诉求；第五，减少非公有制经济进入市场的限制条件；第六，对非公有制经济提供更充足的资金支持；第七，加强对非公有制经济的社会服务。

《非公 36 条》的出台有以下五个突破：第一，肯定了"非公有制经济"主体的法律地位；第二，体现了市场经济的"三公"原则；第三，将促进我国非公有制经济法律制度的完善；第四，将树立反垄断的旗帜；第五，明确了对私人财产的保护。

二 《国务院关于鼓励和引导民间投资健康发展的若干意见》

2010 年 5 月 13 日，国务院旨在带领民间投资健康发展，印发并实施

《国务院关于鼓励和引导民间投资健康发展的若干意见》，这是自 1978 年以来，国务院出台的首部以民间投资发展、治理与支配等方面为对象的综合性政策文件。因文件内容共 36 条，这份文件通常被简称为《新 36 条》。

《新 36 条》指出支持和带领民间资本投资有关国计民生的项目，如公路、水运、港口码头、民用机场、通用航空设施等。《新 36 条》也支持建立不同的民间投资行业协会，对中国民间投资行业协会的开展给予极大的鼓励。这些规定都对民间金融市场的健康发展起到一定的推动作用。

与国务院已出台的鼓励和促进民间投资发展的有关政策措施相比，《新 36 条》有如下突破。一是减少对民间投资准入的限制条件的整体规定更加明晰。要进一步执行《非公 36 条》，准确区分是否为政府投资，对投资准入条件进行准确设定，进一步加强对以往垄断产业的改革转型，对国有经济构成与布局进行新的排列，在社会公共事业发展里重点加入民办社会事业，如果法律法规未标明这方面是民间资本不能进入的，那就应该支持与带领民间资本进入。这就为民间资本提供了更多市场的可能性。二是带领和支持民间资本进入的具体领域（兴办金融机构，投资商贸流通产业、交通电信能源基础设施、国防科技工业、保障性住房建设、市政公用事业等领域）更加明晰，对医疗、体育、文化、社会福利和教育事业起到促进作用。三是对民间投资进入表示支持，并且提供了详细的进入办法。主要包括承包、参与改组改制、转移产权或经营权、租赁、项目业主招标等。四是依靠促进机制转变，采取政府补贴对一些特定的收费给予补偿，实行以公开招标为主的采购方式，在存款与贷款方面给予一定帮助，提供用地保障等方式，提供保护民间投资准入的办法。

三 《国务院办公厅关于鼓励和引导民间投资健康发展重点工作分工的通知》

2010 年 7 月 26 日，国务院办公厅发布《国务院办公厅关于鼓励和引导民间投资健康发展重点工作分工的通知》（以下简称《通知》），详细指明了中央和地方政府部门在支持和带领民间投资健康发展方面的工作以及目标。《通知》对民间资本进入基础产业和基础设施等九大领域起到引领的作用。

从《通知》中可看出，国家对民间资本在金融服务方面发展持支持态度，不反对民间资本举办金融机构，同时做到对金融可能带来的危害防患于未然。在商业银行增加资金扩大股本时，鼓励民间资本的加入，亦支持民间资本参与城市信用社和农村信用社的产权改革。倡导民间资本加入创设金融机构，如村镇银行、贷款公司、农村资金互助社等，降低对村镇银行或社区银行中法人银行最低出资比例的要求。

由于民营企业在创新与升级方面仍存在欠缺，《通知》指出财政部、国家发展改革委、科技部等部门应鼓励与促进民营企业在这些方面的发展。具体措施有：加强对创新能力的培养，对民营企业在研发方面增加财力与物力给予支持，并可以适当地对此实行税收优惠政策。这些措施的目的是加强对一些重要核心技术（如自主知识产权）的掌握。

《通知》中也提到，对阻碍民间投资发展的规章制度要及时清除和完善，真正做到保护民间投资的合法权益，为民间投资营造和维护一个公平竞争的良好环境。为了更加全面地反映民营企业的真正需求，在制定与民间投资相关的各项规定时，不可闭门造车，要多多听取有关商会和民营企业的建议。

《通知》要求重视投资信息平台的建设，及时与准确地向社会公开发布各类有关信息将会影响民间投资者做出正确的判断。各类有关信息包括国家产业政策、发展建设计划、市场准入条件、国内外行业动态等。

《通知》还要求有关地区、部门应细化以上的任务分工，提出详细的解决办法，并且对该办法认真执行，国务院办公厅也将协助对该政策措施的落实情况进行关注与检查。

四　《国务院关于创新重点领域投融资机制鼓励社会投资的指导意见》

2014 年 11 月 26 日，国务院印发《国务院关于创新重点领域投融资机制鼓励社会投资的指导意见》（以下简称《指导意见》），旨在鼓励市场主体积极参与社会投资，最大化发挥他们的能力，并针对薄弱环节提出合理建议，增加有效投资和公共产品有效供给；对结构进行调节，完善不足之处，真正意义上做对广大群众有益的事。

从《指导意见》可以看出，为了进一步鼓励大众进行投资，让社会投资更好地推动经济增长，国家需要采取一系列措施，如打破行业间存在的固有屏障，减少市场垄断的发生；减少进入市场所需条件，创造一个更加公平开放透明的市场规则，营造一个权利、机会以及规则都平等的投资氛围等。

《指导意见》针对公共服务、资源环境、生态建设、基础设施等经济社会发展的薄弱环节，提出了许多新颖的解决办法，如减少进入市场所需条件、采取新型投资运行模式、让投资主体更加多元化、对价格形成体系进一步加强等。《指导意见》提出了新型生态环保投资运行模式，促进了社会资本投资运营农业和水利工程，推进了市政基础设施投资运营市场化，改革完善了交通投融资机制，鼓励社会资本加强能源设施投资，促进了信息和民众所在区域基础设施的投资主体多元化发展，提高了社会资本在社会事业领域投资的参与度。

《指导意见》指出，更加深化新型投融资方式，需要做到以下三方面。首先，加入社会资本，让政府和社会资本合作体系更加完善，加大对公共产品的产出力度。其次，在政府投资的指引下，对政府投资方向以及使用方式进行深度思考，鼓励社会资本投入对重点领域的建设，可采用投资补助、基金注资、贷款贴息等方式。最后，提出新型融资方式，鼓励开展排污权、收费权、购买服务协议预期收益质押等担保贷款业务。通过以信用为保证，对可能出现的风险进行补偿等方式，提升农业经营主体融资可能。充分利用国家为培养特定产业而提供的政策性金融服务，给予重大工程低成本支持，让其可以长期稳定地发展下去。发展股权和创业投资基金，支持和带领民间资本设立产业投资基金。鼓励重点领域建设项目开展股权和债权融资。

五 《国务院办公厅关于进一步做好民间投资有关工作的通知》

2016 年 7 月 1 日，国务院办公厅发布《国务院办公厅关于进一步做好民间投资有关工作的通知》（以下简称《通知》），对进一步做好民间投资有关工作进行部署。

《通知》明确，抓紧建立市场准入负面清单制度，进一步放开民用机场、基础电信运营、油气勘探开发等领域准入，对基础设施和公用事业等重点领域不施加限制条件，在医疗、养老、教育等方面提出切实可行的建议与措施，促进公平竞争。

《通知》指出，促进民间投资健康发展，既利当前又惠长远，对稳增长、保就业具有重要意义，也是推进结构性改革特别是供给侧结构性改革的重要内容。

《通知》要求，认真抓好督查和评估调研发现问题的整改落实。国家发展改革委要会同有关部门成立督导组，对民间投资体量大、同比增速下降较快和近期民间投资增速滞后的省（区、市），组织开展重点督导。

《通知》还从继续深化简政放权、放管结合、优化服务改革，努力营造一视同仁的公平竞争市场环境，着力缓解融资难融资贵问题，切实降低企业成本负担，强化落实地方政府和部门的主体责任，加大政策解读和舆论宣传力度等方面，为进一步做好民间投资有关工作进行部署。

六　《促进民间投资健康发展若干政策措施》

2016 年 10 月 12 日，国家发改委印发《促进民间投资健康发展若干政策措施》（以下简称《措施》），为了更好地消除制约民间投资发展因素，从 6 个方面提出了 26 条具体措施。这 6 个方面包括设立修改有关规章制度、推动投资增长、实行有关财税政策、减少企业投入资金、提升金融服务、提升综合管理服务办法等。

《措施》指出，进一步放开民间投资进入市场，平等对待不同投资主体进入社会服务领域，鼓励政府和社会资本合作，并且，列出禁止或限制进入市场的名单，促进投资项目在网上进行审查和管理，以及加速对政府核准投资项目目录进行修改与补充。

《措施》明确指出，以后会实行《中华人民共和国政府采购法》和《中华人民共和国政府采购法实施条例》，为民营企业加入政府采购提供一个公平开放的市场，实行《环境保护、节能节水项目企业所得税优惠目录》和《资源综合利用产品和劳务增值税优惠目录》，在满足有关规定的基础上，使得垃圾填埋沼气发电项目取得在税收方面（所得税、增值税）的优惠。

《措施》要求，在企业融资过程中要更加关注有关部门和中介机构的评估、登记等收费行为，促成省级再担保机构大体实现全面覆盖，鼓励发展重点领域建设的投资基金，对动产质押统一采取登记立法的方式，建设国家融资担保基金，设立排污权、收费权、特许经营权等权利的确权、登记、抵押、流转等配套制度，有关部门将鼓励政策性、开发性金融机构产生益处，增加民营企业的直接融资方式，根据相关规定加速对民营银行审查，提升信誉评级质量。

《措施》强调，对国有建设用地供给方式进行调整变化，如果需要付出一定成本才可以使用土地的，应采取长期租赁、先租赁后转让、既租赁又转让方式供应土地，实际减少民营企业用地所需付的资金；对物流行业建设用地实行相关鼓励政策；让环境影响评价不复杂，对它进行少分类，并且不断研究不断改进。

《措施》强调，向大众推行"在监管过程中随机抽取检查对象，随机选派执法检查人员，抽查情况及查处结果及时向社会公开"的政府管理模式。同时制定地方政府分期支付拖欠企业款项方案，设立涉企政策手机推送制度和线上集中公开制度，将政府信息数据广泛提供给民众，有效为民营企业提供信息服务，减少中间商提供服务并收取费用，对政府服务持续关注与考核。

七 《关于进一步激发民间有效投资活力促进经济持续健康发展的指导意见》

2017年9月15日，国务院办公厅印发《关于进一步激发民间有效投资活力促进经济持续健康发展的指导意见》（以下简称《意见》）。为了吸引更多的民营经济主体进行投资，为了让市场展现出新的活力，为了造就发展新动能，针对政策落实不到位、营商环境待改善以及融资难、融资贵等问题，《意见》提出了以下十种解决方式，让更多的民营经济主体进行有效投资。

一是深入推进"放管服"改革；二是开展民间投资项目报建审批情况清理核查；三是推动产业转型升级；四是鼓励民间资本参与政府和社会资本合作（PPP）项目；五是降低企业经营成本；六是努力破解融资难题；七是加强政务诚信建设；八是加强政策统筹协调；九是构建"亲""清"新型政商关系，建立健全政府与民营企业常态化沟通机制；十是狠抓各项政策措施落地见效，增强民营企业获得感。

《意见》指出，各地区与部门要将已发布的激励民营经济主体进行投资的规定办法全部进行整理，并核查每一项的实行情况。支持各地以革新的思维落实各项具体措施，并进一步将措施细化和深化。努力解决限制民间投资增长的深层次问题，最终更好地吸引更多的民营经济主体进行有效投资。

第二节　代表性省份民间投资政策梳理

一　北京市推进民间投资发展的相关政策梳理

1.《北京市人民政府关于印发鼓励和引导民间投资健康发展实施意见的通知》

2011 年 2 月，北京市人民政府正式下发《北京市人民政府关于印发鼓励和引导民间投资健康发展实施意见的通知》（以下简称《实施意见》），提出了 5 章 22 条具体实施意见，同时以附件形式公布《重点工作任务分解表》。

北京市发改委提出民间投资在本市投资中已占据主体地位，民营经济是首都经济不可分割的一部分，对加强首都人文、科技以及环境方面的建设，推进和谐北京以及在世界城市建设中展现中国特色，起着举足轻重的作用。深入挖掘民间投资潜力，调动民间投资积极性，合力营造有利于民间投资健康发展的环境条件，增强经济增长内生动力，对推动首都经济社会可持续发展是非常重要的。

《实施意见》以体现北京市特点和容易实施为目标。在考虑了北京经济如何发展以及发展方向之后，指明了详细的建议措施。平等对待各类投资主体，对于只要不是明令禁止的投资主体都采取欢迎进入的态度，对优惠政策、政府鼓励的办法进行合理延伸，不仅仅局限在原来所涉及的对象上。细化各行业的民间投资可融入的重点功能区的开发建设，这样就更容易明确目标与更容易操作。《实施意见》针对北京市经济结构特点，对民间资本进入社会事业、市政基础设施和建筑工程、战略性新兴这几个产业领域持支持态度。《实施意见》和分工方案出台后，北京市重视对该方案的实行，不仅在各地区和有关部门实行详细的行动计划和工作方案，而且对民营企业遇到的进入市场困难、资金获取难、不易取得经营地点和生产设备问题，重点推进"四类工程"，包括城市开发建设工程，现代产业发展工程，基础设施与公用事业市场化建设工程以及社会事业市场化建设工程。同时分区县、分部门组织启动一批重点领域试点项目，将《实施意见》落到实处。

2. 《关于进一步鼓励和引导民间资本投资文化创意产业的若干政策》

北京市文化创意产业经过几年的培育与发展，已成为首都经济增长新亮点、服务业中的第三大支柱产业，彰显出巨大的发展潜力和良好的发展前景。2013 年 10 月，北京市出台《关于进一步鼓励和引导民间资本投资文化创意产业的若干政策》，在系统梳理国家政策、整合市级政策、参考其他省市已出台政策的基础上，有针对性地加以创新，重点从放宽市场准入、深化综合改革、增强文化设施功能、做强文化创意企业、加强集聚区建设、促进文化消费和打造文化品牌等 6 个方面研究制定，形成了新的"文创 16 条"政策。

该项政策坚持文化领域市场化改革的取向，紧紧围绕民间资本这一首都文化创意产业重要力量，努力打破阻碍民间投资进入文化创意产业的"玻璃门""弹簧门"，为民间资本开辟更广阔的发展空间，更加有利于提振民间投资意愿，增强文化创意产业发展的内在动力和活力。尤其是在促进产业投资、扩大文化消费、创造公平市场环境等方面提出了一些实实在在的政策手段。既考虑保持政府对促进文化创意产业发展政策的一致性和连续性，又力争政策更有针对性、更具体、更充实；既考虑符合中央、国务院促进民间投资及推动文化发展繁荣的各项精神，又更强调符合北京发展的实际。政策内容力求全面，同时强调突出重点，进一步优化民间资本投资发展环境，释放创新创意活力，提高文化企事业单位发展质量和效益，加快首都全国文化中心建设。

3. 《关于推进供给侧结构性改革进一步做好民间投资工作的措施》

2016 年 7 月 24 日，北京市人民政府印发的《关于推进供给侧结构性改革进一步做好民间投资工作的措施》的通知正式开始实施，北京市结合实际，从放宽市场准入、拓展投资领域、创新融资服务等 5 个方面，推出 27 条措施。

这些措施进一步提出继续放宽市场准入，加大投融资体制改革力度，以撬动更多民间资本参与基础设施、公共服务设施和环境建设。北京市发改委表示，政府投资原则上只投向市场不能有效配置资源的社会公益服务、公共基础设施等。未来 5 年，北京市力争将 80% 以上的国有资本集中到公共服务、基础设施、民生保障等领域。对可以实现市场化运作的基础设施、市政公用和其他公共服务领域项目，北京市政府不再全额投资。同时，任何部门不得对民间资本单独设置附加条件、歧视性条款和准入门槛。政府推进的重点事项和重大建设任务，将一律向民间资本开放。北京市还将推出一批棚户区改造、保障性住房等吸引民间投资的示范项目。

在新措施的实施下，北京市将主要从鼓励民间资本参与国家重大工程建设、开展科技创新创业、发展生活性服务业、参与生态环境建设、参与交通基础设施建设、发展文化创意产业、参与国有企业混合所有制改革、发展壮大农村集体经济等八方面着手，着力解决民间投资"投什么"的问题。同时，北京市也将进一步简政放权，深化审批改革，并且将投资额在2亿元以上的基础设施类和1亿元以上的产业类民间投资项目，纳入绿色审批通道。对民间投资项目，也将给予更多的政策和金融支持。

4.《关于健全政策机制进一步促进民间经济发展的若干措施》

2018年11月，在收集近百条问题和建议之后，北京市发改委针对大多数民企反映的限制发展的问题，发布了《关于健全政策机制进一步促进民间经济发展的若干措施》（以下简称《措施》），这是在全国范围内最先制定并发布的促进民营经济发展的规章制度。《措施》就进入市场条件、创新创业等方面整理提出了27条政策，并就完善平衡推动、改善环境、提供准确的服务等方面提出了5项工作机制，为民企总共送出27条政策与5项工作机制，解决了民间投资发展处于瓶颈的状态，更好地推动了北京市民营经济的发展。

《措施》表明，对市场准入条件要更加具体，不要局限在原有的政府购买服务指导性目录，可以对其进行扩大与补充，吸引民间资本了解与加入政府购买服务。与此同时，还要多措并举支持民间资本参与国有存量资产盘活，市政府表明，固定资产投资对资产盘活十分重要，扩大再投资项目可赋予帮助支持。对新增产业制定详细的禁限目录时，不可以各种情况单一化处理，应细化范围，预防在以后实行过程中出现理解不同的现象。

《措施》表明，支持民企创新创业并出台相应的鼓励机制。如内部设有自主研发中心的企业即可根据企业性质在首都登记、经营，并且要进一步完善在科技创新企业的财政与税收方面的优惠与支持，在企业研发投入方面多提供一些资金，对于一些基础支出（工资、房租），应采用更大的税收优惠并且财政给予更多的补贴，鼓励民营科创企业原始创新和科技成果转化。同时《措施》表明，对新产业、新业态、新商业模式进入市场的审核检查步骤要化繁为简。

在养老和教育方面，鼓励民间资本管理运营公办养老机构，支持和带领社会资源设立民办学校。这些民办学校要符合首都在城市战略上的定位，并且还要高质量有特色。同时，对其加大财政补贴力度，完善绩效考评制度。

《措施》还推出投资用地探索差别化地价政策。激励民间资本参与保障房和租赁房的建设，带领民间资本通过委托代建、间接与直接投资、参股等方式，对财政鼓励政策具体化，让民间资本可以更好地对保障房进行建设。

在加强鼓励民间投资用地方面，具体化部分"高精尖"产业用地供应准则，根据产业种类、企业效益综合评价、产业发展管理规定等实施不同的地价政策。在用地范围方面，出台相应的操作方法，明确各环节管理规范、技术标准和操作步骤，对投资补助和财政补贴政策进行具体化处理，支持民间资本依靠老厂房发展商业服务、便民设施、文化创意等项目。

二 浙江省民间投资政策梳理

1.《浙江省人民政府关于促进和引导民间投资的意见》

浙江省人民政府 2003 年出台《浙江省人民政府关于促进和引导民间投资的意见》，提出了 5 个大方面共 20 条意见。该意见主要推进两方面，第一，放宽投资领域，实行更加开放的投资准入政策。最大限度地开放投资市场，放宽民间投资准入领域；打破行业垄断，降低民间投资准入门槛；创新投资方式，引导民间资本投入；对重大基础设施和大型公益性项目，采取"政府引导、市场运作"的方式建设和经营；支持基础设施项目经营权或产权依法转让。第二，拓宽融资渠道，加强和完善对民间投资主体的金融服务。推广多样化信贷支持方式，鼓励金融机构实行信贷方式创新以适应民间投资主体的间接融资需求。积极探索多种贷款担保方式，支持采取多种融资方式，进一步发展区域性金融机构，支持各地方性金融机构按规定开展跨区域金融业务，创建符合中小民营企业发展要求的地方金融体系。实行平等的财政支持政策、税费政策、用地政策与保障政策；为民间投资营造宽松的环境，推动民间投资集聚发展。提高民间投资中的科技含量，把民间投资与园区建设、优势产业升级和城市化推进紧密结合起来，促进资源共享、集约经营，扩大民间投资的范围和能力。支持民间投资投向高新技术产业，重点扶持若干有潜力的民间投资主体，尽快形成一批生产技术先进、产品优势明显、有较强市场竞争力的民营企业。大力发展科技型民营企业，鼓励民间投资者以技术等生产要素创办企业；强化服务引导，促进民间投资良性发展；简化审批程序，有条件的地方要实行集中办理，提供"一站式"服务；运用现代信息技术，积极推行网上并联审批。建立和完善社会化服务体系。依法规范民间投资，各级政府要本着积极引导、热心服务、依法监管的原则，加强对民间投资工作的组织协调，规范管理行为，严格行政执法，切实保护民间投资者的合法权益。

2.《浙江省人民政府关于鼓励支持和引导个体私营等非公有制经济发展的实施意见》

2006年1月，浙江省人民政府出台《浙江省人民政府关于鼓励支持和引导个体私营等非公有制经济发展的实施意见》，提出了7个大方面共32条的意见。包括减少对非公有制经济进入市场的限制，平等对待每一个进入市场的非公有制经济，除了法规明确禁入的行业和领域，非公有资本都可以进入。向外资开放的领域，同意国内非公有资本进入，并减少在股权比例等方面的限制条件。例如，在使用土地方面、企业投资需要遵循的规定和步骤方面、与外部交易方面、关于财务及税收的规定方面、聚集资金方面等都像对待其他所有制企业一样保持"一碗水端平"的态度，平等对待非公有制企业。在这些措施的基础上，非公有资本可以进入现代农业和服务业、市政府公用事业、垄断行业、基础设施领域、社会事业以及国防科技工业建设等领域。加大对非公有制经济的财税金融支持力度，包括加大财税扶持力度、改进和加强信贷服务、拓宽直接融资渠道、加强信用担保体系建设等。提升对非公有制经济的社会服务水平，包括积极开展创业服务，完善人才服务体系，大力发展社会中介机构，为非公有制企业提供良好的服务。推进非公有制经济加快结构调整和增长方式转变，包括推进非公有制企业集约化发展，促进非公有制企业提高自主创新能力以及信息化水平。改进和加强政府对非公有制企业的指导和监管，加快推行电子政务建设，尽可能地给非公有制企业提供相关信息，努力让公共服务信息化成为现实。

3. 《关于鼓励和引导民间资本投资能源领域的实施意见》

根据《浙江省贯彻落实国务院鼓励和引导民间投资 42 项实施细则重点工作分工方案》精神，为了能够提升能源利用率，减少能源的生产成本，加快调整能源的结构，使能源产业尽快升级转换形式，同时在支持民间资本能够更多在能源方面投资，期待更加完整有序竞争的市场系统，提高能源系统与整体服务水平，2013 年 12 月，浙江省发改委、省能源局发布《关于鼓励和引导民间资本投资能源领域的实施意见》，希望可以让民间投资在能源领域更加快速地发展。

在同时考虑前期政策后，浙江省支持民间资本投资一些能源领域，扩大民间资本投资范围，例如电网项目、核电项目等。营造公平和规范的市场环境，完善资源配置，体现市场在资源分配中的关键地位，在资源开发方面使民间资本与其他资本拥有相同的权利。支持民间资本投资一些能源领域，不得设定限制民间资本进入的歧视性条件；让满足条件的民营企业直接参与电力交易。健全价格支持政策，在开发新能源、可再生能源以及能源结构调整提高民间资本的占比。让每一个民营企业都可享受与利用再生能源发电上网电价政策，营造一个更加良好的企业筹资环境，让各类金融机构运用多种金融工具时更注重创新，不死板固化。民间投融资担保制度仍存在一些瑕疵需要改进，应更好地保护民间投资者权益。提高民间投资在能源领域的融资，提升民营能源企业发展水平，促进民营能源企业转变成现代能源企业。鼓励民营能源企业加强科技创新能力，民营能源企业产业升级也要加速发展，在新能源等战略性新兴产业方面吸引民营能源企业的加入。加强对民间投资的引导和规范管理，信息数据也十分重要。在信息化时代，各级政府能源管理部门通过对数据分析和预测市场情况，在第一时间向全社会公开发布最新信息，引导民间投资正确判断形势，减少盲目投资；提升技术咨询服务水平，相关的学会和中介机构要展现出他们的作用，若民营能源企业在技术、管理、政策有任何问题，都可向他们询问。

4. 《金华市人民政府办公室关于进一步促进民间投资健康发展推进供给侧结构性改革的通知》

金华市于 2017 年 2 月出台《金华市人民政府办公室关于进一步促进民间投资健康发展推进供给侧结构性改革的通知》。该通知分别从深化投融资体制改革、拓展民间投资领域、改进资源配置方式、加强民间投资统筹协调等方面提出了 21 条具体措施。

在深化投融资体制改革、优化制度供给方面，深入推进"简政放权、放管结合、优化服务"改革，加快建设"互联网+政务服务"示范区，优化服务流程，创新服务方式，推进数据共享，提升政务服务智慧化水平。深化行政审批制度改革，加快推进"最多跑一次"改革，优化民间投资服务环境，推广 50 天高效审批试点经验。加强法治和信用建设，全面打造集政务、企业、个人于一体的信用大数据平台，提高信息归集的完整率和及时率。建立重大项目滚动发展机制，以民间投资为重点，谋划重大项目库，组织实施一批发展前景好、投资效益高的标杆性重大项目，开展重大项目前期攻坚行动，建立市、县协同推进重大项目前期攻坚计划机制。

在拓展民间投资领域、优化政策供给方面，强调要深入推动企业减负"31 条政策"落地，打造最优民间投资环境。积极推动房地产市场健康发展，积极引导民间资本参与棚户区改造、保障性住房等建设项目。鼓励民间资本参与基础设施和公共服务领域建设，以及国家战略、军民融合、环境保护等领域投资。鼓励民间资本参与国有企业混合所有制改革，鼓励民营企业通过出资入股、收购股权、认购可转债、股权置换等方式，参与国有企业改制重组、国有控股上市公司增资扩股及企业经营管理，加快国有资本和民间资本深度融合。加大政府和社会资本合作力度，整合相关部门人力资源，建立政府和社会资本合作推进工作机构，共同负责 PPP 推进，出台操作细则，建立 PPP 项目滚动储备库，定期向外推介发布，按照"增量先行、存量跟进、试点推动、分步实施"的工作思路，分类推动社会资本尤其是民间资本参与市政基础设施领域市场化建设，在相对成熟的领域开展 PPP 试点，并逐步推进。

在改进资源配置方式、优化要素供给方面，加大信贷支持力度，积极推进差异化信贷政策，适当提高风险容忍度，支持民营企业直接融资，扩大民营企业直接融资规模，提高企业股权、债券等直接融资比重。发挥政府产业基金杠杆和引导作用。强化项目用地保障，对符合产业导向且国家鼓励发展的新产业、新业态项目用地，优先安排用地供应。强化科技创新要素支撑，加快现代信息基础设施建设，推进基于互联网信息技术的智能制造和商业模式创新。企业是否具备研发自主知识产权核心技术的能力也十分重要，鼓励民营企业提升这方面的能力，带领民营企业实施高端人才技术入股、骨干人员持股、股票期权激励等新型分配方式。深入实施"双龙计划"，完善人才评价办法，开展技能人才行业自主评价试点。

在加强民间投资统筹协调、优化服务供给方面，深入开展涉企"送政策、送服务"活动，依据建立"清""亲"型政商关系的条件，完善信息公开机制（如政策发布）和政企沟通机制。加强督查考核和统计监测，促进民间投资健康发展。进一步加强民间投资统计工作，完善民间投资有关数据统计口径和渠道，实现"应统尽统"。

5. 加强"放管服"改革

2017年8月，浙江省加强"放管服"改革，拓宽民间投资渠道，"开三门"，打破影响民间投资的"玻璃门""弹簧门""旋转门"；"搬三山"，搬走阻碍民间投资的"市场的冰山""融资的高山""转型的火山"。消除壁垒、打破垄断，降低民间投资准入门槛，让民企与国企站在同一起跑线上竞争，这大大激发了民间投资信心和活力。

三 江苏省民间投资政策梳理

1. 《省政府关于鼓励和引导民间投资健康发展的实施意见》

2010年，江苏省召开全省民营经济工作会议，出台了《省政府关于鼓励和引导民间投资健康发展的实施意见》。该意见在民间投资领域有所突破，尤其是放宽了民间投资领域。在市场准入标准方面，不搞特殊化，鼓励引导民营经济转型升级，防止一些民营企业刚进入某一领域就被硬性政策弹出的现象发生，真正消除存在的透明障碍，让民间资本活跃于市场。在拓宽领域方面，鼓励民间资本进入传统垄断行业，不仅在金融、国防科工、市政公用等领域，而且还在交通、政策性住房、教育等社会事业、水利、电信、石油天然气、医疗、电力及商贸流通等领域，并且细化进入部分垄断行业和领域的条件。优化民资结构，引导民营经济转型升级，按照江苏省"三大计划"要求，支持优势骨干民营企业改造重大技术项目，支持苏南传统优势产业在向苏北转移中提升产业层次、技术以及装备。

2. 《省政府关于创新重点领域投融资机制鼓励社会投资的实施意见》

2015 年 7 月 19 日，江苏省人民政府发布《省政府关于创新重点领域投融资机制鼓励社会投资的实施意见》，该意见支持社会资本，重点关注民间资本投资基础设施、公共服务、生态建设、资源环境领域，针对薄弱环节提出解决方案，与实际对应，提出鼓励民间投资的五项基本原则。

（1）让各类投资主体都有相同的机会，受到相同的待遇。例如，社会资本投资的重点领域项目与国有投资项目享受一致的政策待遇。保持投资市场准入条件的一致性。按照规定放开首要领域相关项目的建设和运营市场。

（2）创造一个新型的投资运营制度。利用政府购买服务、公建民营、特许经营、对投资进行支持与补贴等方式，带领社会资本以租赁、合资、合作、独资、联营等方式参与项目建设和运营，让社会资本的投资方式更加多样化。

（3）选择一个更好的政府投资方向。发挥政府投资的带领作用，让政府投资鼓励方式不再老旧，让更多的社会资本融入重点方面建设中，使得政府投资推动整体发展。

（4）让项目筹集资金的方式更加多样化。鼓励设立各项专业投资基金，鼓励企业利用股权与债权来筹集资金，创新金融信贷服务，让重点领域筹集资金的方式多样化。

（5）优化价格形成体系。完善重点领域价格的形成、调整和补偿体系，按照给予支持所负担的金额、可预估的合理收入、不对环境造成污染以及满足社会可承受的原则，对投资成本和服务成本进行关注与管理，确保社会资本进入后可产生合理收入。

3. 《江苏省政府关于进一步促进民间投资发展的意见》

2017 年 1 月 13 日，江苏省政府发布《江苏省关于进一步促进民间投资发展的意见》（以下简称《意见》），对政府投资对象进行划分与确定。政府投资资金只投向市场不能有效配置资源的国家安全、社会公益服务、生态环保和修复、农业农村、社会管理、公共基础、重大科技进步设施等公共领域项目，不以营利为主要目标，原则上不鼓励以经营与营利为目的的项目。对基础设施、其他公共服务领域和市政公用项目中可获得稳定收入以及较好预期的投资回报的项目或者通过其他补贴金额投资后可获得较好回报的项目，实行市场化运作；希望有更多的民间资本可以参与到其中来，不推荐政府进行全额投资，但可以适当给予一定补助；要求民间资本在一些特殊行业获得平等待遇。《意见》表明，江苏省更深层次地开放国防科技、油气勘探开发、基础电信运营、配售电、民用机场等领域，确保各类投资主体的市场准入条件是相同的，吸引更多的民间资本进入。

在省内，对不以营利为目的的公共服务和基础设施建设，根据情况不收取管辖范围内有关行政事业方面的任何费用；对以营利为目的的公共服务和基础设施建设，根据情况减半征收管辖范围内有关行政事业方面的费用。《意见》还表明，要对有关企业收费规定进行全面梳理，列出哪些实行行政事业性收费，哪些实行政府性基金收费，对各有关企业的收费进行规范以及审查评估，要对有关企业存在的违背法律规定乱收费的现象进行严厉惩罚，同时税费负担也有望降低。

4. "进一步促进民间投资发展"新举措

2016 年 12 月，江苏省为促进高水平全面建成小康社会，推动旧能迅速转化成新能，让富民聚集，加快聚力创新、新经济培育成长，民间投资健康发展，推出了"进一步促进民间投资发展"的七项新措施。

新政策在之前政策的基础上，重视实体经济的发展，促进产业升级并改变运营模式，平等对待准入市场的各类民间资本，加强有关信息的指引。扩大投资领域的范围，减少对市场准入的限制条件。对政府投资对象进行严格的划分，健全民间投资权属和收益保障机制。支持企业技术创新，降低项目建设和运行成本，对民间资本投资基础设施、社会事业、生态环保以及农业水利领域持支持态度。鼓励发展混合所有制投资，公私合作投资以及农村集体经济。重点鼓励合作创新，积极推广 PPP 模式，营造一个良好的筹集资金的氛围，鼓励股权以及债券融资，精准扶持小微企业融资。持续加大政策扶持，加大财政支持力度，降低企业税费负担，构建政府性担保体系，改革完善国有建设用地供应方式，有效减少民营企业用地所需负担的资金。新政策真正完善行政服务，优化政务服务体系，建立持续关注管理体系，设立有关企业政策手机推送制度和线上集中公开制度，发挥全国联网的投资项目网上关注管理平台的作用，大力推行"互联网+政务服务"；构建新型政商关系，优化政策发布等信息公开机制，实行简化政策与放宽权利，公开更多的政府信息数据；明确民间投资健康发展的作用与意义，更加努力与认真完成民间投资工作。

5.《省政府办公厅关于进一步激发民间有效投资活力促进经济持续健康发展的实施意见》

2018 年 1 月 3 日江苏省人民政府办公厅发布《省政府办公厅关于进一步激发民间有效投资活力促进经济持续健康发展的实施意见》，提出 12 条意见。

这 12 条意见在之前政策的基础上，继续深化"放管服"改革，以"简无可简、放无可放"为原则，全面推进不见面审批，健全涉企审批无偿代办机制，充分发挥江苏政务服务网作用，创造一个更加便利有效率的线上政务服务平台，让民营企业从中享受更加便利的服务。对市县开展的简化政策、放宽权利的创业创新环境进行评价，吸取评价中的建议并对不足进行改进，从而不断改善民营企业营商环境。对报建审批事项进行仔细的检查核对，减少民间投资项目办理时间。推动产业转型升级，加快构建现代产业体系，健全省市共建特色产业培育体系。鼓励民营企业进入"互联网+"领域，鼓励民间资本开展多元化农业投资。支持民间投资创新发展，积极抢占高端环节，加快建设科技公共服务平台，吸引更多民营企业落地投产，支持并鼓励民营企业参与行业发展标准规范制定。进一步促进基础设施和公用事业领域改革开放，大力推进政府和社会资本合作项目，鼓励民间资本股权占比高的社会资本方参与 PPP 项目，促进民间资本踊跃参加。继续降低企业经营成本，完善研发费用税前加计扣除、所得税优惠、公路收费等政策，降低民营企业用地、用工成本，加大对金融违规收费、乱收费等现象的监督检查，切实降低民间投资主体融资成本。鼓励金融机构加大创新力度，破解民营企业融资难题。加强政务诚信建设，继续推行完善"互联网+政务服务"，构建"亲""清"新型政商关系，提高政府服务水平，加速对民营企业的升级和运营形式的改变、加大对创新创优等先进典型进行宣传，提升对民营企业发展的信心。对民营企业家进行专业化、精准化的培训，提升他们的经营管理能力。对知识产权实行严格的保护制度，对各类市场主体和创新主体的知识产权实行同等的保护。对侵犯知识产权的违法行为加大惩治力度。最后提出要狠抓政策落实，认真分析导致方案政策尚未有效落实的原因，研究并提出解决办法；为了让政策在各地更快实行，让各地有关部门发挥作用，支持用改革的办法、创新的想法实化、细化、深化鼓励民间投资的具体办法，解决限制民间投资发展的内部问题，吸引更多的民间有效投资。

四 河北省民间投资政策梳理

1.《河北省发展和改革委员会 关于向社会发布我省首批交通能源市政等领域鼓励民间投资项目清单的通知》

2014年8月28日，为激发民间投资活力，河北省向社会推出首批鼓励民间投资项目清单。该批项目主要集中在交通、能源、市政等领域，涉及高速公路、一级公路、铁路、清洁能源、热电联产、水力发电、军民品生产、医疗设施，以及城市供水、供热和污水处理等方面，共38项，总投资2106.1亿元。这38个项目中，交通基础设施项目有18个，总投资1881.5亿元；能源水电项目7个，总投资173.3亿元；军民结合项目3个，总投资19.3亿元；医疗设施项目1个，总投资26.3亿元；市政公用设施项目9个，总投资5.7亿元。

在交通、能源、市政等领域向社会推出鼓励民间投资项目清单，是河北省委、省政府确定的重要工作任务，也是落实稳增长、调结构、促改革、惠民生要求的重要举措。河北省发改委负责人介绍，河北省在促进民间投资方面采取了一系列政策措施，取得了一定成效，但在操作层面还存在诸多障碍，在一些领域，特别是垄断行业，民间投资难以真正进入，"玻璃门""弹簧门""旋转门"现象突出。此次重点在基础设施、基础产业和公用事业领域选择推出一批项目，鼓励民间资本进入，对激发河北省民间投资活力具有较强的示范作用。

2.《关于进一步促进全省民间投资的实施意见》

2016年9月24日，河北省委办公厅、省政府办公厅出台了《关于进一步促进全省民间投资的实施意见》，吸引更多的民间投资，推动民间投资不断平稳增长。该意见在以下几方面有所突破。

在拓宽民间投资领域和市场准入方面有所进展。列出市场禁入清单，除了没有列入清单的行业、领域和业务，各类市场主体都可以根据法律规定平等进入；实行竞争性配置，逐步完善和规范面向社会招标投资主体制度；促进民间投资参与铁路（城际铁路与支线铁路）建设项目沿线土地综合开发；扩大民间投资在新能源领域投资占比；鼓励民间投资建设大型炼油项目，参与油气勘探开发；鼓励民间资本参与基础电信领域的投资项目，支持民间资本投资增值电信业务；不再限制民营医疗机构对床位的设立，不再限制门诊部、诊所的地点，取消对民营医疗机构设备配置审批。

在金融支持方面有所创新。积极推广"连连贷""无间贷""流水贷""税易贷"等信用产品；开展信贷风险补偿，建立风险分担机制；做大做强省级政策性担保机构，为民间投资项目争取国家专项建设基金支持提供担保服务；提出进一步规范企业融资过程中的担保、评估、登记、审计等收费行为，取消不合法不合理收费等。

深化财税鼓励政策。在政府性资金安排上平等对待包括民间投资在内的各类投资主体；对投资补助主体采取公开招标等方式，取消对民间投资在各方面（如政策和资金）的不平等对待，在用于企业的各类专项资金中，中小企业的支持比例原则上不低于1/3，在中小企业发展专项资金中，小微企业的支持比例不低于1/3；民营企业用于招才引智的投入包括薪酬等支出在税前进行扣除，在事权范围内不对新办工业企业与小微企业进行收费。

在土地要素保障方面有所突破。针对国有建设用地，其使用年限灵活处理，延长租赁期限，租赁转让以多种形式组合；由民间资本嵌入的非营利性体育设施的新建项目以及不以营利为目的的残疾人康复机构、养老机构，以划拨方式取得国有土地使用权；既有学历教育资质又符合国家相关规定的非营利性民办学校的新、扩建亦以国有土地划拨的方式取得使用权。

在加强和改进政府服务方面有突破。在全省范围内选择改革试点县和专业化园区，一到三个数量较好，先行对采取承诺制的企业投资项目进行试点，减少重点项目对民间投资的限制条件，提高民营企业在市两级重点项目中的投资比例；试行企业以集群为单位进行注册，推行注册资本认缴登记制、"一址多照"和"一照多址"；加大政府信息数据开放力度，搞好政策发布、加大对政策宣传力度和对政策的后续解读，让政策更加透明化，预防企业投资决策可能产生的风险，企业提升智能制造、服务型制造、绿色制造、精益制造能力；根据不同的行业制定不同的发展和技术支持政策，带领企业从容面对产业变革，不断向更高处发展。更好地结合制造业与互联网，让企业利用互联网可制造出智能产品与装备，完成从制造向"制造+服务"转型升级。

第三节　吉林省与代表性省份民间投资政策对比与评价

一　吉林省与代表性省份民间投资政策对比分析

1. 以思想解放促民营经济发展对比

吉林省大力弘扬优秀企业家精神，鼓励企业家创新，支持民营企业聚焦主业实业，鼓励企业专注核心关键技术，加快建立现代企业制度。

北京市以体现自身特色和操作性强为导向，针对北京市经济结构特点，结合首都经济发展特点和方向，提出具体的贯彻落实意见。

2. 全面推进体制机制深化改革对比

吉林省推进商事制度改革向更深的阶段发展，着力"减证照、压许可"，进一步促进工商部门颁发的营业执照和各相关部门颁发的经营许可证二者分离，推进"照后减证"，保证民营企业在进入市场后能自由迅速投入运营；加快推进电子营业执照和企业注册全程电子化，实现工商营业执照网上申请、受理、审核、发照和公示，加快推进个体工商户"两证合一"（见表2-1）。

表 2-1　吉林省与代表性省份民间投资政策对比

| 政策类别 | 政策明细 | 地区 | | | | | 吉林省独有 | 吉林省缺少 | 政策对比 |
		吉林	北京	浙江	江苏	河北			各省份都基本含有
简政放权政府服务	推进简政放权	√	√	√	√	√			√
	社会信用体系建设	√	×	√	√	×			√
	完善政务服务机制	√	√	√	√	√			√
创新融资服务	推动银行金融服务创新	×	√	√	√	√		√	
	鼓励金融机构使用无形资产开展质押贷款	√	√	×	×	×			
	开展风险补偿	√	√	√	√	√			√
	推广"互联网+银行""互联网+保险"新模式	√	√	×	×	×			
	加强中小企业、民营企业融资服务	√	×	√	√	√			√
	规范企业融资过程中的收费	×	×	√	√	√		√	

续表

政策类别	政策明细	地区							政策对比
		吉林	北京	浙江	江苏	河北	吉林省独有	吉林省缺少	各省份都基本含有
拓展投资领域	鼓励和引导民间资本进入法律法规未明确禁止准入的行业和领域	√	√	√	√	√			√
	实行竞争性配置,完善和规范面向社会招标投资主体制度	×	×	×	×	√		√	
	鼓励民间资本参与各领域建设	√	√	√	√	√			√
	健全民间投资权属和收益保障机制	×	×	√	×	√		√	
完善价格机制	优化科技创新企业的财税支持政策	×	√	√	√	×		√	
	消除政策和资金上对民间投资差别待遇	√	√	√	√	√			√
	降低企业税费负担	√	√	√	√	√			√
加大支持力度	加大政策性担保支持力度	√	√	√	√	×			√
	支持民间投资创新发展	√	√	√	√	√			√
	引导民间资本培育发展新产业	√	√	√	√	√			√
	鼓励民间资本参与政府和社会资本合作(PPP)项目	√	×	√	√	√			√
政商关系营商环境	构建新型政商关系	√	√	√	√	√			√
	稳定市场预期	×	×	×	×	√		√	
	优化民营经济营商环境	√	×	√	√	√			√
	政务诚信建设	√	×	√	√	√			√
	省领导联系民营企业制度	√	×	×	×	×	√		
	企业家参与涉企政策制定机制	√	×	×	×	×	√		
政策落实	推进供给侧结构性改革	×	√	√	×	×		√	
	完善政策执行方式、加强政策宣传解读、政策落实督查	√	√	√	√	√			√
	强化土地要素供给	√	√	√	√	√			√
	政策落实第三方评估	×	×	×	×	√		√	

吉林省发改委将数字吉林建设与发展民营经济相结合，搭建民营经济发展平台，从而促进传统产业的数字化转型和数字产业的形成，令其两轮同转，并根据吉林省实情实况，持续推动"大众创新，万众创业"。

北京市深入推进简政放权，建立"多评合一、统一评审"的新模式；大力推行"互联网+政务服务"，打造政务服务"一张网"；细化完善市场准入政策，多措并举支持民间资本参与国有存量资产盘活，市政府固定资产投资对盘活资金扩大再投资项目可予以补助支持。

江苏省全面推进不见面审批，打造高效便捷的网上政务服务平台。

浙江省强化服务引导，减少审批事项，简化审批程序，实行集中办理、提出"一站式"服务；全面打造集政务、企业、个人于一体的信用大数据平台。

河北省试行企业集群注册，实行竞争性配置。在金融方面创新支持方式，推出各种类型信用产品，完善担保体系；在财政上公平对待各类型企业，鼓励民间投资进入服务业、社会事业等领域，消除资金方面对民间投资的差别待遇。

3. 积极引导民营企业创新转型对比

吉林省支持军民融合发展，发挥民间资本的引导作用，鼓励民营企业参与国防科创领域技术研发，将优秀的民间应用技术扩大到军民合作领域，军民融合，优势互补；支持军工单位分散相关任务到民营企业，推进军民科技协同创新平台建设，培育发展军民融合产业集群。

吉林省加强质量基础设施建设。建立质量检查机制，强化质量品牌，完善质量激励制度措施，树立一批民营企业质量标杆，扩大吉林企业、吉林产品的市场影响力。

吉林省支持民企建立现代企业制度。实现企业经营规模化、决策合理化、制度科学化，引导企业在股权交易中心登陆挂牌，方便企业运用多种融资方式，益于企业隔离风险和增级信用。

吉林省精准制定产业政策。引导企业主动适应产业变革；推动制造业与互联网深度融合，聚焦智能制造产业，升级过去单一生产链，注入互联网的新鲜血液。

吉林省重视核心技术研究。培育一批重点领域制造业创新中心，落实支持企业创新政策，降低税负，创建共享网，方便企业对省内大型科研设备的使用，服务企业创新，刺激企业研发。

吉林省鼓励企业科技创新，优化升级。推动一批企业在科创板上市，建立创新平台、创客小镇，聚集人才的同时大力发展科技，打造双创加速区，实现双创加速度。

吉林省支持企业扩大发展，持续经营。推动一批规模以下民营工业企业和商贸企业进入规模以上企业行列，并做好后续跟进帮扶工作；促进企业规模化，增强服务化；完善对龙头骨干企业的精准服务和重点培育，减税降赋支持民营经济；加大精益管理，引导企业转型升级，提高内部工作效率，重视科学化、精细化管理，减少企业资源资金浪费，掌握科学路径，开展精益推广活动，发挥东北工业集团促进精益管理的作用。

吉林省深化民营经济改革试点，在体制机制改革、要素资源配置、创新体系建设和产业转型升级等方面开展试点，突出特色，重点推进。

北京市鼓励民间资本管理运营公办养老机构、兴办特色优良学校，优化新企业准入审批手续，鼓励民间投资。同时，加大财政补贴力度，健全绩效考评机制。

北京市进一步落实文化领域市场化改革方向，围绕民间资本，做强文创企业，打造文化品牌，加快首都全国文化中心建设。

北京市进一步拓宽民间资本投资范围，鼓励民间资本投资能源领域，引导民间资本在发展新能源和可再生能源、调整能源结构中发挥更大作用。

北京市鼓励引导民营企业实施高端人才技术入股、骨干人员持股、股票期权激励等新型分配方式。完善人才评价办法，开展技能人才行业自主评价试点。

浙江省建立重大项目滚动发展机制，以民间投资为重点，谋划重大项目库，组织实施一批发展前景好、投资效益高的标杆性重大项目，开展重大项目前期攻坚行动，建立市、县协同推进重大项目前期攻坚计划机制。

4. 推动民营企业降成本对比

吉林省采取降低民营企业成本的措施主要有：减轻企业税赋，减少用工和生产的成本及因遵守政府制定的系列制度所带来的成本等，确保发展民营经济措施落实到位。吉林省贯彻落实国家税收优惠政策，遵守国家规定，实行惠普性优惠减免，结合实情"对症下药"，降低税费负担，切实跟踪政策执行情况，将涉企行政事业性收费"零征收"政策落实到位。

吉林省简化企业过关程序，减少烦冗手续，提高企业通关效率，加强边境交流，降低关税，提升贸易便捷度，着力看齐国际水准；减少企业社保缴费负担，落实"两个不得一个务必"，进一步阶段性延长失业保险降负期限，确保失业人员享受到应有待遇；实施国家方案，减缓全省一般工商业用电压力，完善电价执行途径，调整企业用地用能成本，让价给民，确保民投项目无压无负，落实国家有关地价优惠政策；优化服务改革，落实完善相关财税措施。

北京市支持民营企业双创升级，重点关注科技创新，调整财税方案，对相关企业给予政策支持，对相关人员给予生活补贴，并推出投资用地探索差别化地价政策。

浙江省提出对民间投资实行平等的财政支持政策、税费政策、用地政策与保障政策；强化服务引导，减少审批事项，简化审批程序。

江苏省提出降低企业税费负担、有效降低民营企业用地成本、切实优化行政服务，深入推进简政放权，完善政务服务体系，大力推行"互联网+政务服务"。

河北省提出切实降低企业经营成本，一方面，加大减税降费政策落实力度；另一方面，降低用能用地物流融资成本。

5. 支持民营企业融资服务对比

吉林省加大金融支持力度、落实续贷支持政策、降低融资担保费率、大力推进产融合作、完善金融机构内部考核体系以及设立产业纾困和发展基金。

北京市针对民营企业面临的市场准入难、融资难、经营场所和生产设施获取难问题，重点推进"四类工程"，包括城市开发建设工程、现代产业发展工程、基础设施与公用事业市场化建设工程以及社会事业市场化建设工程。分区县、分部门组织启动一批重点领域试点项目，将《北京市关于鼓励和引导民间投资健康发展的实施意见》落到实处。

浙江省丰富融资途径，创新投资方式，调整投融资创新模式，降低民间投资门槛，持续优化信贷措施，满足民间投资项目发展、民间投资主体的间接融资需求。积极探索多种贷款担保方式，支持采取多种融资方式，进一步发展区域性金融机构，鼓励民营企业跨区，加强各方金融机构的配合，营造公平合理便捷的金融环境，打造特色金融体系，适应中小企业经济发展。

江苏省扩宽项目融资渠道。平衡各行业资金流动趋向，创设各行业专有基金，建设小微企业专项产品，解决中小企业融资困难问题；与地方税务局广泛合作，全面了解客户，开发融资产品，解决重要领域资金障碍。改善融资环境，支持股权融资、债券融资，精准扶持小微企业融资。

河北省积极推广"连连贷""无间贷""流水贷""税易贷"等信用产品；开展信贷风险补偿，建立风险分担机制；全面进入"再担保"时代，强调取缔企业融资过程中的不合理缴费，在企业投融资间搭起有效有信的担保桥梁，促进担保行业的健康稳定发展。

6. 优化民营经济营商环境对比

吉林省推动优化营商环境立法；推动解决企业历史遗留问题；推进社会信用体系建设；纠正"一刀切"式执法；加强民营企业司法保护；开展营商环境第三方评价。

浙江省为民间投资营造宽松的环境。

江苏省别出心裁创模式，适时适政，精简政府机构，并进一步增大企业经管权利，按需进行双创，以评促改，为建立良好的营商环境进行协调与统筹规划。

河北省努力营造良好营商环境，构建新型政商关系，着力稳定市场预期，加强政务诚信建设以及狠抓政策落地见效。

7. 政商关系建设对比

吉林省大力构建"亲""清"新型政商关系。每一个省领导都划分了各自负责联系的市和位于县城的企业，由省领导直接深入民间投资问题，定期联系企业、定期调度企业、重大联系事项直接跟踪督办。建立面对面协商和向企业家问策机制、完善政策公开机制、建立工作联动机制，为企业家解决实际困难。宣传引导社会舆论，鼓励支持民营经济发展。落实容错纠错办法，宣传企业家精神，以优秀企业为榜样，鼓励民营企业积极发展，转型升级，激发市场活力。同时政府要提高服务质量，及时受理、解决企业纠纷，将工作体系一化、规范化，对重要举报投诉，实行限时反馈和从严处理。

与之相对的，北京市、浙江省、江苏省、河北省并没有要求每一个省市领导都直接负责联系一部分企业，直接对话民间投资，向民间企业家问策。

浙江省提出了完善政策发布等信息公开机制和政企沟通机制，加强督查考核和统计监测，促进民间投资健康发展。

江苏省提出进一步优化政策推送方式，将相关信息暴露在阳光下，促进公开化、公平化、合法化，加大对涉企相关政策宣传，利用互联网、大数据等的适时推送，建立信息引导机制，维护企业知情权，推动企业主动了解政府的数据、信息、方针、政策等；建立推进督查机制，提高政府服务水平，加大对民营企业转型升级、创新创优等先进典型宣传力度；建立产权保护制度。

河北省提出建立健全政府与民营企业常态化沟通机制、加强各种所有制经济产权保护等意见。

8. 强化政策落实措施对比

吉林省着力完善政策执行方式，注重政策制定实施的精准性和有效性，给企业设置合理过渡期，防止脱离实际；多方面、多计划预测企业营运情况，监测市场变化，为政府相关政策更改、政策制定建立基础，避免政策冲突或重复，影响整个市场环境；加强政策宣传解读，及时研究解决重点难点问题；强化政策落实督查，对民间投资政策落实不到位的典型情况做出说明，及时曝光，深刻反思并严肃处理。

江苏省提出对未贯彻执行的规划方案，进一步统筹全局，认真分析，对症下药，着力解决政策与实情分离的现象，做到药到病除。

河北省提出对政策落实不到位等问题进行问责，启动了鼓励政策落实的第三方评估机制，有针对性地采取措施，促进政策落地见效。

9. 政策出台时间对比

吉林省在2011年开始响应国家号召，鼓励和引导民间投资发展，放宽了民间投资限制，直到近年来相应的各项民间投资政策才逐步完善。而浙江省早在2003年便开始促进和引导民间投资的发展，其他各省份也基本早于吉林省提出民间投资相关的若干政策和实施意见。

二 吉林省民间投资政策评价

结合实际，吉林省明确提出持续深化国企改革、大力发展民营经济、着力优化投资环境、简政放权落实到底的政策方针，为民企经济发展量身制定合理政策，打破融资壁垒，降低行业门槛。

1. 吉林省民间投资政策优势

（1）企业家参与涉企政策制定机制

吉林省鼓励企业家参与涉企政策制定机制，企业家的直接参与能够更好地结合自身实际情况、把控民间投资政策走向，推进民间投资的建设与落实。

（2）建立省领导联系民营企业制度

吉林省建立了省领导联系民营企业制度，使得省领导与民营企业直接对话，加强双方交流，使政府对民营投资进行更高效、更直接的领导。

（3）鼓励帮助民营企业创新转型

吉林省出台多项政策鼓励帮助民营企业创新转型，搭建民营经济发展平台，完善精益管理推广平台，提供专项扶持和跟踪服务，支持民营企业聚焦主业实业，因此更好地促进了吉林省民间投资的健康发展。

2. 吉林省民间投资政策短板

（1）吉林省政策出台时间较晚

对比其他发达省份关于民间投资政策的出台时间，吉林省关于民间投资的政策出台时间较晚。如图2-1所示，浙江省、江苏省等发达省份早在2003年、2010年就已经出台较为完善的民间投资政策，而吉林省的民间投资实施意见最早在2011年才推出，且政策细则与较早出台的发达省份的政策内容基本相同，缺少创新点，有照搬照抄的嫌疑。在时间上没有抢占民间投资先机，导致吉林省民间投资项目起步较晚，较其他省市竞争力弱。

图 2-1 吉林省与浙江省、江苏省民间投资政策出台时间对比

（2）吉林省政策创新不足

一方面，吉林省民间投资政策创新性较弱，已出台的吉林省政策细则大部分与国家或其他发达省份政策雷同，这些民间投资政策是否符合吉林省省情还有待时间验证；另一方面，吉林省大多转发国家字号的条文，响应国家政策，没有根据省情相应制定出适合本省的政策细则，导致很多政策不能落地，缺乏操作性和可执行性。

（3）吉林省政策操作性差

对比国家和其他发达省份的政策，吉林省的政策还有许多不足和有待完善的地方，尤其是在许多政策细则的制定方面。吉林省的政策只针对整体民间投资推进、鼓励政策做了阐述，没有针对不同行业情况与行业特点细化地制定政策。不同行业有着不同特点，泛泛地制定政策会让政策执行者不知所措，无法真正使政策落地。在政策宣传解读方面，吉林省没有像江苏省那样制定具体的政策——涉企政策手机推送制度，对中央政策"最后一公里"落实不到位，政府只是简单地把政策内容"挂网站""发文件""发公告"，坐等企业上门咨询等情况极为普遍，这样没有操作性和可执行性或者是执行速度慢、过程烦琐的政策无法达到其该有的效果。

（4）吉林省政策执行力差

经过阶段性执行与实地性考察，吉林省民间投资呈现出较好的态势。以总体方针为目标，提高民间投资增长速度，提高固定资产比重，且这两个方面比例均高于全国平均水平，这说明相关政策执行较有成效，有利于经济增长稳定化，结构规范化。但纵观全国各个方面，尤其与发达地区相比，吉林省民营经济还存在总量偏少、行业单一、资金集中度小、获取资金困难、质量优势不显著等问题。

首先，吉林省政府在加强民营企业融资服务方面政策落实不到位，企业在前期创办、中期成长乃至后期退出市场整个生命周期都会面临资金短缺问题。企业缺乏信用担保，融资成本过高，银行不敢贷、企业不敢借，再加上投融资双方信息不对称，借贷体制不完善，导致整体市场经济环境低迷，民营企业发展难上加难。其次，在降低企业成本、市场准入以及政府服务等方面，政策落实不到位，吉林省虽然已经开展各项措施减轻企业负担，放宽市场准入，加强服务，但执行周期长，效果弱，政府命令逐级下达，基层人员缺乏服务意识，降税减负效果不明显，人才流失问题严重，未能营造良好的市场环境，阻碍民营经济的腾飞。

第四节　PPP 政策梳理与实践发展对比分析

一　国家 PPP 政策梳理

财政部于 2014 年 11 月 29 日公布《财政部关于印发政府和社会资本合作模式操作指南（试行）的通知》，以规范项目识别、准备、采购、执行、移交各环节操作流程。

2014 年 11 月 30 日，《财政部关于政府和社会资本合作示范项目实施有关问题的通知》公布，后附 PPP 示范项目清单，作为国家第一批 PPP 典范列示。

国家发改委于 2014 年 12 月 2 日发布《国家发改委　关于开展政府和社会资本合作的指导意见》，该意见中包含 PPP 项目通用合同的相关指南说明。

为加强 PPP 合同的起草、谈判、履行、变更、解除、转让、终止直至失效的全过程管理，财政部于 2014 年 12 月 30 日发布《关于规范政府和社会资本合作合同管理工作的通知》，并随文发布了 PPP 项目试运行的合同相关的指南。

2015 年 1 月 19 日，为鼓励和引导社会资本参与基础设施和公用事业的建设运营，国家发改委下发了《基础设施和公用事业特许经营管理办法（征求意见稿）》。为落实国务院的政策性指导意见，《国家发展改革委　国家开发银行关于推进开发性金融支持政府和社会资本合作有关工作的通知》由国家发展改革委和国家开发银行于 2015 年 3 月 17 日联合公布，该通知为社会资本提供了更为优惠的政策。例如：贷款期长，可达 30 年，对贷款利率也是有适当优惠。

国家发改委于 2015 年 4 月 25 日联合财政部、中国人民银行等部门公布了《基础设施和公用事业特许经营管理办法》，将"转变政府职能，加强政府与社会资本的协商合作关系"作为该办法实施的原则之一，并在特许经营协议履行中强调"行政区划、部门的调整，政府的换届和负责人的变更都不得影响协议的履行"。

为推进政府积极有序地购买公共文化服务工作，文化部、财政部等各部门应当为此营造良好的环境。国务院于 2015 年 5 月 5 日转发了文化部、财政部等《关于做好政府向社会力量购买公共文化服务工作的意见》。该意见还附之公布了五大条政府购买公共文化服务的指导意见，此文件为推进 PPP 模式在公共文化服务领域的进程具有指导性的意义。

国家发改委于 2015 年 6 月 1 日施行了《基础设施和公用事业特许经营管理办法》。由此，贯彻落实的重点任务和重要意义得到了进一步的明确。

财政部于 2015 年 6 月 25 日公布《关于进一步做好政府和社会资本合作项目示范工作的通知》，进一步明确了加快推进首批示范项目的实施，构建完善的政策保障机制，第二批 PPP 示范项目的上报工作也刻不容缓。

《关于进一步鼓励和扩大社会资本投资建设铁路的实施意见》由国家发展改革委、国家铁路局等于 2015 年 7 月 10 日联合公布，指出为拓宽铁路的投融资渠道，促进铁路事业加快发展，吸引社会资本进入是一项必不可少的措施。

财政部于 2015 年 9 月 25 日公布了《关于公布第二批政府和社会资本合作示范项目的通知》，确定 206 个基础设施项目作为第二批 PPP 示范项目，总投资金额达到了 6589 亿元。此次第二批 PPP 示范项目仍以公用设施（如教育、医疗、排污设施等）和基础设施（如高速公路、轨道交通）为主。按各省份项目数量排名，排在第一位的是河南省，PPP 示范项目达 41 个，占比达到 20%，排在第二位是云南省，项目为 18 个，占比为 8.7%。

2015 年 12 月 8 日，财政部公布《关于实施政府和社会资本合作项目以奖代补政策的通知》，要求若新建项目属于中央财政 PPP 示范项目范围的，与其合作的社会资本一方得到明确后，财政部应根据对项目投资规模的评估，发放相应的奖励。其中，小于 3 亿元规模的项目可获得 300 万元的奖励，3 亿元到 10 亿元的项目对应 500 万元的奖励，大于 10 亿元的项目奖励可达 800 万元。财政部统一规划奖励资金，支配到项目的各项相关财政支出中，其中，前期费用和后续运营需要的补助占比较大。

2015 年 12 月 18 日，财政部公布《PPP 物有所值评价指引（试行）》。

2016 年 1 月初，我国 PPP 领域迎来了第一部公开并征求意见的法律。财政部对外公布了《中华人民共和国政府和社会资本合作法》（征求意见稿），共 7 章 59 条，紧接着，国家发改委公布了《中国基础设施和公用事业特许经营法（草案征求意见稿）》，相关专家指出，起草中的PPP和特许经营立法或内容重叠或意见相悖，还有很大的完善空间。

《关于推进交通运输领域政府购买服务的指导意见》由财政部、交通运输部于2016年2月22日联合公布。该意见明确要求通过引入市场机制，将公路水路交运领域部分政府公共服务事项以"政府购买服务"的形式逐步交由社会资本力量承担。购买事项涉及公路、水路、运输服务、事务管理等。

为PPP的顺利实施起到积极推动作用的是国家发改委和财政部于2016年5月28日联合公布的《关于进一步共同做好政府和社会资本合作（PPP）有关工作的通知》。该通知规定各地需进一步加强各部门的协同调配，发挥政策协同效应。同时要求完善合理的投资回报机制，着力提高PPP项目融资效率等7个方面的具体措施，进一步做好PPP相关工作。

2016年6月13日，财政部等多个部门联合公布《关于组织开展第三批政府和社会资本合作示范项目申报筛选工作的通知》，对开展第三批示范项目全流程进行了详细介绍和规范，并附有PPP示范项目的评审标准、申报PPP示范项目的材料清单和PPP示范项目申报清单。

《关于申报水污染防治领域PPP推介项目的通知》由财政部、环保部于2016年6月27日联合公布，要求各省级财政、环保部门要把好项目质量关，确保项目设计符合财政部关于PPP相关规定。首先，省级单位申报的推介项目必须是已经包含在PPP综合信息管理平台里。其次，申报的项目数量尽管可以自主决策，但也不应超过10个。

2016年6月29日，财政部、住建部联合下发《关于申报市政公用领域PPP推介项目的通知》，各省级财政、住房和城乡建设部门要把好项目质量关，确保项目设计符合财政部关于PPP相关规定。

国家发改委于2016年8月31日公布《国家发展改革委关于切实做好传统基础设施领域政府和社会资本合作有关工作的通知》，该通知指出，各地发改委应协同相关行业负责单位，贯彻落实基础设施领域的PPP推进工作。此领域包括农业、林业、水利、环境保护、能源、交通运输以及重大市政工程等。至此，国家发改委与财政部对PPP项目的职责划分更加细致，界定更加明确，正式建立了无重叠交叉领域的带头监管机制。

财政部于2016年10月11日公布《关于在公共服务领域深入推进政府和社会资本合作工作的通知》，为响应供给侧结构性改革的最新要求，各级财政部门应进一步推动公共服务从政府供给向合作供给、从短视的绝对平衡到中长视的相对平衡、从单一投资主体向多个投资主体转变。比如像垃圾、污水处理这样的公共服务领域已经达到了较高的市场化，对PPP模式的运用相对灵活，运行机制也走向成熟，项目日常产生现金流。因此，对于这样的领域，中央财政应逐渐降低对其的补助，也可适度强行执行应用PPP模式。

2016年10月13日，财政部等多部门联合公布《关于联合公布第三批政府和社会资本合作示范项目加快推动示范项目建设的通知》，确定了第三批PPP示范项目名单，以北京市部分高速路为首，项目数量达516项，计划投资总额高达11708亿元。同时明确规定之前列入第一批、第二批的示范项目，逾期未完成采购任务并不再符合项目条件的，将予以调出名单。第三批示范项目完成采购的截止时间初步定在2017年9月底。

为将财政部门在PPP项目全生命周期内的工作要求做进一步的明确，财政部于2016年9月24日发布《政府和社会资本合作项目财政管理暂行办法》。此办法适用于中国境内能源交通、市政环保、农林业、科技教育、医疗卫生、养老、旅游等公共服务领域开展的各类PPP项目。

国家发改委于2016年10月24日公布《传统基础设施领域实施政府和社会资本合作项目工作导则》，该导则适用于能源交通、市政环保、农林业等传统基础设施领域开展的各类PPP模式的项目，并指出PPP模式主要包括两个类型：一是政府购买服务，二是特许经营。在项目融资方面，该导则指出应由项目公司或提供社会资本的一方承担政府和社会合作项目的融资责任，而不是让政府相关部门来为此背书。

《国家发展改革委　中国证监会关于推进传统基础设施领域政府和社会资本合作（PPP）项目资产证券化相关工作的通知》由国家发展改革委、中国证监会于2016年12月21日联合公布。该通知要求，各省级发改委在规定期限内，筛选3个以内在传统基础设施领域拟证券化融资的PPP项目并正式行文报送给国家发改委。此通知堪称PPP项目资产证券化的启动仪式，将使PPP项目存量资产恢复运作，产生效益，提高资金使用效率，让PPP项目注入更多的社会资本。PPP项目资产证券化在我国政府与社会资本合作的建设上具有里程碑的意义。

2016年12月30日，财政部印发了《财政部政府和社会资本合作（PPP）专家库管理办法》，PPP专家库实行开放申请制，专家申请具体条件如学历、工作年限等也予以明确，入库专家工作职责、义务也有了说明。

2017 年 2 月 17 日，上海证券交易所下发了《关于推进传统基础设施领域政府和社会资本合作（PPP）项目资产证券化业务的通知》。同日，深圳证券交易所也针对自己的市场参与者发布了同样的通知。该《通知》称，交易所成立专门工作小组，为 PPP 项目资产证券化助力。要求专门人员负责相关职务。为保证在受理、评审和挂牌转让过程中的办理质量和速度，交易所筛选出高质量的 PPP 项目资产证券化产品，为它们开发绿色通道。《通知》还称，项目申报阶段应注重及时性，实现申报、审核在时间上无缝连接，申报受理后，反馈意见应在 5 个工作日内被出具，工作小组会议在相关负责人给予反馈并明确事项后的 3 个工作日内组织召开，会议内容应给出申报项目是否符合挂牌要求。项目挂牌阶段的人员设置做到各司其职，提高挂牌手续办理过程中的效率。当日，中国证券投资基金业协会为全力配合证监会、交易所落实以上《通知》工作，下发了《关于 PPP 项目资产证券化产品实施专人专岗备案的通知》，确定专项筹划治理人按照《资产支撑专项筹划立案治理办法》的要求，以电子化方式经由基金业协会立案治理体系对 PPP 项目资产证券化产品进行备案管理，备案网址为：ba. amac. org. cn。

2017 年 2 月 27 日，国务院办公厅印发《国务院办公厅关于印发国务院 2017 年立法工作计划的通知》。在全面深化改革急需的项目中，涉及由国家发改委起草的《政府投资条例》，由证监会起草的《私募投资基金管理暂行条例》，由国务院法制办、国家发展改革委、财政部起草的《基础设施和公共服务项目引入社会资本条例》等。这意味着我国首部 PPP 法将以《基础设施和公共服务项目引入社会资本条例》的形式出现。

2017 年 3 月 5 日，第十二届全国人民代表大会第五次会议上的《政府工作报告》再次提及政府与社会资本合作模式（已连续三届政府工作报告中提及 PPP 模式）。报告指出 2017 年要积极扩大有效投资，在需要调整结构、弥补短板、促进创新和惠及民生等领域，引入更多的资金。深化政府和社会资本合作，完善优惠政策（如成熟的定价机制、税收优惠等），政府作为牵头的角色要讲诚信，契约一经签订，绝不随意更改。行政区划、部门的调整、政府的换届和负责人的变更都不得影响协议的履行。

国务院办公厅于 2017 年 3 月 7 日公布《关于进一步激发社会领域投资活力的意见》。《意见》从五个方面提出了诸多具体的可行性政策。《意见》

指出，深化社会领域供给侧结构性改革，进一步激发养老医疗、文化教育等社会领域的投资活力，不断优化产品、提升服务质量水平，有利于刺激社会资本投资活动，使投资持续稳步增长；有利于提高人民的满足感；有利于拓展经济发展新能源；有利于促进经济转型升级，实现社会效益和经济效益的统一。《意见》提出，应开展 PPP 项目示范工作，将社会资本以 PPP 的模式引入养老医疗、文化教育等基础设施的建设运营。

国家发改委于 2017 年 4 月 25 日公布《政府和社会资本合作（PPP）项目专项债券发行指引》，该《指引》将"PPP 项目专项债券"定义为一种企业债券。发行方是 PPP 项目公司或社会资本方，募集的资金需是专项用途，即用于政府购买服务（能源交通、水利环保、特许经营）等 PPP 项目的建设运营，并指出，现阶段国家针对 PPP 项目支持重点为教育文化、医疗养老等公共服务领域的项目和农林业、交通水利、科技等基础设施领域的项目。

2017 年 4 月 26 日，财政部等 6 部门联合公布《关于进一步规范地方政府举债融资行为的通知》，在规范 PPP 行为中指出，严禁地方政府设立的投资基金来源中有借贷资金的成分，地方政府不得违反法规利用 PPP 和政府投资基金等形式实施本质上的举债行为。若国务院没有另外规定，地方政府和相关部门无论是设立政府出资的投资基金，还是参与 PPP 项目，在回购投资本金、承担投资本金损失、保证最低投资收益等方面，都不允许对社会资本方予以承诺，禁止的变相举债行为还包括附有条款的诸如有限合伙制基金的股权投资。

中国保监会于 2017 年 5 月 4 日发布《关于保险资金投资政府和社会资本合作项目有关事项的通知》，支持保险资金通过债券、股权等可行方式的投资计划，投资一个或一组符合条件的 PPP 项目。因此，这段时期保险资金参与 PPP 项目后呈现的形式大多是：或成为 PPP 项目公司的股东、债权人，或以 PPP 产业投资基金存在。

财政部于 2017 年 5 月 27 日发布《关于坚决制止地方以政府购买服务名义违法违规融资的通知》，规范化管理政府购买服务项目，使地方政府违反法规的变相举债行为得以遏制。《通知》要求政府购买服务内容应严格限制在规定的范围之内。不得作为政府购买服务的项目包括但不仅限于以下事项：建筑物、构筑物的新改扩建等工程，农田水利等建设工程，水电交通、医疗教育等基础设施建设，设备、存货等货物。除此之外，不能纳入政府购买服务范围还有金融机构以及属于非金融机构但提供金融服务的公司（如融资租赁公司）。《通知》还指出，政府购买服务的预算管理需严格规范，持"有预算，有采购；无预算，无采购"的原则，统筹规划当年的政府购买预算资金，而不是将其作为预算支出的附加项目。

《关于规范开展政府和社会资本合作项目资产证券化有关事宜的通知》由财政部、中国人民银行、证监会于 2017 年 6 月 7 日联合下发。提出要分类别进行 PPP+ABS 推广，并在实施程序、监管方面都做出相应规范。至此，国家发改委和财政部都先后出台了将 PPP 项目资产予以合法证券化的文件。

国家发改委于 2017 年 7 月 3 日公布《关于加快运用 PPP 模式盘活基础设施存量资产有关工作的通知》，要求为拓展延伸基础设施建设中的资金来源，进而降低地方政府的负债。该《通知》要求灵活推行 PPP 模式，盘活基础设施领域积累的大量优质资产存量，使投资进入良性的循环。根据拟采取 PPP 模式的存量项目的特点和具体情况，可通过"转让→拥有→运营"（TOO）、"改建→运营→移交"（ROT）、股权合作以及委托运营等方式，社会资本即可拥有经营权、所有权、股权、收费权等权利。PPP 项目的投资方（社会资本方或其他投资人）可拥有部分或全部的股权，即便政府在采取 PPP 模式中的存量基础设施项目占有一定的股份，政府也可以通过股权转让让渡给投资方。同时，要求各省级发改委在本地区应用 PPP 模式使基础设施存量资产周转起来的项目中，遴选 3~5 个达到最好效果的项目。经国家发改委的专业评审后，慎重选择最具代表性的示范项目推而广之，供各地借鉴学习。

2017 年 7 月 21 日，国务院法制办、国家发展改革委、财政部起草的《基础设施和公共服务领域政府和社会资本合作条例（征求意见稿）》及其说明全文公布，征求社会各界意见。征求意见稿包括总则、细则和附则七章，共五十条。

征求意见稿规定，若公共服务和基础设施项目符合以下条件，则可以采用 PPP 模式：①政府负有提供责任；②需求长期稳定；③适宜由社会资本方承担。根据项目生命周期以及行业特点等因素，PPP 合作项目期限在10 到 30 年不等。行政区划、部门的调整，政府的换届和负责人的变更都不得影响合同项目协议的履行。同时，政府不允许在合作项目协议中对回购投资本金、承担投资本金损失以及最低投资收益等事项对社会资本方做出约定，更不允许政府提供合作项目的融资担保。

国务院办公厅于 2017 年 9 月 1 日发布《关于进一步激发民间有效投资活力促进经济持续健康发展的指导意见》再次鼓励民间资本注入 PPP 项目，加快公用事业和基础设施建设的进程。对公用事业和基础设施领域持有更高的包容性，不允许出现抵制、歧视民间资本行为，营造公平公正的竞争机会环境是支持民营企业参与 PPP 项目必不可少的措施，尤其支持参与 PPP 项目的社会资本方中属于民间资本股权占比高的合作方。

2017 年 10 月 19 日，上海证券交易所、深圳证券交易所、机构间私募产品报价与服务系统三部门共同公布了《政府和社会资本合作（PPP）项目资产支持证券挂牌条件确认指南和信息披露指南》。该指南的发布，标志着 PPP 项目资产证券化管理得到进一步完善，业务更加规范，更具有实践性。上述两项指南针对三类资产（PPP 项目资产、股权和收益权）在前期发行环节和后续运营期间的信息披露情况以及资产是否合格等给予了明确的规定。相关人士表示：业务指南的发布将有利于证券公司、基金子公司和社会资本方等机构规范开展资产证券化业务，有利于加强风险管理，保护投资者合法权益。

2017 年 11 月 16 日，为深入贯彻落实全国金融工作会议精神，对政府和社会资本合作项目的运营做出进一步的规范管理，预防 PPP 成为变相融资的平台，制止债务风险隐患的增加，财政部办公厅公布了《关于规范政府和社会资本合作（PPP）综合信息平台项目库管理的通知》。

2018 年 4 月 19 日，财政部和旅游部为了更好地鼓励运用政府和社会资本合作（PPP）模式改善旅游公共服务供给，共同下发了《关于在旅游领域推广政府和社会资本合作模式的指导意见》。

财政部于 2018 年 4 月 24 日下发了《财政部关于进一步加强政府和社会资本合作（PPP）示范项目规范管理的通知》，认为由于 PPP 示范项目在诸多方面已经发挥了积极的作用，例如：扩展经验模式，牵头规范运作，拉动区域的发展，冲破行业发展障碍。由于部分示范项目仍然存在发展怠缓、执行效果不理想等问题，因而对示范项目的规范管理做出进一步的强化规范，更有效地发挥牵头引导作用。

2019 年 3 月 7 日，在公共服务的供给来源离不开社会资本力量，将政府和社会资本合作模式推广到公共服务领域，由此提升公共服务的供给质量和效率，这是国家的一项具有重大意义的战略决策。为使中央经济和国家财政工作会议精神得以有效执行，加大预防地方政府负债隐患的力度，将 PPP 模式的优势展现出来，落实好"稳就业、稳金融、稳外贸、稳外资、稳投资、稳预期"的工作要求，从而在基础设施领域调结构、补短板，在推动经济快速发展的过程中保证经济质量，财政部下发了《关于推进政府和社会资本合作规范发展的实施意见》。

二　吉林省 PPP 政策梳理

2015 年以来，吉林省委、省政府先后印发《关于创新重点领域投融资机制鼓励社会投资的实施意见》《关于在公共服务领域推广政府和社会资本合作模式管理实施办法》《中共吉林省委　吉林省人民政府关于深化投融资体制改革的实施意见》等政策文件，这些文件从生态环保、农业、水利市政设施、交通能源信息和民用空间设施、社会事业等领域进一步拓宽社会资本领域规范 PPP 项目流程，推动 PPP 示范项目加快实施。为加快健全 PPP 项目建设，2015 年吉林省财政厅新设立专门处，具体负责全 PPP 推进工作。同年又成立了 PPP 中心负责全 PPP 工作的政策研究咨询培训、信息统计工作。长春市、吉林市、通化市等 10 余个市县财政部门设 PPP 专门管理机构抽调专业人员，负责 PPP 有关工作。

2016 年 10 月 25 日吉林省财政厅转发了财政部《关于在公共服务领域深入推进政府和社会资本合作工作的通知》。

吉林省财政厅于 2016 年 10 月 11 日下发了《关于在公共服务领域深入推进政府和社会资本合作工作的通知》。

2016 年吉林省财政厅转发了《关于联合公布第三批政府和社会资本合作示范项目加快推动示范项目建设的通知》。

2016 年，吉林省财政厅印发了《关于转发财政部〈PPP 物有所值评价指引（试行）〉的通知》《关于转发财政部〈关于规范政府和社会资本合作（PPP）综合信息平台运行的通知〉的通知》《关于转发〈财政部关于实施政府和社会资本合作项目以奖代补政策的通知〉的通知》《关于印发〈吉林省政府和社会资本合作（PPP）项目以奖代补资金管理办法〉的通知》《关于申报省级政府和社会资本合作（PPP）项目以奖代补资金的通知》等文件，进一步完善了吉林省政府和社会资本合作（PPP）制度体系。

2017年，吉林省财政厅印发《关于独立开展政府和社会资本合作项目相关评审的函》，会同省发改委联合印发《关于深入推进政府和社会资本合作（PPP）工作有关要求的通知》，转发财政部关于规范开展政府和社会资本合作领域资产证券化、深入推进农业领域政府和社会资本合作、运用PPP模式支持养老服务业发展等相关文件，完善PPP政策制度体系。

吉林省财政厅于2017年1月23日公布了《关于政府和社会资本合作PPP中和信息平台信息公开管理暂行办法的通知》。

2017年7月1日，为全面贯彻党的十八大、十八届三中全会精神，加快实现社会主义现代化经济体系，推动生态文明建设，使污水、垃圾处理行业更深层次的规范运营，有效发挥市场和政府的协同作用，将更多的社会资本力量引入公共服务领域，通过PPP模式提升污水、垃圾处理的质量和效率，促进此行业的健康发展，财政部、住房城乡建设部、农业部、环境保护部下发了《关于政府参与的污水、垃圾处理项目全面实施PPP模式的通知》。

2017年8月14日，财政部、民政部、人力资源社会保障部发布了《关于运用政府和社会资本合作的模式支持养老服务业发展的实施意见》。

2017年12月1日，吉林省财政厅转发财政部《关于规范政府和社会资本合作（PPP）综合信息平台项目管理库的通知》。

2018年，吉林省财政厅先后印发《关于转发财政部关于公布第四批政府和社会资本合作示范项目名单的通知》《关于规范政府和社会资本合作（PPP）项目第三方咨询机构选聘工作的通知》《关于转发财政部PPP中心〈关于开通全国PPP综合信息平台项目管理库财政支出责任监测功能的通知〉的通知》《关于印发吉林省财政厅政府和社会资本合作（PPP）专家库在库专家名单及管理办法的通知》等文件，进一步完善了吉林省社会与资本合作制度体系。

2018年4月25日，吉林省财政厅发布了《关于拨付2018年度政府和社会资本合作（PPP）项目以奖代补资金的通知》，该《通知》提出：根据今年省财政厅PPP项目以奖代补资金评审结果，现拨付你单位吉林省政府和社会资本合作（PPP）项目以奖代补资金1900万元，专项用于PPP项目前期费用。市县收入列"1100317 金融",支出功能分类科目列"其他金融发展支出（2170399）",政府预算支出经济分类科目列"51301 上下级政府间转移性支出"。

2019 年 4 月 26 日,吉林省财政厅发布了关于转发《财政部关于推进政府和社会资本合作规范发展的实施意见》的通知。

三 江苏省 PPP 政策梳理

2019 年 4 月 10 日,江苏省财政厅发布了《江苏省财政厅关于 2019 年度第一批政府和社会资本合作（PPP）项目入库和试点的通知》,本批共有 18 个项目进入江苏省 PPP 项目库,总投资 387.09 亿元,共有 10 个项目被列为省级试点 PPP 项目。

江苏省财政厅于 2019 年 4 月 18 日下发《江苏省财政厅关于进一步提高政府和社会资本合作（PPP）项目信息公开质量的意见》。

2019 年 5 月 24 日,为进一步强化财政部门对 PPP 项目监督职责,促进全省政府和社会资本合作模式稳健运行,江苏省财政厅下发《关于进一步加强政府和社会资本合作（PPP）项目财政监督的意见》。

2019 年 5 月 28 日,江苏省财政厅发布了《关于严格规范推进政府与社会资本合作（PPP）项目的通知》,对全市各区提出进一步加强 PPP 管理的具体要求。

2019 年为了推进政府和社会资本的合作,推动江苏省 PPP 项目的发展,出台了相应的政策,江苏省财政厅转发《财政部关于推进政府和社会资本合作规范发展的实施意见》等文件要求,省财政厅重点对项目合规性、前期工作准备情况、使用者付费占比、财政支出责任峰值、综合信息平台填报质量等内容进行了审核。

2018 年 5 月 29 日,为实现江苏省 PPP 专家库标准化管理,使专家在 PPP 工作中真正承担起理论指导、实践辅导的作用。江苏省财政厅公布《江苏省政府和社会资本合作（PPP）专家库管理办法（试行）》。

2018 年 7 月 3 日,为规范试点项目的管理工作,江苏省财政厅下发《江苏省政府和社会资本合作（PPP）省级试点项目管理工作规则》。

江苏财政厅于 2018 年 7 月 5 日下发《江苏省政府和社会资本合作（PPP）项目入库管理工作规则》。

2018 年 7 月 18 日，江苏省财政厅发布了《江苏省省财政厅关于 2018 年度第二批政府和社会资本合作（PPP）项目入库和试点的通知》。

江苏省财政厅于 2018 年 9 月 30 日下发《关于 2018 年度第三批政府和社会资本合作（PPP）项目入库的通知》。

2018 年 10 月 25 日，为激发各地区推进 PPP 项目落地执行的热情，进而促进江苏省的 PPP 工作持续健康发展，江苏省财政厅公布了《政府和社会资本合作（PPP）项目奖补资金管理办法》。

2018 年 10 月 29 日，为鼓励 PPP 项目的发展，江苏省财政厅下发《政府和社会资本合作（PPP）项目奖补资金管理办法的通知》。

2018 年江苏省财政厅为了加快试点项目的工作发布了《江苏省政府和社会资本合作（PPP）试点项目管理工作规则》。

2018 年 11 月 28 日，江苏省财政厅发布了《关于下达 2018 年度第二批 PPP 项目奖补资金的通知》。

2018 年 12 月 3 日，为进一步有效落实依法执政的工作要求，使法律顾问专家将其技术专长和知识成效最大限度地施展出来，深层次规范化管理 PPP 项目的全周期过程，预防、处理 PPP 项目开展过程中诸多实际风险和风险隐患，让 PPP 模式成为全省在经济、文化、生态等六个方面的高质量高发展的助力器，江苏省财政厅下发了《省财政厅关于建立全省政府和社会资本合作（PPP）项目全生命周期法律顾问制度的意见》。

2017 年 11 月 28 日，为加大投融资制度改革的力度，推动民营资本以投资人、开发者、经营者等身份踊跃加入 PPP 项目中，在激发社会资本投资积极性中充分体现 PPP 模式的优势，江苏省财政厅印发了《关于进一步鼓励、支持民营资本参与政府和社会资本合作（PPP）项目的实施意见》。

2017 年 12 月 7 日，江苏省财政厅制定了《省政府办公厅关于进一步激发社会领域投资活力的实施意见》。

2017 年 8 月 4 日，为有效落实国务院办公厅在激发社会资本投资活力方面的相关意见精神，将中心着眼于公共服务和产品的供给增加量上，继续提高质量水准，江苏省政府办公厅下发了《关于进一步激发社会领域投资活力的实施意见》。

江苏省财政厅于 2017 年 12 月 4 日转发《关于规范政府和社会资本合作（PPP）综合信息平台项目库管理的通知》。利用项目库预防债务风险隐患，遏制 PPP 异化滥用，进一步规范 PPP 健康有序发展。

2017 年 12 月 29 日，江苏省财政厅发布了《江苏省 PPP 融资支持基金实施办法》。从基金设立到管理运营再到风险控制，在该办法中给出了明确的规定，使财政资金的导向作用得以保障。

2017 年 6 月 11 日，江苏省财政厅发布了《关于推行法律顾问制度和公职律师制度的实施意见》。

2017 年 5 月 22 日，江苏省政府办公厅下发了《关于对真抓实干成效明显地方进行配套激励的通知》。此举激发了包括 PPP 模式在内的发展活力，是完善长期机制的重要措施。

四　吉林省与国家 PPP 政策的对比

从整体上来看，吉林省积极响应国家对政府和社会资本合作（PPP）项目的相关政策，如相应出台《关于在公共服务领域深入推进政府和社会资本合作工作的通知》《关于申报省级政府和社会资本合作（PPP）项目以奖代补资金的通知》《关于独立开展政府和社会资本合作项目相关评审的函》，会同省发改委联合印发《关于深入推进政府和社会资本合作（PPP）工作有关要求的通知》等政策，从整体大方向上与国家 PPP 政策相对应。

五　吉林省与江苏省 PPP 政策的对比

在 PPP 项目入库审查方面，我们了解到，江苏省在前期对 PPP 项目入库审查方面出台过多项政策，其政策对 PPP 项目入库审查规则主要体现在三方面。一是融合 PPP 监管最新要求，进一步严格入库标准。将 PPP 管理中涉及的资本金"穿透式"监管、前期工作完善性、信息平台规范性等要求融入入库审查范围，对全省各级财政部门规范 PPP 项目管理具有指导意义。二是强调工作程序严谨规范。要求各地严格按照项目发起、方案制定、方案评估、同级政府审核批复、申请省厅备案等程序规范履行项目入库程序。省财政厅及时受理入库申请，并按照形式审查、提交省级行业主管部门征求意见、召开审查论证会议或汇总反馈意见等方式形成审查论证结果，作为是否准予项目入库的重要依据。三是强化财政支出责任监管。要求在入库环节，将具体项目的财政支出责任分解到"一般公共预算支出"和"政府性基金支出"，结合科学预测的项目全生命周期涉及年份的一般公共预算支出、政府性基金支出预测数，按照已入库已落地、已入库未落地、拟入库项目三种口径汇总测算当年项目财政支出，确保全生命周期每年的财政支出均不超过当年一般预算支出10%的"红线"。由此可以看出江苏省在入库审查方面规则进行严格细分，而吉林省相比并未明确出台相应政策，这在一定程度上对PPP项目前期的评估审查就会缺少必要的保证。据此，吉林省可以借鉴江苏省出台的相应政策，从项目发起、编制实施方案、相关审核、资金保障、财政监管等方面进行全方位监管，并且要责任到人，具体落实到相关的责任人，对其起到督促作用，从而实现入库政策的严谨性、延续性、及时性、高效性，促进对各地申报的PPP项目进行认真的审核，使各级财政部门高度重视PPP项目入库工作，层层压实主体责任，严格遵守国家和省（区、市）出台的一系列PPP管理制度，会同项目实施机构按照政府批复的PPP项目方案和论证结果组织实施，确保吉林省PPP事业健康、可持续发展。

在PPP项目专家库管理政策方面，我们了解到吉林省出台的相应政策，是从入库专家分类、组建方法、具备条件以及管理方面进行的规定，而江苏省是从入库专家分类、需具备的条件、工作职责、权利、义务以及管理等方面进行严格规定，相比较而言江苏省政策更为细致。其中吉林省组建的专家库主要分为咨询专家、法律专家、财务专家、金融专家四大类，而江苏省征集的领域除了以上四类，还涉及行业管理、财政管理、建设运营，由此可见，行业领域覆盖面更为广阔；在入库专家具备条件上吉林省并未严格要求相关行业专家需近三年至少参加过PPP项目的相关工作，而江苏省在此方面做出了较为严格的规定，如在专业审计、监察、评估、咨询性质的中介机构的从业人员，近3年从事的审计、监察、咨询、评估PPP项目不少于3个。此外江苏省明确表明了入库专家的相应权利和义务。但是吉林省在相比之下其政策并没有这么细致，略显不足。据此，吉林省可以借鉴江苏省或是其他省份出台的相应专家库管理办法，一是在入库专家具备条件方面要更为严格，尤其是应该具备参与相应PPP项目的工作经验，了解PPP项目的全过程；二是在征集相关领域专家上应该更为广阔，从而更为全面的为PPP项目的实施提供精准服务；三是具体明确相关领域专家的权利义务以及职责。将这些明确落实到政策细则上，对专家库的管理更为全面，进而推动吉林省PPP工作公开公正、高质量发展。具体见表2-2。

表 2-2 吉林省与江苏省 PPP 政策对比

PPP 政策分类	吉林省	江苏省
PPP 项目入库审查政策	—	江苏省对前期 PPP 项目的入库审查监管，曾出台过相应政策，如《江苏省政府和社会资本合作（PPP）项目入库管理工作规则》《江苏省财政厅关于 2019 年度第一批政府和社会资本合作（PPP）项目入库和试点的通知》等。具体主要从融合 PPP 监管最新要求，进一步严格入库标准、强调工作程序严谨规范、强化财政支出责任监管这三方面对 PPP 项目入库审查进行把控
PPP 项目专家库管理政策	吉林省对专家库管理方面，曾出台《关于印发吉林省财政厅政府和社会资本合作（PPP）专家库在库专家名单及管理办法的通知》等政策。具体从专家分类、组建方法、具备条件以及管理方面进行规定	江苏省在 PPP 项目专家库方面出台相应的政策，如《江苏省政府和社会资本合作（PPP）专家库管理办法（试行）》《江苏省财政厅关于公开征集江苏政府和社会资本合作（PPP）专家的公告》等。具体从入库专家分类、需具备的条件、工作职责、权利、义务以及管理等方面进行严格规定
PPP 项目全生命周期把控监管政策	—	江苏省为了全面把控 PPP 项目合法合规的实施，出台了《关于推行法律顾问制度和公职律师制度的实施意见》《关于建立全省政府和社会资本合作（PPP）项目全生命周期法律顾问制度的意见》等政策。其政策明确了法律顾问的主要职责、受托履职的基本原则、受托单位及从业人员需要具备的硬性条件，应改从哪些方面给出法律意见等相关事由
PPP 项目补贴奖励政策	吉林省在对鼓励 PPP 项目实施方面，曾出台《关于拨付 2018 年度政府和社会资本合作（PPP）项目以奖代补资金的通知》政策等。其政策对以奖代补资金的范围、对象、标准等做出相应的规定	江苏省为了鼓励推动 PPP 项目的实施，曾出台多项政策，如《政府和社会资本合作（PPP）项目奖补资金管理办法》《关于对真抓实干成效明显地方进行配套激励的通知》等。其政策对奖补资金的范围、支持的方向、金额以及用途等方面做出相应的规定

续表

PPP 政策分类	吉林省	江苏省
PPP 试点项目管理工作政策	—	为贯彻落实政府和社会资本合作模式，进一步规范推广运用 PPP 模式，扎实推进 PPP 省级试点项目工作，江苏省出台了《江苏省政府和社会资本合作（PPP）试点项目管理工作规则》等政策。其政策对那些项目适合作为省级试点项目、试点项目如何产生、省财政厅对试点项目如何管理以及试点项目有哪些政策支持等均做出相应规定
PPP 项目综合信息平台管理政策	吉林省在对 PPP 综合信息平台管理方面，曾出台《关于转发财政部〈关于规范政府和社会资本合作（PPP）综合信息平台运行的通知〉的通知》《关于印发〈政府和社会资本合作 PPP 中和信息平台信息公开管理暂行办法〉的通知》等政策。要求各地结合吉林省实际情况，严格执行财政部对 PPP 项目综合信息平台管理政策	江苏省在对 PPP 项目公开信息披露方面曾出台相关政策，如《江苏省财政厅关于进一步提高政府和社会资本合作（PPP）项目信息公开质量的意见》等。其政策主要从对拟入库项目信息公开实行"前置审查"、对已入库项目信息实行"动态管理"、建立 PPP 信息工作质量惩戒机制、强化 PPP 信息质量公开情况监管、建立健全工作机制等方面对 PPP 项目综合信息平台进行管理

由于 PPP 项目的特殊性，比如：适用的政策法规面广而不细，初始投入到落实过程中需要把控的环节较多，政府与社会资本方的合作时间长，预防和处理风险的压力大。所以在 PPP 项目全生命周期把控监管方面的政策，通过查阅资料我们了解到江苏省是率先建立 PPP 项目全生命周期法律顾问制度的省份，然而吉林省在此方面的政策与江苏省相比是缺失的。江苏省对该项制度的推行实施，充分借助法律顾问的专业优势和智力成果，让合法合规理念嵌入并贯穿 PPP 的财政管理和项目实施全过程，对全面推动江苏省 PPP "高质量发展"具有重要作用和深远影响。江苏省对全生命周期法律顾问制度进行了比较全面的政策解读，其在政策中明确规定，法律顾问应参与到项目的宏观和微观两个层面的管理中，微观层面体现全过程、全方位的管理活动。法律顾问应为 PPP 项目管理的全过程提供法律及政策支撑，利用其丰富的经验为 PPP 项目保驾护航。律师事务所接受财政

部门委托从事 PPP 项目法律服务工作应具备的条件，其中有一条尤为重要就是律师事务所必须具有为 PPP 项目专业服务所必需的专业律师团队和专业技术能力，并且其委派的律师也要具备过硬的自身条件：在 PPP 领域拥有充分的法律知识储备、对相关政策文件了如指掌、丰富的实践经验、服务过的 PPP 项目不少于 3 个。此外政策中对针对 PPP 项目中关键环节的 5 个阶段，法律顾问应就此出具专业的意见和建议也做出了指引等。

对此，吉林省可以充分借鉴江苏省在此方面的政策，以及其细则规定部分，制定适合吉林省的全生命周期法律制度，保证 PPP 项目在整个生命周期内的实施合法合规，充分预防和处理中间的风险隐患，保证全省政府与社会资本合作项目高效、健康发展。

为了支持和调动各地推广 PPP 模式的积极性，推动全省 PPP 项目加快实施进度，提高项目操作的规范性，保障项目实施的质量，吉林省和江苏省均出台了相应的奖补资金政策，鼓励 PPP 项目的实施。从政策细则上我们可以了解到，江苏省在奖补资金的金额上的标准是：小于 3 亿元规模的项目可获得 30 万元的奖励，3 亿元到 10 亿元的项目对应 50 万元的奖励，大于 10 亿元的项目奖励可达 80 万元。而吉林省的奖补标准为：小于 3 亿元规模的项目可获得 50 万元的奖励，3 亿元到 10 亿元的项目对应 100 万元的奖励，大于 10 亿元的项目奖励可达 150 万元。由此可见吉林省积极鼓励 PPP 项目的实施与发展，支持各地 PPP 的发展。然而，在奖金补贴方面，江苏省的涉猎面更广，对于省级 PPP 试点项目，它不但涉及其初期支出补贴，而且也涵盖后续实施中奖金补贴。另外，对于已贯彻执行并完成的项目，江苏省财政厅会不时从中谨慎选择执行标准，可作为典范的项目给予一定的奖励、补贴，并将这批项目作为范例予以公示。相比之下，吉林省主要是针对项目的前期费用补贴，对于一些高质量发展实施的 PPP 项目没有发布相应的奖励政策。对此，吉林省可以借鉴江苏省将奖补资金的支持范围适当扩大，可以对支持农村发展、环保、操作规范等高质量的 PPP 项目给予一定的奖励，这在一定程度上会调动各地以及相关单位部门的积极性，推动 PPP 项目在吉林省的高速发展。

进一步规范推广运用 PPP 模式，扎实推进 PPP 省级试点项目工作，形成可复制、可推广的 PPP 项目实施范例。在稳中求进、防范风险隐患、调整产业结构、推进改革发展、惠及民众生活等方面充分发挥 PPP 模式的优势。在这一方面江苏省的相关政策比较充分，而吉林省并没有相关的政策。吉林省作为比较落后的省份，在吸引民间资本投资 PPP 项目上，并没有北上广等一线城市那么有竞争优势，如果吉林省落实相关 PPP 项目试点政策，应将重点放在刺激市场灵活运转上，鼓励经济相对发达的地区做好牵头作用，关注能够突破行业障碍的关键点，遴选富有成效的 PPP 项目作为范例并推而广之，率先选择文体、环保、旅游、养老等提升人民幸福的产业项目。高质量的 PPP 范式将社会资本灵活运转起来，引入公共服务资产，扩展公共事业领域的供给渠道，提高产品和服务质量，依照其试点政策可以建立具体的政策资金帮扶机制。为让社会资本方充分了解 PPP 项目，充分利用好 PPP 项目综合信息平台管理可以使政府得到和使用足够的信息，提高服务和产品质量，进而保证社会经济高质量运行。利用这个平台，以数字资源为媒介，信息技术为手段，依靠法律，尽可能全面地将有重要影响的信息公布出来，这样不但减少了政府监督管理费用支出，而且减少了市场交易费用。江苏省在综合信息平台管理上的政策是相对比较全面具体的，而吉林相比较而言没有这么细致，吉林省可以据此进一步完善 PPP 项目综合化信息平台管理政策，对拟入库项目信息公开实行"前置审查"，确保录入的信息和上传的文件资料数据真实、完整、及时、有效。为避免申报与实际项目不一致，政府应把 PPP 项目的实施分阶段输入相关信息并将相关文件存档。具体体现在严格把关前期申请入库的项目，实时监管已经登记入库的项目。如果项目实施与入库时发生变化，必须要求各市县财政部门应规范履行项目变更手续，及时在 PPP 综合信息平台增补、完善有关内容并上传证明材料，实现"动态管理"。建立 PPP 信息工作质量惩戒机制，实行四步走"提醒、约谈、通报、直接退库"，具体而言就是对不符合平台管理的项目实施提醒，督促其及时进行修改，连续提醒三次仍然不及时修改的，便要对其相关责任人实行约谈制度，约谈后仍然存在不符合规定的现象，便要通报批评，通报批评后整改仍无起色、整改效果不到位的，就要直接实施清退，在一定时间内不允许其进行申报。还要设置完善的 PPP 信息质量监管体系，职责划分清晰，做到专人专管。切实做到全方位对 PPP 项目综合信息平台的管理，提高 PPP 信息公开质量，规范 PPP 项目的实施运作。

PPP 项目高效、高质量的运作和管理，除了在政策上进行明确的条文规定，也需要相应保障活动的实施，例如定期举办 PPP 项目的专项培训活动，提高各地区相关 PPP 项目管理或是执行人员的业务水平。我们了解到，江苏省各地曾多次举办 PPP 业务培训活动，例如无锡和江都等地便成功举办了培训活动，而吉林省在此方面略显缺失，据此为了 PPP 项目更好地推动实施，我们可以借鉴江苏省培训经验，适当地举办相应的培训活动，通过培训与学习，大家可以对 PPP 最新政策要求有更好的把握，进一步熟悉掌握 PPP 项目运作和管理，提高对 PPP 模式的理解和运用能力，保障 PPP 项目的顺利进行。

为了加强对 PPP 项目的监管，江苏省会定期对 PPP 项目进行抽查，而在这一方面吉林省相比稍有欠缺，为保证 PPP 项目的健康发展，吉林省财政厅应组织开展 PPP 项目财政支出责任监督检查活动，进一步加大 PPP 财政监管力度，切实履行财政部门监督检查职责，强化"问题导向"，重点检查已入库 PPP 项目政府支出责任测算工作质量、已落地 PPP 项目预算管理情况，同时检查 PPP 项目财政支出责任台账登记规范性，及时纠正检查发现的问题，推动吉林省 PPP 高质量发展。定时对 PPP 项目进行抽查，从事前、事中、事后三个阶段全方位把控吉林省 PPP 项目的高质量实施。

政府与社会资本合作的最终目的是造福百姓，国务院办公厅印发《国务院办公厅关于保持基础设施领域补短板力度的指导意见》，指出要将重点放在农业、民生、交通运输、能源环保等基础设施和公共事业领域，全力推动已列在计划的重要项目进程，支持地方政府依据法规运用 PPP 模式，激发社会资本的活力来消除短板效应。

江苏省在此方面积极响应国家号召，各地积极提升补短板能力，提高民生保障水平。而吉林省并未在此方面做出相应的努力，吉林省属于落后地区，基础设施不健全，尤其是农村地区，据此吉林省可以积极发挥 PPP 项目补短板的能力。如调整优化支出结构，严控一般性支出，加大民生领域投入力度；支持教育文化事业发展，提升教育教学品质，推进城乡义务教育一体化，支持优化教育布局调整；支持社会保障体系建设，安排相应养老保险支出，支持养老保险制度并轨改革；安排卫生专项，支持深化医疗卫生体制改革；提高基本公共卫生服务政府补助标准，支持基本公共卫生服务均等化项目；加强农村等落后地区的交通基础设施建设等。吉林省与江苏省关于 PPP 项目实践发展对比见表 2-3。

表 2-3　吉林省与江苏省关于 PPP 项目实践发展对比

PPP 政策保障分类	吉林省	江苏省
PPP 项目专项业务培训	—	江苏省各地区曾多次举办 PPP 业务培训活动，如 2019 年 1 月 17 日无锡市政府和社会资本合作（PPP）业务培训成功举办；2017 年 7 月 26 日江都区举办政府和社会资本合作（PPP）模式专题培训等。其业务培训会邀请相关 PPP 专家，围绕 PPP 近期新政策、政策解读以及 PPP 项目运行中可能会遇到的问题进行案例分析等
PPP 项目监督检查	—	江苏省高度重视 PPP 项目的监管，曾多次对其进行抽查，如 2018 年 5 月 22 日下发《关于开展政府和社会资本合作（PPP）项目财政支出责任监督检查的通知》，对全省 10 个市县部署开展 PPP 财政支出责任检查等
PPP 项目补短板	—	江苏省各地积极响应国家《关于保持基础设施领域补短板力度的指导意见》的号召，支持地方政府依据法规运用 PPP 模式等，激发社会资本的活力来消除短板效应，尤其是鼓励将民间投资引入农业、民生、交通运输、能源环保等基础设施和公共事业，全力推动已列在计划的重要项目进程

第三章 吉林省民间投资活力约束诊测

本章通过分析找出制约吉林省民间投资进一步发展的关键性因素，如融资难、融资贵，民间投资保障不足，企业持续经营信心不足、资产流动性差，存量资产及资金周转活力不足、偿债压力大，政策影响，创新创业活力不足、人才流失严重且成本高，交易制度规则不完善、资本安全退出缺乏保障，金融支持缺乏整体联动性、缺乏创新产品设计及有效风险监管等。本章重点分析在市场准入、PPP项目合作及政策执行过程中仍存在的问题、不足及成因。

第一节 制约吉林省民间投资发展活力的整体瓶颈分析

吉林省民间投资活力不足既受制于外部经济发展大环境，也限制于自身诸多短板。总体上看，瓶颈存在于变革冲击、制度基础、市场环境、人才短缺、政府治理及企业自身几个维度中。

一 全球再工业化浪潮对吉林省制造业的冲击

全球金融危机后，各国更加深刻地思考了实体经济与虚拟经济的关系，意识到工业化的重要性。美国、德国、法国等发达国家为重回制造业领军地位，陆续实行"再工业化"、"工业4.0计划"以及"未来工业"等策略，而许多发展中国家以及新兴经济体，纷纷效仿中国对制造业发展以及促进出口的策略，如印度实施"印度制造"。我国产业尤其是制造业在这种大环境下被左右夹击，出现民间投资下降的局面。此外，受金融危机的影响，各国经济的恢复以及对产业政策的响应都有一定的滞后性，因此，我国制造业中民间投资的恢复也随之滞后。

在全球各国面对局势分别采取一系列策略之后，无论是发达国家的再工业化战略还是发展中国家（或新兴经济体）的制造业促进战略，吉林省的民间投资都受到了这个大环境的影响。一方面，国内外生产厂商可以有更多样的选择空间，从而造成我国部分产品存在被替代的可能。产品供大于求，导致吉林省民间投资下降。另一方面，民营企业的成本负担会加大。虽然，我国综合实力不断增强，国际竞争力也有所提高，但仍然没有处于全球领军地位，价格成为我国包括吉林省能争取到更多出口量的重要因素。在这场替代品与价格的较量中，吉林省不仅对发达国家成本优势下降而且对发展中国家成本劣势上升。

二　吉林省产权保护制度缺失

如果产权保护制度不完善，许多民企将会因为没有信心和得不到保障，最终造成不敢投资的局面。在社会主义市场经济下，产权制度是否完善会切实影响市场经济情况。在民企考虑的众多事项中，产权保护是首要的，而大环境背景却存在产权界定不清、意识薄弱以及没有相关的保护制度等问题，这些都会让企业家望而却步。

三　吉林省制度性交易成本过高

1. "营改增"使个别行业的民营企业税负加重

延边小棉袄家政服务有限公司提出，在"营改增"后由于进项税额抵扣不足，加重了自身的税收负担。

2. 各种费用名目繁多

据长春北方化工灌装设备股份有限公司反映，该企业投资1亿多元建了一个工厂，交纳了很多费用。其中有89万元的人防建设费、60万元的地铁建设费，还有巨额工会经费等，各项费用加起来占总成本的35%。

3. 社保收费远高于江苏浙江

吉林万丰奥威汽轮有限公司是浙江省万丰控股集团下浙江万丰奥成汽轮股份有限公司的全资子公司，其对于吉林省和浙江省的社保差异感受强烈。在浙江省，企业只需按上一年度社会平均工资的60%计缴社保，但在吉林省，计算社保的基数是企业的实发工资金额，且有关部门严格核定所谓的"实发工资"，甚至将企业的食堂支出、通信支出等都计算为实发工资，两地社保金额出现了极大的差异。以2017年为例，该公司在浙江绍兴的工厂社保缴费基数为 2820 元/月，但在吉林市则为 4720 元/月。

4. 物流成本高

吉林省地处东北地区，距离原材料近而距离市场远，因此产品需要长途运输。但铁路和公路运输路线长、运力有限、运输成本高，海运港口也远在渤海湾，机场数量少、距离远。另外，吉林省相关的管理也比较陈旧，高速公路常有时速 60 公里的规定。

5. 电力为首的垄断行业定价偏高

定价偏高的主要是电力、天然气等部门。据省内企业反映，这些垄断性国有企业的改革没有到位。由于没有竞争，其收费标准和工程质量得不到保证。其中电力收费过高问题尤为明显，吉林省每度电要比南方地区贵 0.5 元，而一个企业每年用电几万度，差距显而易见。

6. 环境评估等评估报告收费过高

项目建设过程中，吉林省的环评、安评等编制和报批效率很低，不利于尽快开展投资。同时收费较高，同一个项目，在南方只需要 4000 元就能完成的环评报告，在吉林省则需要 5 万~7 万元，甚至更高。

四　吉林省金融市场不健全使得中小型民营企业融资贵、融资难问题仍普遍存在

1. 贷款门槛过高，民营企业望而止步

银行向民营企业贷款时，审查严格，审查周期长，一般从申请到发放需要 2~3 个月，而贷款期限短，一般为一年；贷款金额也很小，远远解决不了民营企业的资金需求。与此同时国有商业银行对中小型民营企业的支持力度不大，评级授信门槛过高，大量小微企业无法提供商业银行所要求的复杂手续，而且民营企业资产中有相当大比例的资产并不被银行认定为可抵押品，由此形成了民营企业贷款门槛太高的现状。尤其经历了欣泰电气欺诈上市和部分省内企业债务违约等事件，东北三省的金融生态出现一定的恶化。因此，商业银行在对吉林省企业进行贷款发放的时候，变得更加审慎，要求更为严格，一些投资机构也加强了对融资企业的条件审查，这也就使得吉林省民营企业的融资门槛变得越来越高。

2. 民营企业贷款成本远比国企高

即便部分民营企业跨过了获得融资的高门槛，融资成本过高问题也对其

造成很大困扰。经调查，民营企业的银行贷款利率一般要上浮 90%～200%。例如，一些制造类的小型民营企业，向银行申请贷款的利率为基准利率的 2 倍甚至更高。据吉林省某家企业反映，其一年期的贷款利率高达 11%，而同期的基准利率仅为 4.3%。

3. 民营企业中"倒贷"问题普遍存在

根据银行规定，企业在流动资金一年到期后，需要重新办理。因此对于企业而言，就需要"倒贷"来偿还债务。在这一过程中，需要企业四处借钱，甚至很多企业靠高利贷进行倒贷，这不仅严重干扰了企业正常的生产经营活动，并且大大增加了企业的资金压力和贷款成本。

4. 吉林省直接融资落后

2016 年末，吉林省新增的直接融资额为 184.9 亿元，仅占社会融资规模的 6.6%，低于全国平均水平 17.2 个百分点。2017 年上半年，东北三省的新增上市公司数为零，而同期全国新增上市公司 500 余家。

五　人才引进政策不配套导致吉林省人才匮乏

吉林省对于引进人才的医疗、住房、子女入学等问题缺乏明确的政策文件，一事一议，效率低、成本高，很难吸引外地人才；而对于本地居民返乡创业的支持力度也远远不够，不利于本地人才的回流。以上两种原因致使吉林省人才严重匮乏。吉林省华阳新型复合材料有限公司反映，该企业属于高新材料企业，存在人才紧缺的问题。很多人才出于工资水平低、孩子上学问题得不到很好解决等原因，不愿意到吉林省来。该企业的创始人是吉林人，也曾说过如果不是因为自己是本地人，早就考虑把企业搬迁到江苏、浙江一带。

六　政府公共治理能力及政策执行效率有待提高

1. 相关政策宣传不到位，阻碍民间投资的发展

一些民营企业反映，虽然国家出台了很多促进民间投资的政策措施，但基层中小型民营企业并不是十分了解和熟悉这些政策。各级政府对政策的宣传、解释、服务不到位，不少企业对国家出台的多项支持民间投资的文件尚不知情，一些政府部门坐等企业上门咨询，不能主动、一次性告知企业相关优惠支持政策。其中既有民营企业家的文化与专业素质、重视程

度等的问题，也存在各级政府宣传不到位，仅仅把这些政策措施"挂网站""发文件"等方面的原因。

2. 政府执行力差，政策落实不到位

吉林省存在对政策"最后一公里"落实不到位之忧。吉林省的某些政策本身过于原则化，操作性不够强，并且没有详细的实操准则与规定，存在操作过程繁杂、准入要求较高、收取的中介服务费较高等问题。地方政府对中央政府优惠政策的落实不够及时有效，从而对民间投资的发展产生了一定影响。

3. 政府不讲诚信，使民企失去信心

有企业家反映，现在官员换得快，存在"新官不理旧账"的情况。问卷调查数据也显示，遇到过这种情况的企业占样本企业的比例超过 10%。例如吉林吉春制药股份有限公司，2013 年计划投资建一个梅花鹿园。当时政府部门领导经常来了解项目进展情况，帮忙协调解决投资过程中遇到的一些问题。主管部门领导换了之后，政府很少关注该企业投资项目的进展情况，导致很多问题难以及时解决。该项目的征地花了四年时间才完成，效率极低。除吉春制药股份有限公司之外也有部分公司反映，一些政府部门领导因为担心跟民营企业走得太近，可能会带来风险，所以不愿意跟民营企业打交道。一些该办的事情迟迟不办，企业的心都凉了。

一些地方政府不讲诚信，政出多门、推诿扯皮，政府部门的一些承诺不能完全兑现。长春合心机械制造有限公司提出，根据吉林省 2013 年《吉林省关于突出发展民营经济的意见》中的有关规定，该公司若按并购资金的 10% 予以奖励，则应得 1200 万元，若按照已付款的 10% 予以奖励，则应得 607 万元。虽然企业已多次向工信部门说明情况，但该奖励资金一直未按规定下发。

七 吉林省民间投资发展不均衡

吉林省在某些民生领域和服务业的民间投资份额很低，如医疗、养老、教育等民生领域以及金融业等。在民间投资占比较高的服务业行业中，房地产业、交通运输仓储业、邮政业、信息传输软件和信息技术服务业的民间投资增速较快，而旅游业，批发和零售业，水利、环境和公共设施管理业的民间投资占比则逐步下降。针对旅游业，吉林省既有着独特的自然风景和人文特色，形成了具有独特吸引力的旅游资源，又有优越的地理位置，其东南地区与朝鲜接壤，因此省内存在许多朝鲜族聚居地，独特的朝鲜民俗带给人们新的感受。同时具有浓厚东北风情的农家乐饭庄也是吉林省的一大特色。因此，只要在政策上给予扶持，管理上合规，相信对省内旅游资源的挖掘和发展定能成为吉林省民间投资的新兴增长点。

八 民间投资者自身能力不足

吉林省现有的非政府性企业投资，还处于不太稳定的阶段，在许多方面的发展中出现了不少问题，管理上也不太完善。当年在民营企业正兴起的时候，无数民间投资者一拥而上，疯狂地抢占这块可口的蛋糕。大部分企业没有做好充分的准备，也没有对未来进行合理的规划。其中有许多民营企业为了赚取更多的利益而不择手段，迷失了发展方向，直至走向败落。如今国内民间投资的经济形式变幻莫测，在这种状态下，民营企业想要在激烈的竞争中生存下来就会非常的困难，其融资方式也变得更加单一，更难融入资本市场，部分民营企业甚至面临着破产的风险。这都是非政府性企业投资者自身的能力不足而导致的吉林省民间投资者投资水平下降。对于居民个体投资者而言，吉林省经济常年处于落后的状态，居民生活水平还没全面达到小康，在居民没有足够资金的时候，想的只会是衣食住行等满足基本生存需要的事项，并没有多余的金钱和精力进行民间投资。这也是限制吉林省民间投资者投资能力提升的一大因素。

1. 民间投资的自筹资金占比逐年下降

从近两年民间投资项目的到位资金来看，自筹资金占比逐渐下降，从2015年的90.2%，回落到2017年1~5月的77.9%，回落了12.3个百分点；其他资金的占比提高了1.9个百分点，国内贷款提高了0.5个百分点；自筹资金占比下降，其他资金，如国内贷款有所增多，到位资金结构呈现了多样化的趋势。

2. 营运能力差

中小企业融资困难有其自身原因。中小企业原始注册资本较少，规模较小，资产总量较小，技术相对落后。大型企业具有规模优势，而中小企业在市场面前缺乏竞争力，其营运能力相比大型企业来说较差，且抗风险能力差。这也是银行不愿放贷给中小企业的原因之一。银行对企业贷款有严格的规定，有盈利能力才有稳定的资金输入，才有还贷能力，因此银行对中小企业的还贷能力心存顾虑。

3. 信用状况不佳

银行等金融机构给企业发放贷款就是一场交易，一切交易都是以信用为基础。中小企业自身的信用状况得不到银行的信任，也缺乏相应的信用意识，是其得不到银行贷款的阻碍之一。市场上缺乏对中小企业的信用评级机制，导致银行等传统金融机构无法对中小企业的信用等级有清晰的认识或是要调查中小企业的还贷能力需要花费较大的成本。在这种情况下，银行等金融机构对中小企业的借款通常持谨慎态度。

4. 财务风险大

中小企业的公司结构不合理，财务管理方面的观念落后，财务报表的真实性、合理性存疑。当面临资金短缺时，中小企业不能像大型企业一样有广大的资金来源来重新恢复资金链，从而可能会导致中小企业的资金链断裂。发展的不稳定性与较大的风险也是金融机构考虑的一个因素，并且较差的财务管理水平导致了信息披露水平的低下，形成了信息不对称问题。正因如此，比起中小企业申请的小额贷款，银行等金融机构宁愿将大额的资金放贷给大型企业，以降低自身承受的风险。

5. 企业经营短期化，内源融资渠道受阻碍

内源融资即企业内部通融的资金，是中小型企业融资的一种非常重要的方式，主要指的是企业将自己经营活动过程中产生的资金，转化为对自身的融资，用以弥补企业在生产经营活动中产生的资金缺口的过程。由于内源性融资主要由折旧和留存收益组成，企业的资产状况、利润水平等共同决定了企业的内源性融资的能力。我国大部分中小型企业生产经营规模相对较小，人员流动速度较快，大部分中小型企业无法向自己的员工提供较高的薪酬和丰厚的福利，并且，中小企业往往没有像大企业那样完整的管理体系，对个人能力的依赖性更大。此外，大部分中小型企业往往不注重对企业文化的建设，这使得员工对企业的认同度不高，对自己的工作没有责任心，几乎对企业没有感情。同时，中小型企业较之于大型企业，往往缺乏稳定性，人才在中小型企业既没有很明朗的发展前景，又面临着企业可能随时倒闭的危险，这就使得中小型企业难以吸引并留住人才，最后导致企业内部运营状况逐渐向恶性发展。缺少高素质的决策层人才，并且

缺少科学的可行性分析，仅依据其经验甚至是一时冲动进行决策，很难形成一种良好的决策机制；缺少高素质的技术人员，就会导致产品结构不合理、质量参差不齐、产品科学技术含量低，并且不注重对新市场的开拓；缺少高素质的财务管理人才，很难建立起合理的财务和管理体系；缺乏严密的资金使用计划，会导致资金利用率低，经营状况日益恶化。这些都会使得内源融资变得更加艰难。

第二节　吉林省 PPP 模式推进对民间投资活力的制约分析

PPP 项目是政府与民间资本合作项目，是民间资本投资渠道之一，也是激发民间投资活力举措的重要组成部分。然而部分企业反映，民营企业在参与 PPP 项目上处于弱势地位，地方政府对于民营企业合作缺乏动力，认为有风险。同时很多条款太严格、不合理，央企与民企争利严重，地方政府提供的 PPP 项目信息不充分，多把 PPP 当成融资模式，而不在管理运营机制建设方面下功夫。在招标方式上，政府的随意性选择，给民营企业带来很大困难。发改委的流程和财政厅的流程在很多方面有冲突，民营企业按照两套流程走，成本很高。

一　政府部门内部职能混淆

在现阶段吉林省城市的基础建设和运行过程中，因为公共产品的特征，社会资本无法有效地融入。在整个项目中，政府部门具有三种不同的身份：投资者、监管者以及运营者，这种多重身份会出现职能混淆的问题，影响社会公共事业的展开。

公私合营模式是维持政府与私营企业的合作方式之一，政府与私营企业形成合同关系。在这一过程中，政府成了决策者、执法者。在公私合作模式中，参与者之间拥有了双重的合作关系，政府在一定程度上选择私营企业作为合作伙伴，私营企业的地位比较低。在早期的公私合作模式中，政府与私营企业容易达成一致并签订协议，但是在签订协议之前，没有提前进行预测，过程中存在的风险会增加。因此，当政府职能发生变化时，公私合营模式在一定程度上不利于项目的成功实施。

二　PPP 存在信用风险（政府、社会）

在我国，PPP 模式是政府与社会资本、政府与私营企业签订合同后，形成"风险共担、利益共享"的合作机制，此机制强调以相互信任为基础、在项目期间内平等的合作。因此业界人士把 PPP 模式比作马拉松——一项长期的工作。在一个 PPP 项目中，政府是否具有契约精神，这一点非常重要，如果政府可以在期限内保证质量地去履行，这对项目的成功起着重大的作用。

城市基础设施的特许经营项目投资资金数量大，利润低，回报方式比较单一、回报期长，企业的大部分投资回报资金都来自政府财政支付，一旦支付产生问题，企业就会陷入如资金链断裂的危机。PPP 模式是市场运作方式的一种，这种模式引进了社会资本，但是政府的作用依旧是庞大的。从社会资本角度来看，在与政府的合作中，企业依旧不能摆脱弱势的地位，很难保障与经营相关的权力。尤其是主张企业承担责任和义务的政府人员，他们用政治需要、行政命令代替发展规律、经济合同，违背了社会发展的市场规律，很难根据市场经济规律做出决策。

在近年的 PPP 案例中，吉林省存在政府没有按合同规定履行相应承诺的情况，企业因此不愿意参与此类项目，此类项目可能会对其造成严重的经济损失，还可能发生项目中止的情况，比如，在某省的一项以 BOT 方式收费的高速公路项目中，在项目开始前政府承诺要以限制竞争方式运营，但是不久之后，两条额外的收费型高速公路修建完成，使之前的高速公路的车流量减少了近一半，此投资方要求赔偿，但是政府拒付，否认曾许下的承诺，并陷入了僵持局面，对项目的运营和维护也产生了影响。政府单方面的改变，会改变另一方所承担的风险。还有一些项目缺乏前期的论证工作，如一些地方政府为了降低自身的负债在基础设施和公共领域推行 PPP，但政府并没有将项目需要的资金纳入中长期财政规划，并且缺乏前期的论证工作，甚至出现假的"PPP 项目"。

在吉林省，一些社会资本喜欢投资期限短、利润高的项目。在经济转轨过程中，资本市场、房地产市场或自然垄断行业的投资期限短、利润高，产生了巨大的财富效应，吸引了很多社会资本。因此多数社会资本都投资于期限短、利润高、风险低的项目，即使在基础设施领域的投资，也更加愿意采用 BOT 或者特许经营的方式进行，不愿意承担建设或经营风险。一些社会资本以低价中标，中标之后再以各种理由提高价格，并以拖延工期或者退出来威胁。这类项目所涉及的公共产品不能正常提供，地方政府无法承担这些损失，因此会处于被动地位，这也是 PPP 模式不能得到广泛运用的原因之一。

三　政府法律意识淡薄

依据吉林省 PPP 项目情况，社会资本缺乏关于城市基础设施投资的法律法规，其权益和利益无法得到保障。我国没有关于 PPP 模式的具体法律条文，因此还存在股权转让与特许经营管理条例之间的矛盾。而且，法律与政策法规、中央政府政策法规和地方政府法规之间缺乏一致性，这会对社会资本的参与产生制约。

PPP 模式供给服务经过了几十年的发展，但是仍没有相关的法律。在吉林省公私合作制缺少相关实用的法律法规情况下，合作过程中可能会出现政府取消扶持政策或私人部门单方面撤资的情况，我国 PPP 模式中有不少这样的例子。PPP 模式需要公共部门、私人合作者、利益相关者三者的良性互动才能取得成功，而良性互动需要相关法律法规的制约与保护。法律法规存在漏洞会导致诸如权利滥用、职责不清等损害私人部门权益和利益的事件发生，从而使公私合作制很难顺利地进行下去。

四　政府与市场边界不清

PPP 模式指政府将市场机制引入公共物品领域，与私人部门在公共基础设施建设中建立合作关系。政府从原先的直接提供者变为参与者和监督者，私人部门则负责项目的设计建设等方面的工作，让市场决定，不随意干预市场运行。因此，在 PPP 模式下，吉林省政府要树立市场理念，与私人部门明确不同阶段各自的权利与义务，按照合同执行相关约定。但是，在吉林省运行 PPP 项目的过程中，地方政府出现超过作为契约方的合同约定，并自行决定某些事项的"越位"现象。例如，在一些拥有营利性并且具有稳定的现金流的基础设施建设的合作中，政府没有依照合同条款，而是在过程中利用各个环节的行政权力对 PPP 项目进行过度的干预，扭曲了市场在资源配置中的作用。

我们观察有关数据，发现了公私合营模式项目操作过程的两个问题。第一，私营企业的综合实力方面所存在的问题，政府应该在引入相关市场机制时，考虑企业的综合实力和其他多个方面，如果出现问题，则要考虑是否进行合作。第二，缺乏对自身承受能力的考虑，会对公用事业发展产生不利的影响，还会影响自然环境。

五　PPP 项目审批和退出机制不健全

PPP 项目的设立要经过烦琐且长时间的许可和审批过程，并且还涉及不同层级的多个政府部门，投资者需要和这些相关政府部门进行交涉、谈判。而各个政府都有不同的审批要求，因此社会资本想要获取 PPP 项目的审批很可能会花很长一段时间和精力，会对项目的运行产生阻碍，不能实现项目中想要的高速运行。

设立 PPP 项目要经过复杂的审批过程，而且其所需的时间不短。各政府部门都有各自的审批规定，所以社会资本需要一定的时间和精力来进行项目的审批，这阻碍项目的运行，影响项目运行效率。财政部发布了《关于规范政府和社会资本合作合同管理工作的通知》，该通知提出："地方各级财政部门与同行业主管部门共同设立合同，重点关注项目的功能和绩效条件、付款和调整机制、争议解决程序、退出安排等关键环节，自主地明确合同内容。"此条款坚定地主张了合同中要存在灵活性，并要求"制定期限变更（展期和提前终止）、内容变更（产出标准调整、价格调整等）、主体变更（合同转让）的灵活调整机制，为合同期限在 20~30 年的合同执行期预留调整和变更的余地"。中央、国务院下属的各部和各委员会的 PPP 机制应有内容中包含了社会资本方的退出机制，是 PPP 合同的重要组成部分。

在吉林省，PPP 项目不仅退出要经过严格的审批过程，花费的时间长，相关的制度不完善，并且退出平台会受到不同因素的影响，对发展产生不利的影响，降低发展速度，很难满足社会投资者的要求，对 PPP 项目参与者合理的资源配置和可持续发展产生不利影响。

企业反映，现在还缺少当合同未到期时所需要的合理退出机制。政府对项目公司在变更股权时，会有一定的限制，退出的审批过程比较严格，而且所要花费的时间长。基础设施和公用事业领域发生经营不善等事项时，所产生的风险大，政府保障的相关机制不太完整，民资企业不敢进入。

六　社会资本融资困难

从 PPP 项目的现状中可以看出，多数民营资本是不愿意参加此类项目的，项目中的社会资本大多是国有企业投资的，其原因有以下几种。首先，PPP 项目的投资金额大、周期较长，国有企业资本较多，有能力承担较大的风险，民营资本因为资金有限，所以很少会参与。其次，和其他的投资主体相比，民营企业在制度方面可能会有不足，比如融资渠道狭窄、规模较小等，因此在基础设施建设中，会处于劣势，民营企业的融资比较困难，会打击民营资本对基础设施和公共事业进行投资的积极性。再次，PPP 项目的盈利较少，而资本的存在就是为了实现自我增值，因此会偏向于盈利多的项目。PPP 项目的前期需要巨额的投资，相对收益比较低，很难吸引民营资本。最后，地方政府重视资本的进入，而对退出社会资本方面，其机制存在不足，没有充分利用资产证券化方式，民营资本很难在需要时退出，因此，民营资本的响应积极性较低。

私人部门因为自身的资金有限，很难独自满足 PPP 项目所需要的投资资金，因此会需要通过各种渠道来筹集资金以满足 PPP 项目的资金需求。金融体系不够完备，能够得到的保障较少，吉林省 PPP 项目在融资方面缺少多样性，融资管控较严，融资限制较多，私人部门的大部分融资都来自银行。

同时，和国有企业相比，私人企业想要向银行贷款，会有更高的条件和更多的限制，很难获得和国有企业一样的待遇，能够得到的融资很少，付出的成本反而更高。私人企业在融资信用担保方面非常被动，又因为私人资本的信用担保机构实力不足，因此很难获得贷款方面的担保。私人企业在资本市场中获得融资也有着许多困难之处，在类似于发行股票等方面，对私人部门的限制可能更多，很难通过这种方法来获得项目的融资。

吉林省的基础设施和公共服务领域的特点是投资规模大，所花费的时间长，因此 PPP 项目所需要的中长期融资较多，而金融机构在利率市场化的背景下，想要避免中长期投资所带来的风险，其对中长期投资的关注度并不高，且时间越长其所要承担的风险就越大，因此不想对 PPP 项目进行长期的融资，项目的融资问题就更加地突出。

七　定价和收益机制不完善

吉林省某些 PPP 项目的运营期远小于国际标准，且政府付费的方式增加了项目成本和政府的财政负担，违背了 PPP 模式的初衷；同时价格和投资报酬率难以确定，政府无法均衡公众期望和吸引投资，最终导致项目的失败。首先，多数基础设施的定价细则机制还不完善，公共服务领域也是如此；而在付费基础方面，经营性、非经营性 PPP 项目区别比较大，因此要建立和设定不同的付费模式所对应的付费机制以及投资回报率。其次，缺乏合理的价格调整机制。

吉林省的市场环境波动可能会因为 PPP 项目周期长造成项目成本和收益的波动，对于想要平稳收益的社会资本来说，PPP 项目利益的不确定性，令他们感到恐惧。此外，风险和分担机制都存在不合理的地方。一方面是因为 PPP 项目从设立到实施，会面临很多不确定性因素。另一方面是因为我国还未形成完备的风险共担机制。

八　PPP 项目监管机制不健全

政府和社会资本是 PPP 项目的主要投资主体，私人资本是社会资本的资金主要来源。私人资本主要是为了营利而存在，因此在运营时，更多的会关注自身的利益，比如降低成本、投资额等，不会关注社会效应。因此必须要建立完善的监督体系，这对公共产品市场化运营、PPP 项目的发展非常重要。而公共产品所具有的特点，难以完全依靠市场来运作，主要还是由政府的相关部门来负责，因此相对于其他项目，PPP 项目可能会在政策层面、行政管制方面受到的影响更大。同时，在项目的运行中，受政府政策和项目周期长的影响，一旦决策者对项目进行一些变动，可能会造成不可预计的政策风险，会对项目的运营和私人企业产生不利的影响，甚至可能会带来损失，政府也会因为项目的改变而做出赔偿。可以看出，在吉林省 PPP 项目的设立和运营中，监督和协调是十分必要的。如果没有完善的监督或者监管体系，对私营投资者的监管不会有理想的结果。现阶段，吉林省的 PPP 项目监管体系方面还不是很成熟，规制能力也有待提高。

在吉林省 PPP 模式的应用过程中，政府不仅是主体，也是一名监管者，在经济迅速发展的今天，市场的监管不严，厂商所提供的公共服务质量也不相同。政府在监管方面的实际效果不强，在公共服务过程中或使用公共设施时，会出现一些乱收费的现象，这不仅损害吉林省人民的利益和权益，还对PPP模式产生了不良的影响，可能扭曲公众对PPP模式的认知，不利于PPP模式的健康发展。

九　PPP缺乏合理的风险分担原则和机制

PPP项目和其他的一般项目相似，都会存在系统性风险和临时性风险，而在吉林省，这种风险性会比其他省份相对来说更加复杂。PPP项目风险预测的难度可能会因为一些因素变化而增加，比如政策法规的调整等。吉林省在开展PPP项目之前，没有对风险进行充分的认识，并且风险管理的经验较少，相关的责任没有划分清楚，很容易将PPP项目逼入死角。

PPP项目的成功取决于风险的预测、管理以及风险分担机制。一些因素的变化，比如经济结构的调整会使预测变得更加困难。中国在PPP模式应用方面还不太成熟，还有许多缺点存在，其中，最为突出的是风险预测及其管理的部分，比如，政府对风险的认识比较少，风险管理的经验少，合同中存在的责任划分不太清晰等，这些都会使PPP项目陷入难处。而在风险分担方面，政府倾向于在给予私人投资者相应权利的同时把自己所要承担的责任也转嫁给投资者，而这种风险不均匀会使投资者的风险增加，最终也会导致项目的相应成本增加。

PPP项目所要花费的时间比较长，项目的利益相关者数量庞大，其各方的关系也非常复杂，在项目实施的全过程中都存在风险，又因为风险数据和实践研究资料都很少，因此很难将潜在的风险全部辨认出来，这会使项目出现难以忽略的缺陷。吉林省还没有形成成熟的PPP项目操作系统，也没有建立有效的风险共担机制，因此合作的公私双方很难利用自己的长处，最终可能会带来项目的失败。而且，因共担机制的缺乏，地方政府为提高业绩或者吸引资金，会做出超出限度的承诺，或者出现相反的情况，如政府利用各种手段来达成协议，签订PPP合同，之后利用其优势，将风险和责任等负面影响全部转嫁给相关企业，让社会资本代替政府承担风险，为社会资本带来不良影响。

在PPP模式高速发展和快速推广的今天，和PPP项目管理相关的法律却跟不上PPP模式的发展，呈现了滞后的状态。比如，政府与社会资本方的权利义务边界就缺乏一种科学的界定。

此外，PPP 项目的合同运作成功往往取决于 PPP 项目合同中规定的风险分担结构。应吉林省经济发展的需要，政府会关注吸引外资来抽检公私合作项目，却忽略了立项时项目合同中所包含的风险分担问题。一个 PPP 项目能够成功地获得私人投资，是因为双方未来可以拿到的收益是非常可观的，而其收益的数量则取决于风险分担的合理性。政府以及相关投资主体在订立合同时更多地重视风险分担问题才能更好地运行 PPP 项目，使 PPP 合同距成功更进一步。政府为了经济发展会把公私合作作为核心工作来完成，因此很容易忽视公私合营中所包含的风险，这也是为什么会存在许多公私合营失败的案例。在公私合营模式中，分担风险起着非常重要的作用，一个好项目会吸引投资者是因为其能够为公私双方带来可观的利益，而利益的量是由对应的风险来决定的。

一般的 PPP 项目投资量较大，会花费 15 年以上的时间，所以想要让项目成功，则需要预测项目风险，并建立合理的风险分担机制。但是在建立风险分担机制时，很难满足既合理又能够被合同双方接受这两个条件。而政府在风险分担方面倾向于把原属于自己的责任，在给予投资方权利时转移给投资方，不会承担原本要承担的责任，按这种方式分担风险，会增加投资者风险。

PPP 项目中暗含的风险包括政策、技术、财务等方面。政府部门和私营企业的出发点不一样，政府部门偏向于公益方面是为了维护公共利益，而私营企业则偏向于经济利益，是为了获取投资回报。因此，在 PPP 项目合同中，权利与责任应相对应，建立起合理的风险分担机制，尽可能合理地去分担风险，使政府部门和私营企业所承担的风险不会产生失衡。一旦一方承担的风险较多另一方承担的风险较少，便很有可能导致项目失败。一般来说，政府部门要承担法律、整治等方面的风险，而私人部门则要承担财务、运营等方面的风险。

十　PPP 形成新一轮的政府负债

2015 年 6 月 15 日，任职财政部部长的楼继伟同志在《北大商业评论》上发表了一篇文章，标题为《中国的总体债务规模可控》。楼继伟同志主张中国是可以控制总体债务规模的。按最宽口径估算，2014 年底中国的整体债务占 GDP 的比率，即债务率低于 40%，相对于其他国家来说是比较低的。地方债比国家债要多，国债大约是 10 万亿元，地方债在审计后预测是 12 万亿元到 13 万亿元。

没有经过国务院的批准，地方债是不能发放的，经批准后可以发放的额度也只有 1 万亿元。但是，地方融资平台的债务是以企业债方式存在的，地方政府有责任去偿还债务。为了强化地方债务的管理，加快国民经济的可持续发展，按照党的十八大和十八届三中全会的精神，国务院发表了加强地方政府性债务管理的意见。在建立规范的地方政府举债融资机制方面，提出赋予地方政府依法适度举债的权限、建立规范的地方政府举债融资机制、推广使用政府与社会资本合作模式、加强政府或有债务监管四项内容。对地方政府债务要进行规模控制，要限定地方政府举债程序和资金用途，把地方政府债务分类纳入全口径预算管理的三个方面。

当前，地方政府的债务压力大，而且在大规模的基础设施建设中所需要的资金缺口大。发改委和财政部发布并推广 PPP 模式的相关政策，地方政府把 PPP 模式作为一种新的融资方式，也当作一种减压的方式。在这样的观念下，一些地区并没有考虑收益与风险是否匹配等问题就推出了 PPP 模式，带有一定的盲目性。有的地方政府会许诺高额的收益或报酬、补贴，项目在外看来是一种社会资本，而其实质是一种债务，有的地方政府甚至会采取"兜底"政策，这会产生新的负债。

PPP 项目的准备时间长，进程慢，不能够很好地满足政府的融资需求，同时吉林省政府投资敏感性较强，只把 PPP 模式当作争取资金的机会，并没有真正地利用该模式的本质，因此，盲目地选择 PPP 模式进行建设投资，有可能会给地方政府带来巨大的债务危机。

十一 PPP 专门机构和人才匮乏

近年来，吉林省的经济发展速度很快，PPP 项目的数量以及规模都有明显的增加和扩大，但是在市场中，拥有相关 PPP 的知识以及实际操作经验的人比较少，项目人才方面的需求和供给不均衡，这会对实际操作过程产生不利的影响，有些项目可能会因为没有专业咨询人员的指导，在操作过程中产生不规范的问题。在 PPP 模式中，政府、社会资本、中介机构都需要人才，如果没有专业人才对项目的建设进行管理，这会对项目质量和后期经营产生不好的影响。

在 PPP 模式下，政府与民间资本拥有者为经济合作双方，在合作过程中需要专业人员针对合作项目落实融资、项目管理、经济发展等各项事宜，结合实际需求，规划 PPP 模式的应用规范，协调政府与民间资本拥有者的权利与义务，提升 PPP 模式的应用成效。然而，随着经济建设快速稳步的发展，相关优质专业人才越发紧缺，PPP 模式无法适应新常态下经济发展的需求。

PPP 模式的运作利用项目特许经营权来实现融资目的，因此 PPP 模式的运作需要不同种类、不同方面的理论基础，政府需要制定具有科学化和标准化特点的 PPP 交易流程。此外，针对 PPP 项目的实行情况有针对性地制定保障政策也是非常重要的。一些地方政府还未了解国家规定的相关 PPP 奖金和扶持政策，就大面积推广并进行招标。这就使一些有着侥幸心理的人浑水摸鱼，引入管理经验不足、职业素质不高、专业能力低下的合作者，导致项目的盈利能力下降，甚至项目失败。此外，还有个别的政府部门为了享受国家颁布的奖金或者扶持政策，会不管招标标准，胡乱选招合作者。对于资不抵债的社会资本，政府会以"明股实债"的方式利用其进行融资，这会对融资环境造成不良的影响，使相关部门很难有效地采取监管措施。

第四章　吉林省民间投资者的
投资潜能研究

　　21 世纪以来，吉林省的民间投资已然成为推进全省经济和社会发展的重要力量。近年来民间投资有了迅猛的发展，民间投资者的力量变得更加强大，其投资的比例占全社会资本投资额的比重已超过七成，并且呈现逐年递增的趋势，只是进入 2017 年后出现小幅下滑。因此，深入探讨吉林省民间投资者潜能的相关问题变得更加重要。为探寻吉林省民间投资的潜能和民间投资的未来发展方向，本章将明确民间投资和投资潜能的概念以及当前吉林省民间投资的情况，运用文献资料查阅法对国内和省内民间投资现状进行分析探究，运用问卷调查法对吉林省居民的投资偏好进行调研，并结合各项国家政策和方针得出吉林省民间投资者的投资潜能较大的结论。这代表着在可预见的几年里，吉林省民间投资依然会以高昂的姿态向前发展，继续带领全省经济达到下一个高峰。

第一节　民间投资与投资潜能的界定

一　民间投资与民间投资者

　　投资是指特定的经济主体为了在未来可预见的时期内获得收益或是资金的增值，在一定时期内向一定领域投放足够数额的资金或实物的货币等价物的经济行为。在经济学领域中，对民间投资的范围划分并未有明确清晰的界限，但民间投资作为一种重要的投资类型是客观存在且必不可少的。

　　理论方面我国普遍通过划分投资主体来界定民间投资。即民间投资是民营经济所涵盖的各类主体的投资，具体包括个体投资、私营企业投资、私有资本控股的股份制企业投资以及集体企业投资。其中个体投资包括居民个人的生产性投资、住宅投资和城乡个体工商户经营性投资。① 民间投资的概念是对投资主体的一种分类，这种以经济来源或者投资主体来划分概念，特别符合我国的国情。

如果从宏观经济的角度出发，与政府投资相对的投资可称为民间投资，也可称为非政府性投资，即除政府投资之外的投资，均属于民间投资。就我国的经济情况而言，政府投资基本等同于我们所说的国有经济投资，而国有经济投资包括国有控股经济投资和国有独资经济投资两个模块；又因为我们集中研究的是内地的经济市场，即可以不考虑国外投资和港澳台投资，那么这样一来，本书研究的民间投资就变成了除国有控股经济和国有独资经济之外的所有投资。民间资本不同于国有经济和其他公有制经济资本，国家的经济政策对于民间资本更多的是一种引导和调节，不像作为中国经济的主导经济——国有经济和作为主体经济的公有制经济的资本那样，受国家宏观调控的影响较大，政策偏斜度大。民间资本更多地反映一个地区市场需求的变化方向和民众投资意愿等。举例来说，近年来的第三产业，尤其是旅游业发展迅速，所以民间投资会更多地倾向于投资旅游产业及其相关周边产业，而一系列的数据也的确反映了这一现象。所以合理地利用和疏导民间投资的方向越来越重要。

民间投资者既是民间投资的具体决策者，也是实施者。民间投资是一个宏观上的概念，而民间投资者是具体的人，他们大多数是作为个体私营经济所有者、集体经济所有者和个体投资者来参与对社会的投资。简单地说，拥有决定民间资本投资方向的投资者都可以作为民间投资者。

本章主要将民间投资分为非政府性企业投资和居民个体投资两部分。从这两个角度出发分析吉林省民间投资者的投资潜能。

二　投资潜能

投资潜能可以看作一种考察投资项目盈利能力的指标，它代表着这个投资项目未来的盈利能力。投资潜能高就表示该项投资项目未来盈利能力可观，反之，则说明未来盈利能力低。

---

① 杨舒雯：《加快转型背景下我国地方政府投融资困境分析及对策研究》，贵州大学，硕士学位论文，2015。

第二节　吉林省民间投资者投资潜能的分析

在对吉林省民间投资者潜能进行分析时，我们从影响投资者投资潜能的因素和投资主体两方面进行分析，具体从内部潜能、外部潜能、非政府性企业投资者和居民个体投资者四个维度展开。

一　投资主体内部潜能分析

作为民间投资者本身，其潜能具体表现为可投资的额度以及投资者自身的投资喜好。从近些年的数据尤其是民间投资发展的增速可以大致推测出吉林省民间投资者的投资资金可继续发掘的空间还很大。如 2016 年，吉林省民间投资占社会总投资额的比重达 74%，其增速依旧保持在 10%的较高水平上。

另外，吉林省民间投资者的投资方向越来越集中在第三产业，在传统的第一、第二产业中，民间投资的发展情况一般。由此可见，在未来数年的发展中，第三产业的民间投资应该还会继续扩大，第三产业对吉林省民间资本的利用会更为重要。

二　外部因素对投资者潜能促进分析

外部因素的影响可以主要看作是政策对吉林省民间投资发展的影响和产业发展规模和方向对吉林省民间投资的影响。

在政府扶持民间投资的政策方面，首先是政府对民间资本的产业审批政策放宽。具体表现为，2016 年，政府对参与社会投资的一般性产业项目审批时间从 260 天降为 130 天，日均新生成企业 200 多户。2016 年上半年，吉林省民营经济和个体工商户的数量均增长超 8%。[1] 其次是对民间资本投入的产业放宽准入限制，并予以大力扶持。近年来，政府极大地利用民间资本来带动经济发展，民间资本除了在农业种植和汽车制造等传统领域中占有一定的比例，在新兴产业中所占的投资比例也较高，如医药产业、教育产业和旅游产业等，成为带动吉林省地区经济发展和产业转型的重要力量。吉林省政府将进一步充分利用民间资本的力量，以更大的规模扶持民

---

① 冯志国：《制约吉林省民间投资的主要因素及对策分析》，吉林省教育学院出版社，2016。

间产业。因此在未来吉林省的经济发展和产业转型上，民间资本仍会起到关键的作用，民间投资者在政府所大力倡导的产业方面中的投资潜能依旧巨大，值得进一步地开发利用。

在产业发展和规模方面，在传统的汽车制造产业、化工产业和农业种植产业中，民间资本虽然对这些产业完成经济转型起到了很大的作用，但是在这些传统产业上民间资本所占的比例并不是很高，而且这些产业的发展空间也变得更小，在这些产业上，民间投资者的投资潜能不会有太大的利用空间。但是在新兴的服务类行业当中，民间资本的力量可以说起到了至关重要的作用，而且在近年来的投资规模和资本所占的比重上，民间资本持续地扩大。因此，在新兴产业方面，民间投资者的投资潜能巨大，值得进一步开发利用。

在吉林省各地区经济发展方面，长春地区作为全省的经济中心，其经济规模最为巨大，因此民间投资的规模在长春地区仍旧巨大。而在靠近边境的延边地区，民间投资应以更大的规模融入各个产业，成为推动和扩大延边地区经济发展的重要力量。

三　吉林省非政府性企业投资者的投资潜能分析

1. 政府层面分析

随着国家供给侧结构性改革的推进，吉林省在 2015 年为自己定下了完成习近平总书记提出的"三去一降一补"的目标。其中"三去"即去产能、去库存、去杠杆，"一降"即降成本，"一补"则是补短板。吉林省于 2016 年末完美地实现了目标，且降低企业成本这一任务完成得非常成功，同期颁布了近 60 项相关优惠政策以减轻企业负担，补齐民营企业经营中的短板。这些政策一经实施效果非常好，吉林省民营经济的主营业务收入增长了 8.3 个百分点，个体工商户和私营企业户分别增长了 8.7 个百分点和 11.3 个百分点。

2017 年吉林省经济发展的目标是地方级财政收入增长 3 个百分点，地区总产值增长 7 个百分点，民间投资额增长 8 个百分点，城乡居民人均可支配收入与省内经济同步增长等，同时还要新增 4 个国家新型城镇化试点、3 个省级示范特色城镇等。[①] 相继推出的优惠政策大力地推动了吉林省的经济

---

① 许春燕、潘福林：《吉林省民间投资的现状及政策选择》，《工业技术经济》2004 年第 1 期。

发展，其中就包含推动了吉林省民间投资的发展进程，为未来吉林省的民间投资发展铺路。

2. 发展模式分析

吉林省正将项目的招商工作作为稳定吉林省经济和推进吉林省经济结构升级和转型的关键，民间投资正呈现一片发展前景大好的状态，并且处于拉动经济运行稳中向好的态势中。吉林省从县到市逐步贯彻多招商、早落实、快建设、多跟进的发展方针，许多县领导和市领导不是在宣传鼓励民间投资活动，帮助解决相关问题，就是在招商引资的道路上。例如长春市农安经济开发区，一个装备制造产业园正在紧锣密鼓地建设中，该装备制造产业园占地近 10 万平方米，已然成为当地因招商成功而带动民间投资增长的典型案例。

全面贯彻推进民间投资发展的思想步入 2017 年之后，吉林省关于推进民营企业发展的企业座谈会已经召开了近 10 场，近 500 多家民营企业参与到会并发表意见。这些大会梳理出了许多限制吉林省民营企业发展的因素，并结合当前的国家政策提出了许多可行的方针。例如立志创造一个公平的经济环境，构建一个"清""亲"的政商关系。越来越多的投资者和政府机关部门领导意识到，没有民间投资就没有吉林省经济的明天。因此，民营企业连同政府大力治理相关官员"不作为、瞎作为、作为慢"等问题，并针对这些问题出台相关管理办法，重点整治，力求为民营企业营造一个公平和谐的发展环境。除此之外，民营企业同政府在提升服务管理方面达成了共识，在服务方面"做加法"，在管理控制方面"做减法"。不断深化"放管服"改革，推行政府服务"一门式、一张网"综合改革，审批的等待时限在原来已经缩短一半的基础上再压缩 20%。组建全省投资项目在线审批监管平台，旨在与国家平台进行对接，意在提升民营企业的满意度。

在培育新的民间投资经济增长点方面，以吉林省经济占比 40% 的汽车产业为例，吉林省为在推进一汽的发展中寻求吉林省经济的全新增长点，构建了一种以民营企业为主体的汽车零部件生产配套体系。除汽车行业之外，振兴发展的橄榄枝还伸到了服务业、旅游业和新能源业等前景一片大好的行业，为推进吉林省民间投资发展创造了新机遇、新节点与新动力。

2019 年，吉林省投入技术改革的资金已达 1679 亿元，占工业投资的

54.7%；建成规模为 19 亿元的中小企业和民营企业发展基金，吸引并领导民间投资 770 亿元。

四　吉林省居民个体投资者的投资潜能分析

分析吉林省居民个体投资者的投资潜能的第一步是要调查吉林省居民个体投资者的投资偏好。因此本书采用了问卷调查的方式，首先定位坐标，选择吉林省长春市人口密集的繁华路段；其次定位被调查对象，大多数人一般到 25 岁之后才能有自己的资金储备，并开始思考自己财富的规划，因此选择年龄在 25 岁以上的居民作为调查对象。2018 年 3 月 5 日至 8 日每日的 13 点至 15 点，我们用了 3 天的时间在吉林省长春市重庆路万达附近向特定人群发放调查问卷与他们交流对吉林省居民投资的看法，并汇总所有的调查问卷，总结所获取的信息。

通过问卷调查的方式，本书得到了如下信息。被调查者全都进行着银行存款储蓄这项稳定的投资，但对这项投资的满意度极低，并不能满足他们对个人理财的需要。其中 80% 的被调查者同时进行着除银行存款储蓄之外的多项投资活动，以寻求更高的投资回报。例如同时购买了少额的股票和基金或者同时投资固定资产和购买商业保险等。调查显示，未来居民看好的投资行业排名首位的是商业保险，得票率高达 31.2%，紧随其后的是投资固定资产，得票率为 24.4%，然后是股票投资，得票率为 21.2%。另外，有 20% 的人希望市场能出现新的民间投资项目。大多数居民对新型投资方式的期待有如下几点：一是希望投资风险相对较小，二是希望投资收益较大，三是希望投资资金灵活性更强。调查结果还显示有高达 95% 的被调查者表示，如果有合适的投资项目他们愿意拿出自己的储蓄参与到民间投资中来。

此次问卷调查反映出吉林省居民个体投资者的巨大投资潜力。当前，吉林省居民投资情况为居民有大量闲置的资金，正在找寻合适的投资渠道进行民间投资，因此未来吉林省居民个体投资形势一片大好。吉林省的居民个体投资市场不仅没有进入饱和状态，恰恰相反，只要在政府和社会积极的配合下，吉林省民间投资很可能因居民个体投资者的投资活动迎来下一个增长点。

第五章　激发吉林省民间投资发展活力的制度安排

吉林省应围绕民间投资市场的准入、审批、收费、金融支持、投资保护及风险监管等方面，构建维护市场秩序、保障竞争公平、激发民间投资活力、促进实体经济发展的制度框架。实施配套政策，"多予、少取、放活"，强化政府信用约束，给予社会资本公平待遇，提高社会资本投资收益，发挥财政资金"四两拨千斤"的撬动作用。

一　完善民间投资准入制度，拓宽投资渠道

聚沙成塔，积点成面，吉林省力求全方位、多领域放宽民间投资准入标准。从农村经济振兴到城市建设规划，从土地使用规划到区域建筑群雄起，从企业合营联营到组织权力下放，组织农村发展特色农业，充分吸引民间投资，引导民间企业进入各个行业。

具体可以从以下两方面入手。一方面，从民企国企交叉合作、商品经贸流通、民间资本与社会基础设施建设接轨等方面切入；另一方面，详细落实具体措施，从教育、文化艺术、卫生医疗、体育等产业全面开发市场，提高民间资本流动性和市场参与度。

1. 鼓励民间资本参与政府项目

推动民营企业加入国有企业改革，打破民间资本与国有资本界限，在建设、运营、公共交通、基础设施等方面注入民营企业资金，增加民营资本控股比例，允许民营经济人参与国有企业的决策，互相合作、出谋划策，同时，广泛增加改革项目，着力发展民营经济，刺激民间投资，支持民间企业与国有企业建立合作平台与投资基金。

商贸流通是城乡、区域之间密切往来与交流的关键环节，对于该领域更要重点对待。结合新兴互联网科技，促进新型贸易流通渠道的建设与发

展；对相关企业和人员给予补贴、奖励等优惠支持；推动民间资本与国际接轨的进程，加强交流，紧跟国际步伐，扩大市场，加强国际化市场建设。

基础设施项目的建设仅仅靠国有企业是不够的，还必须注入民间资本这一活力源泉，加大民间资本投入基础设施建设的力度，鼓励私人资本、民营企业和政府合作，对政策制定要合理且完善；对于准经营性项目，如电力、石油、自来水、污水、高速公路、航运基础原料项目等，要制定合理、灵活的价格模式，既不过多挤压民营企业，也要避免因价格过低导致秩序失衡；对于私立教育、医疗设备、文化表演等竞争性公益项目要彰显政府的服务性、支持性作用，保证市场健康发展；广泛开展 PPP 模式，增加社会企业、民营企业对廉租住房及政策性住房等保障性住房的决策控制权。

2. 加大民间资本在各领域的投入力度

在教育领域提高民间投资占比份额，鼓励教育装备企业建立发展，支持吉林省民办投资学校建设，提高投资人的积极性。按《中华人民共和国民办教育促进法》等相关法律条款制定相应的办法措施，降低企业用地成本和缴税负担。对民办公办学校一律平等，缩小地区分布差异。增强民营企业信心，使民办学校知晓更多的政府政策，促进非营利性民办学校的制度化、合理化，同时保证营利性民办学校的创新化、质量化，完善教育方面的民间资本注入方式。

在文化领域提高民间投资人的参与意识，以思想促行动，以民营经济促本家文化，以文化交流促经济互通。创新开展多种文化合作方式，举办不同文化艺术展览和文艺演出，大力宣传，促进民间投资，鼓励民营企业参与国有文化艺术的改革，发扬民间传统艺术，支持艺术家加入企业，思想碰撞，理念升级，打造多功能艺术文化馆，面向基层，服务大众。

在卫生医疗领域创建面向民间投资的项目清单，积极吸纳民间资金，鼓励民间投资人增资扩股。将政府医疗资源与社会医疗资源整合起来，提升社会医疗资源地位，配备专业人员与专业服务，设定合理价格制度；建立方便快捷的医疗信息网，将数据信息系统化，精准定位社会办医机构，及时满足市场需求；加大政府支持力度，采用帮扶购买、价格补贴等措施支持医药卫生领域的民营企业发展，对社会药厂给予政策鼓励、资金支持和精神鼓舞，充分发挥民办医疗卫生机构的重大作用，激发民间资本的活力；鼓励民营企业参与公立医院改革重组，创新医师管理制度，促进非同级相互交流、非地区相互合作；创立独立医疗点，精确细化社会办医机构纳入医保定点；维护医师独立自主选择权。医疗卫生领域改革长路漫漫，需政府与社会共同坚持。

在体育领域持续激发民间投资活力，允许民营企业生产体育专业用品，举办体育赛事活动，打造"百花齐放"的多元体育发展浪潮，构建体育品牌，提高体育意识，发展体育规模，鼓励全民健身，支持社会资金流入，共同创建动力无限的体育环境。政府应鼓励民企参与行业建设，支持投融资建设体育休闲、健身等项目，支持丰富体育产业，简化用地使用手续，促进吉林省体育产业投资主体形成，加大金融机构创业专项借款支持力度，减少民营企业资金压力，鼓励吸收民间资本，建立体育俱乐部，提升吉林省体育水平。

在养老服务领域从体制建设入手，减少养老服务审批流程，支持民间养老服务项目发展，缓解社会压力，结合实情修订优惠补贴措施，降低民间投资准入门槛，培养标准化、专业化、服务化的民办养老机构。

放宽对民间金融机构和国际资金的审批限制，同时打开吉林省商贸金融的大门，积极寻求境外高质量投资合作，打开民间资本投资格局，扩大进口，减少税费。

3. 拓宽民间资本的融资渠道

扩大民间融资渠道，构建多元化市场要素，侧面解决民间投资融资障碍。建立商业银行、信用社等银行主体，解决金融机构数量少、类型单一等问题。允许多类型金融机构竞争发展，提高金融机构服务积极性。提高政府服务质量，放宽市场准入制度，密切监控市场变化，及时调整政府措施，确保每一步都落实到位，适时放宽村镇银行"一县一机构"的限制。

推动吉林省民间投资与第三方物流产业联合，进入国际贸易领域。积极引导民营企业"走出去"，了解海外市场的运行，建立长期合作关系。在省内建立相应产业投资基金与民营企业联合会，大力发展资本市场，扩大直接融资规模。与国内外股权机构开展广泛合作，解决民营企业资金问题。努力满足拟上市企业资金需求，推动其债权发行，提高股权融资便捷度。与互联网、大数据等平台结合建立信用评价体系，并以此为基础，结合现状，选择信用较好且符合借贷条件的行业重点培育，加大宣传力度，将政府决策通知到每个企业，带动企业与省外资金机构对接。以政府为平台，充分发挥制度优势，促进民营企业的发展，形成信贷融资投资新形态、新体系。

二 打造完善的融资监管体系，解决民企融资问题

打造完善的民间融资监管体系，使民间融资市场规范有序，这既有利于企业解决融资问题，也能保证民间融资机构能合理合法竞争，长久看来，进入产业市场和金融市场的民间资本都能快速地健康成长。

银行、股票市场和债券市场是企业外源融资的重要渠道，但对容纳大量民间资本的中小企业并不友好。中小企业获取银行等机构贷款资金的办理手续烦琐，办理周期长，严重影响企业正常运营，因此中小企业不得不选择便捷的资金获取方式。此外，中国是一个成文法国家，在没有明确的法律法规的情况下，或出于谨慎，限制了民间融资，或过于激进，造成种种金融乱象。因此，应将之前分散在民法、刑法以及银保监会、中央人民银行、公安部、工商总局等部门的文件整合归纳，出台专门针对民间融资的法律法规，并辅以相关条例，对民间融资的方方面面进行规范。民间企业融资监管体系的建设与完善，主要包括以下三个方面。

1. 关于民间融资监管主体的探究

民间企业数量多，资金流动性大，相比正规资金流通来说具有自己独特的优势，但上至政府法律，下至社会民生，都没有明确界定民间融资监管主体。同时，相关政策文件不完善，民间企业在全生命周期内被多次监管、重复监督，各行业职责不明、权责分离，市场环境混乱，打击了民营企业创业及经营的积极性。之前对民间融资的监管，很大一部分归属于银监会和保监会，而如今两家已经合并为银保监会，因此银保监会可设立专门管理中小企业民间融资机构的职能部门，与现有监管体系双规并行，相互促进，完善整个市场监管体系。

2. 关于民间融资监管对象的分析

民间融资种类较多、方法多样，并伴随着经济的发展不断创新、与时俱进，因此对民间融资监管对象加以区分、合理安排，迫在眉睫。而民间融资也有不合法、不合规的现象出现，如高利贷、网贷等都严重影响了私人和民营企业的各项决策，造成市场经济恶化。对此，政府应严加监督，

及时出手控制并严厉惩罚。除此之外，正常的民间金融资金流转确实是民营企业持续发展不可或缺的一部分，政府不应对此类型民间融资进行打击，相反要促进其制度化、系统化、阳光化发展，杜绝违规涉险行为。

3. 关于民间融资监管内容的概述

从民间融资的角度看，监管机构应对中小企业建立时的类型、规模、后续的发展方向，创立资金的来源，经营资金的来源，应纳税额的税率等方面给予监管与督查，并具体到相关法律条款，使中小企业有法可依，融资行为受法律约束、有法律保障。此外，对于融资过程中的风险也要密切关注，形成风险预警系统，建立系统的民间金融督查方式，并不断完善、扩大、细化。

三 设计合理的民间投资退出制度

我们把民间资本主体因不存在资格，对其债权债务关系进行清算的行为称为民间资本的退市。在很长一段时间里，一部分民间资本退市存在着操作步骤多、处理时间长、材料复杂等问题。我国民营资本退出市场的过程，主要存在的问题是民企退市的渠道不通畅，没有健全的激励约束机制及相关配套措施，这导致了企业退市成本较高。因此选择主动退市的企业较少，市场机制无法有效地发挥作用，同时也对现有资源的配置造成了影响。在如今的社会环境下，有些民间资本的退市方式并不正常，存在老板跑路、老板被判刑等情况，这样会造成国有资本和民间资本分别要承担对应的有限责任与无限责任。这种不良的退出方式将对交易的秩序产生严重的影响，债权人的权利得不到保障，国家的税收也将有所减少。

为解决这一问题，应该制定统一的退市制度。此外，在这统一的制度框架之下，还应完善相应的劳工安置商业保险、政策保险及政府扶持制度，以保障民间资本以及相关各方的利益，让市场交易秩序更加完善。

为了民间资本退市制度更加规范化，本书建议采取以下几个步骤。第一，遵循根本准则：市场化与法治化。民间资本退出不可以带入太多主观部分，也不能完全弃法不顾。第二，尊重和保障自主经营权。企业自主经营权体现在民间资本的主动性退出方面，因此，监管部门在裁量时要充分尊重和保障自主经营权，并且还要有效保护各方合法权益。民间资本退出会关系到许多方面的利益，监管部门要做到不偏不倚，综合考虑各方利益诉求和合法权益。

四　构建标准信用评级制度，改善投融资环境

建立政府、金融机构、专业评级机构等多层次信用评级网，为民间资本投资提供可靠依据。

首先，民间资本融资困难是民营企业发展的一个主要障碍，包括民营企业信用低下、自主性强等，这些障碍导致了银行无法获得真实可靠的信用评价，金融机构不敢贷，资金流不出去，市场经济发展缓慢。因此，构建民营企业信用评级机制将起到重要的中介作用，使服务金融机构与民营企业有据可依，银行放心，企业也安心。信用评价机构主要负责企业的信用评级工作，包括从接受委托、现场检查、调用相关资料、据实了解企业，到取得相关信息、进行分析讨论评审等。因此，机构首先要有一套公正完备的工作流程来规范整体，选择合适的体系和标准进行评级，且每一个阶段都要严肃认真对待。除获取企业内部的资料外，执行人员还要从外部环境评价企业，调查与企业有资金关系、密切往来的各个企业和机构，确保做出合理规范精确的信用评级结果。同时，还要对中小企业实施阶段性重复审批、不定期组织审批，确保信用评级结果准确可靠，为企业和金融机构提供有力支持，促进资金流动，减少因借贷资金问题引起的经济纠纷。

其次，对于信用评级的整个过程，我国信用评价行业整体公信力不强，企业银行等对其服务评价不高、核心优势不明显，因此评级结果必须从质量和时间上满足金融机构和中小企业的使用要求。质量方面要求工作流程要严谨、评价结果要准确；时间方面要求其结果的使用性、适用性、实用性要持续、持久，避免多次变更信用等级，影响金融机构判断力和中小企业融资进程。

最后，从基础来看，除了要有规范合理的制度，还要做好相关风险的防范工作，重点考虑人的因素。因此要求高素质、专业性人员执行企业信用审批，并定期对他们进行考核，审与评工作相分离，防止工作人员因个人因素导致结果不准确、有错误或发生职场上的受贿舞弊情形。要实行责任监督制度，出现问题时及时落实到个人，找出根源所在并及时解决。

信用评级对于民间投资的发展具有促进作用，能够保证民营企业向金融机构贷款时出具合理的评级结果，提高资金借贷成功率。金融机构应提

高对信用评价结果的信任度，对所有中小民营企业一视同仁，平等对待，逐步完善中小企业信用系统建设，促进民间融资的实施与发展。

五　通过创新信息披露制度，加强投资者保护，提振投资信心

1. 完善中小企业会计信息披露规范

2014 年财政部会计司根据经济的发展形势，修订了企业会计准则，该修订准则的发布及时地为中小企业的从业人员提供了指导，规范了新业务的会计处理方式，完善并且更好地满足了我国中小企业会计信息披露的监管要求。因此相关监管机构应就中小企业会计信息披露达成统一的标准，提高监管效率。在完善中小企业会计信息披露制度时，应联合不同监管机构和相关资深专业协会等，将理论基础充足的专业协会成员与经验丰富的行业一线人员相联合，研究出新业务的处理办法和披露要求，注重理论的可操作性，让理论和实践相结合，高效可行地促进中小企业会计信息披露的发展。

2. 加强中小企业会计信息披露监管

（1）促进不同监管机构协调合作，形成监管合力

当前我国金融市场蓬勃发展，需依据金融市场实际情况进行协调，开展完全的分业监管或者完全的混业监管都不切实际，况且现在的中小企业进行混业经营的情况越来越多。因此，比较适宜的改进方案是明确划分各监管部门的职能，使各个部门相互配合，最终实现有效的监管，即各监管机构之间各自履行职能互相促进，共同监管。监管者之间需要将获得的资本市场信息进行分享，以减少不必要的工作，提高共同监督效力。在共同监管中，监管者需明确各自职责所在，加强协调合作，不得做出损害其他监管者的行为。互联网时代的发展，大数据不断给大众的学习工作和生活带来更多的方便，因此监管机构可以建立一个信息分享网站，让各个监管机构及时进行信息交流、相互协商，解决监管行为不协调的问题，共同促进吉林省监管体系的发展。

（2）建立严格的惩罚机制

考虑到当前我国中小企业的规模和发展前景，我国监管机构对于中小企业违规披露会计信息的行为惩处力度不够。当前违规披露给中小企业带来的资本流入远大于其受到的罚款和其他后果造成的损失，因此应当加大

吉林省中小企业的违规处罚力度，并对中小企业的违法行为加大打击力度。

发达国家的惩罚机制非常完善，机制详细阐明了关于经济犯罪的各种情况，并根据情节的严重程度对不同等级的欺骗犯罪行为进行了不同的刑罚处罚。我们应当学习发达国家的先进之处，对违规披露行为追究其责任人和企业高级管理层的过失。一经查明，还应追究该企业的相关责任，并对公众公布其违法违规行为，让其受到监管机构和广大民众的共同监督。对于情节恶劣的犯罪行为，更应严厉打击并追究刑事责任。

六　通过政府搭建的大数据平台的注册、备案制度，促进投融资有效对接

政府应建立中小企业项目对接平台，在平台中对所有登录平台的项目、企业的关键信息建立数据库，并进行企业所有者、经营场所、经营范围、财务信息、抵押物等数据的注册、备案，以供意向投资者随时查阅、追踪。建立完善的信息注册、备案数据库，有利于减少项目和因企业信用不足的问题导致的融资障碍，也可以为投资者解决信息不对称等问题，促进投融资有效对接。

第六章 激发吉林省民间投资发展活力的多维政策建议

从吉林省民间投资发展的现状及进一步发展的实际需求出发，本章提出了驱动吉林省民间投资大力发展的软环境建设、配套政策设计及提高执行效率的最佳路径。宏观上，采取"法无禁止皆可为"的"负面清单"制度，容忍新事物和新形态，给予一定试错纠偏空间。中观上，加快开放自然垄断行业的竞争性业务，给予社会资本参与空间，激发企业积极性。微观上，减少企业经营行政干预，尊重企业自主经营；落实减税降费精神，扩大企业生存空间；加大金融政策支持力度，帮助企业突破瓶颈。

第一节 全方位布局，多元激发民间投资发展活力

一 合理规划产业布局，引导民间资本投资方向

1. 加大第一产业投资力度

依托丰富的农林牧渔资源，吉林省发展上下游产业链（农副产品、木材加工厂、农药种子研发等），推动民营企业对农业方面进行投资，激励民间资本投资农业市场，提高农产品质量，建立监管体系和信息平台，加强监督管理。

（1）保持粮仓定位，发展上游的农药、种子、机械的研发与生产，发展下游的农产品加工产业，生产高附加值产品，力争形成一批知名的食品品牌。

（2）推动民营企业积极地对农业进行投资，进而提高民间金融资本流通和使用的效率，创造农村经济的新模式，建立新的机制，推动民间资本用于个人农业，激励民间资本投资农业市场。

（3）提高农产品的质量，建立一个有效率、有效果、有影响力的行业监管体系和信息共享平台，并且加强监督管理。

首先，提高我国粮食生产基地——东北地区的农产品质量，促进农业发展，将具有品牌影响力的农产品向全国推广，并且加强境外合作经营。同时，经济的日益发展提高了居民的消费购买力，人们对农产品绿色无公害等的要求越来越高，因此，要及时进行战略升级，打造全新的生产环境，全面强化产品质量；增强科技创新能力，培育多种农产品类型满足消费者的多样化需求。

其次，建立一个有效率、有效果、有影响力的行业监管体系和信息共享平台。以文件形式出台相关支持政策，广泛聚民情、集民意，深入探讨并研究制定合理规范的方针措施。鼓励吉林省各行业的建设、升级、创新与改造，不断提高宏观调控水平、经济精准性定位与市场敏锐性分析等方面的能力，紧跟经济发展形式，丰富现有政府帮扶手段，加大购买力和财政支持力度。与社会监管机构合作，监督监管吉林省农产品环境，提升农产品质量，充分运用现有科技，不断创新技术，并加大监管力度，进一步保证有效监管。

严格监督管理农产品流通全过程，与社会监管机构共同出资出力，防止假冒伪劣产品的泛滥，打击虚假产品，维护已经树立起来的良好品牌形象，推动消费者的持续消费，实现农业拉动经济增长。

2. 调整第二产业投资

以科学的手段、平稳的方式淘汰落后产能，在向中高端制造业转型的过程中，依托吉林省已有的老工业人才、设备和相关体系，变掣肘为动力，大力发展汽车制造、机器人制造、军工制造、医药生产等产业。

（1）增加对符合吉林省环境特征产业的投资，减少对不符合产业的投资。第二产业内部能源消耗量大，一些产业受环境影响较大，如在低温环境里锂电池性能不能很好地发挥，以锂电池为主的产业难以振兴发展；而二次能源氢能源，作为公认的清洁能源不受这种限制，因此，可以发展氢能源，东北地区发展氢能源汽车具有较大的潜力与较好的前景。要积极探寻发展机会，尝试在吉林省建立相关新能源汽车研发试点，进一步推动氢能源的发展。

（2）增加对机器人产业的投资。吉林省正面临劳动力下降的问题，而又因为吉林省冬天的天气寒冷，不适合人们在冬天进行劳动工作，这进一步增加了劳动力的需求，而机器人正好可以在一定程度上弥补劳动力的不足，因此要积极地发展机器人产业。

（3）增加对有发展潜力的产业投资，减少对处于末端的产业投资。建设和改革高新园区，着重发展有优势、前景好的产业，促进产业升级，延长成熟的产业链条；而对处于行业末端的行业则要以平稳的方式进行淘汰，大力发展重点产业，跟随经济形势和民间资金流动趋势扩展产业生产链，促进全行业发展。着力推动产业升级，做大做强主导产业，形成产业集群。

（4）减少对发展态势下滑的产业投资，提高对新兴企业或重大培育行业的重视程度。对于行业发展态势下滑、产业产出数量规格低下、市场占有份额少的企业，要进行整改，节约现有财力物力，调动现有资金，以平稳的方式让企业退出市场；发展、重视新兴企业或重大培育行业，坚持去产能、去库存等国家政策，对各个行业制定严格而合理的标准，强化投资行业管理，以多种角度评价其进程，做到制度化、公正化。

3. 大力发展第三产业

东北三省的第三产业同其他产业相比，其占比较低，而第三产业可以提高整个社会活动的效率，提高人民的生活水平和质量，为优化经济结构和可持续发展创造更好的条件。因此东北三省可以孵化平台类企业，节省资金和经历；培育发展旅游业，普惠民众；加强养老领域中的相关制度机制建设等，引导民间投资进入养老、教育、信息技术服务等领域，大力发展第三产业。

（1）孵化平台类企业。孵化平台类企业，比如北湖科技园不仅能够促进各方的积极交流，还能增加见识，节省了企业大量精力和资金，进而提高了资金的使用效率，使资金能够用到正确的地方。

（2）培育发展旅游业。政府必须加大监管引导力度，培育发展旅游业。东北地区的体量很大，虽然也有一些景点，但其监管难度非常大，东北的旅游业不可能像日本的北海道一样成为支柱产业，但这个产业还是能够让不少民众得利，特别是中下层民众。

（3）加强养老领域制度机制建设。在养老领域中，建立和完善信息公开制度、退出机制、融资制度、扶持政策，放宽民间资本进入许可限制，将民间资本投资养老领域立法化、规范化，让更多的人民享受养老服务，让人民的养老得到法律的保护。

二　配套措施的调整与完善

1. 相关领域多层次、多形式引进外资，促进民营企业吸收技术、培养优秀人才、学习先进管理理念

第一，多层次吸引外资，调整产业结构。首先，现阶段，外商投资资金和产业比较分散，未能与吉林省各地市现存能源、现实环境、现有市场等方面契合，对经济整体促进作用不明显。因此，和其他投资较多的船舶、铁路等运输业相比，吉林省要降低制造业、服务业、高新技术产业等领域的门槛，鼓励外商投资企业参与高端技术化、智能化、绿色化的相关产业生产，相应减轻、适当解除外来资金的使用限制，准予其以特许经营方式参加相关基础规划建设。其次，吉林省第三产业的占比依然不高，服务业、市政基础设施行业的门槛较高，民间投资很难融入，对此应该合理分配招商引资的布局，做出适当方案吸引更多的外来企业，并平等对待本土和外来企业，两者协调发展。最后，支持外来投资者与吉林省民营企业合作办机构、搞科研，吸引海外投资者、高端型人才来吉林省投资，推动互联网、文化、医疗、教育等方面的进一步发展，并在其住房、子女教育等方面落实相关优惠措施，真正做到留住人才，为我所用。改造落后产业、改善不良状况，发展与时俱进的现代物流、检测认证、工业创业等生产性服务业，带动全省经济迈上新台阶。

第二，多形式引进外资与技术。现阶段吉林省外商投资主要集中在个别行业，出现了一方资源过剩，另一方资源严重缺乏的问题。因此，应平衡第一、第二和第三产业的外资投入。而外商更看重国内投资市场、技术、人才乃至经济基础等是否有利于产品销售，因此要多形式地引进外资，平衡资源分布，引进技术，进一步吸引外商投资。首先，政府应适宜地选择国际组织的金融贷款，并与本省民间投资相结合，发挥国际融资周期长、利率低等优势，这有利于引进先进设备、技术，提高资源使用效率，降低产品报废率，使各行业均衡发展。其次，政府要继续细化并进一步落实已出台的措施，坚持"三来一补""三资企业"等形式，从企业方面提高危机意识，激发企业自主能动性；最后，引用外资的形式要多样化，让直接融资与间接融资相结合，技术引进与人才引进相促进，以人才带技术，以技术引人才。

2. 政府积极介入，给予资金和政策支持，引导民间资本进入相关领域，协力完成产业布局改革

（1）政府要给予资金上的支持。政府应设立相关产业基金，与民间资本合作，投贷联动，交由专业人士运作；政府也可出资参与民间资本设立的符合产业调整方向的产业基金或私募基金，以支援扶持为目的，不追求控股和参与权，仅需要监督资金的流向。

（2）政府要给予政策上的支持。全面深化国企改革，在需要调整的产业领域，根据对国家安全的影响、产业的经营和盈利特点，适当提高或降低国有资产比重。对国家安全有重要影响、建设周期长、盈利困难、民间资本不能或不愿进入的领域，可发挥国有企业的优势，提高国有资产占比；对不涉及重大国计民生、建设周期和盈利水平在民企承受范围内的领域，可适当调低国有资产占比，调动民间资本积极性，引导民间资本进入相关领域；对非公经济成分在混合所有制中占有的份额不设上限，国有企业的二、三级企业可以从国有独资、绝对控股变成相对控股，根据情况还可以试行员工持股或变成民营控股企业。

3. 在不同产业、不同领域采用不同的运作方式，为民间资本投入各个产业构筑更宽广的平台

应继续加强建设已有的经济特区，同时构建以不同产业、不同地区为依托的新特区，使民间资本可以有的放矢，并在特区的优惠政策和新型制度下展开投资，进而在不同区域和领域中，采用不同的运作方式；推动民营中小企业与大型企业、国有企业合作，建立稳定的产、供、销和技术开发等协作关系，不断拓展民营企业的发展空间。

在政府与民营企业达成参与基础设施投资协议时，可分类别、分周期转让相关项目。采用 BOT、TOT、BT 模式分配资金压力大的基础建设、已经完成的基础建设、非经营性的基础建设等项目到各个民营企业，允许其有权利筹划设备、生产产品以及为社会提供服务。大力推广政府和社会资本合作模式，进一步完善公共服务和基础设施领域鼓励民间投资参与的政策措施。

三　推进软环境改善，为民间投资创立良好的市场环境

1. 为民间投资建立坚实的人才基础

采取灵活的方式加大对多层次、多样化、全方位的人才和劳动力的吸

引与留用力度，保证人才供应的充足，并结合本省的实际情况，保留、培养和重用省内人才。同时，理顺创新成果所有权、使用权、收入分配权，充分释放产学研成果转化的人才活力。另外，注重保护一线工人的合法权益，完善奖惩机制，切实为民间投资提供所需要的人才。

（1）精准引才

人才引进政策应该与吉林省的经济社会发展环境相适应，政府应该着重调查省内急缺的人才类型，并结合省内产业布局设计，尽量做到专才专引，同时也不能忽视对其他类型人才的吸引。比如高级财务人员、高级销售人员、具有匠人精神的中高级技工等。人才群体的吸引政策太过片面，主要限制在领军人才上，因而，引才政策应注意以下几方面。第一，引才政策的制定应该更加系统化、健全化、体系化，在具体落实过程中应打通各部门的壁垒，自上而下的加强各部门的联动性，建立后续系统的评价机制以衡量引才政策的持续效益性（以奖代补）。第二，引才的对象应该更加具有包容性，不应该局限于海归人才和领军人才，对于很多有情怀的、有抱负的本地居民返乡创业人员，应该给予更大力度的支持和回馈。第三，引进人才的方式可以采用调动的方式，也可以通过咨询、讲学、兼职、短期聘用、技术合作、技术入股、合作经营、投资兴办实业等柔性方式引进各层次需要的人才。第四，加大引入人才力度，比如，在子女入学方面，引进人才的子女入学实行优先入学政策，不设任何入学门槛，确保引进人才子女进得来、学得好。简化入学手续和学籍办理流程，对引进人才子女由接收学校和教育局协助其办理子女入学手续，提供一站式服务，不用家长往返办理转学手续。在医疗保障方面，为引进的人才及其随迁的父母建立健康档案，建立医疗健康信息库。在市内二级及以上公立医疗机构内设置就诊导诊服务标识，开通就诊绿色通道和专家服务的专科通道，方便人们就医和解决疑难杂症，提供预约诊疗服务和向上级医院转诊的绿色服务通道，需要转诊的给予转诊绿色服务通道。

（2）着重留才

在引进人才的同时，也要着眼于各类人才的留用，并设计恰当的标准和政策。首先，留才的对象。留用的人才不仅包括国外和外省聘任的高精尖人才，还应该包括省内的专家和教授。基于高校众多的优势，吉林省应该重点留用省内高校本、硕、博应届毕业生，从根源上减少人才外流。其次，留才的方式。在求职招聘方面，政府应积极搭建各种权威专业化招聘平台，促进毕业生及时、稳定的就业。充分利用"互联网+"的便利条件，组织现场招聘和网上招聘，为人才和企业的对接提供桥梁。推动大学生创业园的建立，鼓励创业创新精神。在津贴奖励、职级待遇方面，建议省级政府或市级政府制定较其他地区优越的政策。在住房补贴方面，为解决引进人才的过渡住房问题，加大人才公寓的投入使用力度，满足不同人才居住需求，提高补贴水平，对于人才的购房补贴、安家费、科研启动经费可全部或部分列入财政预算，也可以鼓励企事业单位筹措资金建造或购置专家公寓。在卫生健康方面，为人才提供公共卫生服务、健康教育、辖区内义诊、免费健康体检等服务项目，切实解决人才的后顾之忧。

（3）释放产学研成果转化中的人才活力

灵活处理科研人才在高校、研究所和企业之间的挂靠方式，健全相关的产学研法律法规，理顺创新成果所有权、使用权、收入分配权，创立和完善研发成本分摊和利益分配机制，避免纠纷，为后续合作打下基础，提升研发及成果转化针对性。高校方面，应设立专门的高校资产管理公司，并辅以相关法律政策明确高校可以通过哪种方式将科技成果转移给企业，促进高校转移科技成果的积极性。科研院所方面，应扩大科研人员的自主权，明确收益分配方式。

（4）加强对一线工人的培育与鼓励

政府可以采用多种手段吸引劳动力。政府应该鼓励企业提高一线工人的工资薪酬待遇，完善五险一金制度并给予财政支持；注重工人的精神世界，建立公共的健身设施、公共影院等，提高工人的幸福感；建立有效的竞争机制、考核机制和分配激励机制，健全以岗位为基础、以竞争为核心的人员聘用管理制度；完善人才招聘机制，强化员工培训与培养的机制，帮助员工在企业中实现自我价值的最大化，完善晋升和淘汰机制，实现员工公平竞争；加强企业劳动力储备管理，评选并储备劳动力梯队，保证企业发展有坚实的后备力量。总之，政府应尽可能地为一线工人提供住房、教育、医疗等相关领域的补贴和优惠，给予一线工人物质上和精神上的支持。

2. 降低企业制度性交易成本

2018 年 8 月 20 日，国务院促进中小企业发展工作领导小组第一次会议强调加大金融支持力度，缓解融资难融资贵问题。对相关财税优惠政策要贯彻落实，精确到每一行业、每一产业，着力降低企业制度性交易成本，保证其发展顺畅，真正惠及全国中小企业。

（1）降低财税成本

我国是制造业大国，工、农、交通、建筑、商业文化等商品价值总产量巨大，降低实体经济成本，维持资金的合理流动，促进企业创新、转型、升级，对我国立足世界经济市场具有重要的意义。因此，应从国家税收征收制度方面入手，建立效率最快、成本最低、服务最优、制度最真的征税环境，这是降低企业制度性交易成本的关键举措。一方面，合理调整完善税收征税体系，对不同税种与行业进行相互协调，落实支持产业和创新产业等优惠办法，明确各税前扣除项目、政府性基金减免，提高对小微企业的信贷支持；另一方面，严格贯彻增值税政策，扩大全额抵扣的范围以最大力度减少税负。

政府要严格落实国家和省清理规范行政事业性收费政策，按照《财政部　发展改革委关于清理规范一批行政事业性收费有关政策的通知》，从2017年4月1日起，取消或停征41项中央设立的行政事业性收费，其中共涉及吉林省行政事业性收费项目26项（包括涉企收费项目23项，涉及个人等收费事项3项）。吉林省共有行政事业性收费项目40项，其中国家级收费项目35项（包括涉企收费22项），省级收费项目4项（均为非涉企项目），同时属于国家级项目和省级项目的收费项目1项；降低部分国家设立项目、省制定标准涉企行政事业性项目收费标准。根据国家和省的清费减负精神，吉林省物价局吉林省财政厅印发了《关于降低部分涉企行政事业性收费标准的通知》，自2017年8月1日起将城市道路占用挖掘修复费、渔业资源增殖保护费等7项涉企行政事业性收费，在现行标准基础上再降低5%以上；加强对环评、安评等中介机构的监督管理，完善技术服务收费参考标准，并对社会公布，方便用户和社会公众查询；而对于扰乱正常市场秩序的环评、安评机构，按规定给予相应的处罚。同时，将建设项目环境影响评价技术评估的费用，全部纳入财政预算，减轻民营企业负担。

针对进出口关税优惠政策，我国应顺应出口消费市场升级趋势，合理规范进出口关税，降低海关服务性费用，使产品通关便利化、快速化；实行相关企业关税减让、相关行业出口退税等措施，对有国际合作的企业进行统计，分类别、分行业、多形式管理，直接降低关税税率，设定合理优惠期等；缩短中小企业办理进出口手续时间，简化流程，提高征税系统网络化、信息化、数据化水平，降低企业办理时间与成本，提高政府工作效率。应广泛宣传新政策，及时组织企业进行培训，促进企业采用新方法、新模式办理相关手续和纳税业务。同时，简化纳税人的纳税次数，以企业为本，为企业考虑，促进贸易的持续稳定发展。

（2）降低物流成本

一是大力推进现有物流运输方式革新，促进现有物流交叉化联合运输。二是在物流领域加入现代管理思想，突破传统模式，设定标准化、科学化的规章制度，实行供应链管理，从全流程观看问题，降低成本。三是充分利用科技信息，实现网络化管理、协调控制物流全过程，减少人力成本和企业之间通信费用。四是建成并利用国家交通物流公共信息平台，统一信息标准实现高效服务。五是构建东三省物流网络体系。

现有物流运输方式包括海运、航空、铁路、公路等，全国有一个庞大且复杂的物流网，其中涉及的人员、企业、机构、部门等数量多，情况复杂。首先，要保证工作人员服务质量，对职工进行相应培训，规范企业职工行为和运输收费规则；其次，物流运输行业越来越大，需要有一个统一化、标准化的行为标准来规范和约束整个物流行业；最后，政府、企业都要不断思考，创新现有运输方式，推行海陆空运输多形式联合，寻求最低成本。

对于中小企业来讲，管理思想与模式比企业日常经营运行更重要，好的管理可以促进企业的持续经营。中小企业主要可以采用的控制物流成本方法有：剔除物流运输环节的多余成本、优化物流体制、推行供应链管理。

运用大数据系统优化运输体系。随着物流企业改造升级的加快，智能化设备的需求与日俱增。同时，互联网与物流的深度融合已成为潮流，而新技术的运用也在物流业形成了先进生产力。运用大数据系统形成智能仓储配送，可以实现自动化精准识别和货物调拨全方位实时管理。使用者可以随时掌握货物流向，既有效提高物流精准率，也大大节约了成本。

发挥国家交通物流公共信息平台的作用。充分认识交通物流业发展的重要作用，本着降低成本、提高效率、节约资源、绿色发展的原则，促进物流交通的一体化、网络化；建立便捷运输"一单制"，提高多式联运比率；以国家提供的平台为基础，广泛合作，完善升级交通枢纽，对接公路、铁路等多条航线平台信息登记，实现"一单一码"；提高物流服务质量，建立整车、整箱标准化指标，统一协调物流信息标准，提高物流效率，完善经营平台，促进贸易交流。

建立东北三省物流网络体系。在现有物流体系的基础上，建立东北三省的物流网络体系，使其形成一个整体运输网络。利用网络化电子通关设备，促进具有实质性资产的公司对其他公司提供相关物流运输服务，降低单个企业资本；搭建信息平台，为企业双方整合资源，跟踪运输流程，发现问题并提供相应解决方案，降低整体企业成本；为不同企业量身定制运输方式，安排特殊通道，降低企业运输成本。

（3）降低用工成本

一是完善最低工资标准增长机制，让工资和劳动生产率同步提高；二是完善工资保证金制度，切实保障工资按时发放，升级企业管理方式，提高人员工作效率，规避用工风险；三是响应国家政策，将个人、企业缴费与政府补贴相结合，降低社保缴费标准；四是推陈出新，推进机器取代人工。

企业不同的用工形式，对劳动者报酬的支付也有不同的标准，规定最低工资标准有利于维护职工的合法权益，为企业分配工作提供法律标准，但在此过程中其容易被异化为以最低工资标准为界、工资持久不增的形态，因此，必须考虑建设合理的最低工资标准增长体系，切实保障职工权益，实现职工与企业双向监督，提高劳动者生产效率。

保证工资按时发放，降低职工离职率，提高职工工作效率也有利于降低用工成本。吉林省在全省范围内建立农民工工资支付保证金制度，设置专人专项负责农民工保证金，与金融机构签订合约，保障农民工资机制有效运行。对于承包吉林省内各类房屋建筑及市政基础设施工程建设的企业，按总承包合同额的 4%～5% 作为储存保证金，同时，劳动部门加大督查力度，保障工资按时发放，加大日常巡查力度，建立新一轮投诉渠道，及时反映民情。

社会保险是对劳动者给予经济补偿的一项基本社会保障，与职工的工作积极性、工作效率等密切相关。2017 年吉林省人民政府发布的《关于降低实体经济企业成本的实施意见》中提出，失业保险费率由 3% 降到 1.5%，行业工伤风险重新分为8类，行业最低基准费率降到0.2%左右，行业最高基准费率下调至1.9%左右，全省内企业生育保险费率降低到0.5%以内。通过调整各项费率降低企业人工成本，促进民间投资企业经济的平稳运行与稳健发展。同时，对于企业、低收入人群采取自缴和财政补贴共同负担的方式制定缴费标准，可根据实际情况详细划分补贴类别和标准，灵活调整社会保险缴费率。

灵活用工平台，采用多种方式募集员工，如员工与第三方服务机构签订合同，这样企业就不再承担用工风险，减少了用工费用，节省了招聘资金与招聘时间。进一步发展技术，推动传统制造业转型升级，果断放弃老旧传统设备，引进自动化、现代化设备，紧跟市场发展潮流，革故鼎新，提高机器利用率与员工生产率。

（4）降低用能成本

加快电力体制改革，推进电价改革。扩大电力用户直接交易规模，宣传新型用电模式、优惠电价，对因电力改革而受影响的企业进行用电价格补贴，帮扶企业适应新环境以重新回到运行轨道。积极争取国家电力普遍服务基金和帮扶政策的支持，研究减免吉林省随电价代征的政府性基金和附加的办法，完善吉林电力交易中心有限公司的章程和运营规则，研究电力市场化交易规模、品种和规则，制定和丰富大用户电力直接交易、售电公司运行、偏差考核等相关规则。

推进天然气价格改革。积极推进天然气市场化改革，研究出台吉林省天然气短途管道运输和天然气配气定价办法，适时制定吉林省天然气管道运输和配气管网价格，促进天然气市场主体多元化竞争，为放开天然气气源和销售价格创造条件，从而降低企业用气成本。落实国务院《关于深化石油天然气体制改革的若干意见》，制定省内油气管网监管办法，促进管道公平开放、互联互通。加强全省油气管网优化布局、互联互通，节约利用土地，避免重复建设，强化规划的科学性、指导性和严肃性。完善项目核准制度，研究油气管网设施功能定位，在项目核准时即考虑设施开放能力。加强公平开放监管，进一步细化和完善公平开放监管规则和措施，重点加大对管网设施剩余能力、市场准入、开放公平性等的监管力度。

（5）降低用地成本

对不同用途的土地合理规划，集思广益，调整土地供应途径。吉林省鼓励使用闲置厂房和零散土地，发挥工业用地弹性，开拓用途，如建设双创产业园、人才公寓、农产品品牌营销馆、物联网示范基地等；对于未改变用途的土地，提高土地利用率，不再征收更多土地使用价款；鼓励使用现存土地，合理确定出租土地价格，签订相应补偿协议，认真落实支持新形态发展的土地政策。可以借鉴南京市针对新型研发机构建设用地的优惠政策，即经市政府职能部门认定的新型研发机构，落地在高新区范围内的，土地出让起始价可按不低于区域科研基准地价的20%执行（但不得低于全国工业用地出让最低价标准）；落地在高校周边的，可按不低于区域科研基准地价的50%执行；利用存量工业厂房的，可按原用途使用5年，5年过渡期满后，经评估认定，可再延续5年。

支持民间投资进一步尝试差别化地价政策，指导各市在确定工业用地出让价时，按低于国家一定标准比例执行；支持分地区、分行业、分性质差别化制定初始土地出让价；允许相应降低工业用地取得和转让的保证金和担保要求；鼓励工业用地使用者充分利用土地，加入信用评价体系，依规借款融资，延长缴纳土地出让价款期限。

（6）降低环评成本

环评相关程序可适当精简。关于民营企业反映的改扩建项目环评复杂问题，针对不同的改建、扩建、新建项目，按行区分，因企而异，简化环评内容或降低环评类别。

环评相关费用可根据企业规模适当调整。不同规模、不同行业的企业，所需的环评成本不一，所能负担的环评成本不一，因此可进行分级收费。同时，政府可对符合相关政策扶持的企业进行环评费用补贴，降低企业负担。尽早建立完善的环评机构以及相关从业人员资质审核机制和标准，既有利于环评政策的顺利实施，又有利于成本的透明和降低。

3. 鼓励科技创新，优化科技创新环境

虽然政府针对民间投资的发展出台了一系列措施，但由于国内市场成本增加、国际市场经济低迷、行业的垄断、贸易壁垒的隔阂以及国企和公共部门的排挤，政府的系列政策并不能贯彻落实，民间投资依然面临准入面窄、投融资难、认可度低等问题。同时，宏观经济不明朗，民间投资增长速度回落，占社会总资产比重下降，民营企业投资者、私营企业家对民间金融失去信心，不敢再创业、创新，因此应鼓励企业科技创新，营造优良的科技创新环境。

（1）激励民间资金涉入新领域，助推民间投资改革升级

其一，强化实体经济，激励民间投资不断涉入新领域，尝试新行业、形成新产品、打开新市场；其二，通过兼并重组消除部分过剩产能，以优胜劣汰原则筛选部分潜力产业，引导民间投资剔粗取精改良传统产业，发展优势产业；其三，民间融资规模小、信用差、期限短、风险高，若要提升民间投资的信任度、自由度，需要国有企业的承认、国有机构的支持；其四，降低金融资金使用资格限制，缩减金融机构放贷要求，鼓励各机构、基金等为中小企业提供担保支持，确保民间企业能成功获取资金。

（2）支持民营企业改革，引导民营企业科技创新

壮大民营企业，改变民营企业人员、产业规模，由普遍的家族管理转为现代化企业管理；加大民营企业内部制度的改革力度，出台方案进行规范，鼓励民营企业战略升级，把创新的重点放在管理、科技、产品升级上，增强自我实力；抓住关键时期、关键机会，走发展的路、正确的路，以中小企业为核心，顺应市场，糅合科研、教育、生产等各因素，形成规模化创新体制；大力弘扬企业家精神，鼓励民间投资者打开格局谋发展，提高我国民间企业占比，"走出去"与国际接轨，提升品牌知名度。大力支持企业物联化，推动制造业企业与互联网企业共同建设优势互补、合作共赢的开放型产业生产体系。

（3）完善产学研合作机制，促进产学研成果转化

进一步完善产学研合作机制，加强高等院校、科研院所学科建设，扶持企业研发中心等各类集聚科研成果的有效载体，构筑科研成果有效转化的平台；围绕重点领域试点示范，建立案例库、专家库、知识库，形成可复制、可推广的经验，从立法的角度促进产学研成果转化；梳理遴选一批成熟度较高的可转化的重大科技成果，形成吉林省内重大科技成果储备库，加强对入库项目跟踪管理，推动一批重点产学研项目的实施；建立一整套科技创新成果转化机制，通过设立科技园、技术转移中心、工业技术研究院等机构来推动转移转化进程。此外，可以学习南方地区结合市场需求，深挖一项技术成果的全部转化潜能，并最大限度地发挥其市场价值。

（4）优化科技创新环境，加强产权保护措施

推动民营企业参与知识产权联盟建设，完善国家知识产权运营公共服

务平台运行机制，落实降低企业知识产权申请、保护及维权成本的措施。引导和加强民营企业的商标意识，创造驰名商标，积极培育品牌信誉，必要时政府可主动帮助企业进行品牌的培育、发展和保护工作。支持民营企业参与国际标准、国家标准和行业标准的制定，推动制定团体标准和区域标准，引导民营企业对标贯标。

4. 完善和打造多层次融资体系

通过打造多层次的融资体系，保障民间资本可以获得充裕的资金支持，无后顾之忧地进行投资建设。

（1）加大金融机构对中小企业的信贷支持力度

一方面，培育更多服务中小企业的金融机构，提升金融企业对民间投资的信心。以金融机构的正规化弥补民间借贷的不足，不压贷、不抽贷，确保小企业贷款增速不低于全部贷款增速。金融机构要明确民间企业的不同融资模式，以便做出相应的方案调整，民间企业的融资模式主要有国内外银行借款、发行债券、民间借贷、信用担保、金融租赁、风险投资、机构投资等。金融机构要合理规划中小企业借贷模式、还款周期，创新多种资金使用模式。对符合国家产业政策或具有良好市场前景的中小企业，金融机构可适当放宽贷款标准。严格落实定向降准政策，增加银行信贷资金。针对小微企业，要建立合适的信用征集制度，鼓励企业按时还款还贷，制定相应的奖励措施，并加强与小微企业之间的合作，促进资金流动。金融机构在密切把控小微企业资金动向的基础上，要灵活变通，不断推动金融创新，多方面服务小微企业。对于小微企业来说，尽管其规模小、人员少，但内部结构"五脏俱全"，金融机构同样要认真监管督查企业运行，配备专门人员管理，做到一人一职，权责明确，全面提高机构服务人员的责任感。同时要发放合理的工资薪酬，刺激金融机构的从业人员以服务企业、服务社会为己任，不断增强自己的专业性，及时掌握国家政策，为金融机构持续运营献力献策。

另一方面，政府针对经济发展形势，结合金融机构与中小企业的合作频率、资金往来密切度，可相应给予机构财政优惠和奖励。同时要帮助金融企业，共同构建小微企业信用评价等级，全面透彻地了解相关企业借贷偿还能力，减少银行办理业务的时间、简化流程；在贴息、担保方面给予一定补偿，优化小微企业资金借贷环境；支持金融机构积极运用现代信息技术手段，优化完善信用评级体系，提高信用贷款占比，提升信贷投放效率，清理整顿不合理的金融服务收费，压缩收费空间，降低小微企业融资成本。

（2）加快推动企业上市，促进企业直接融资

发展需要资本，资本促进发展。增加企业的直接融资方式，拓宽融资途径，有利于增强资金的使用效果，让资金供给双方直接接触，省去不必要环节，增强双方之间的信任。因此，在民间投资的相关政策卓有成效的基础上，推进企业上市，鼓励企业到资本市场参与直接融资以解决企业融资困境。

一方面，加快推进企业上市。第一，支持经营状况良好、信用等级达到 AAA、产业结构符合区域发展战略等条件的公司企业上市，增加并优化上市公司企业数据库，为金融市场组织"后备军"；第二，加快符合条件的中小微企业进入新三板，在多地区建立交易中心，提高资本市场活跃度，促进资本市场层次化。

另一方面，企业上市后，大力支持企业直接融资。第一，实施多样化直接融资方式，如基金、银行承兑、贷款担保等，要求企业有良好的信用等级，通过创新升级等提高企业能力，让资金稳定流动。第二，进行金融创新，发展集合票据、集合信托、商标权抵押、专利权质押、排污权抵押、应收账款抵押、产业链信用体系等融资创新。第三，支持满足要求的企业改变资金融资方式，脱离借款、贷款，采用分散股权、发行短期债券等方式快速获得资金。提高中小企业的自信心，减少对第三方资金支持的依靠，直接到股权交易中心融资，增加中小企业对外交流机会，为企业扩大规模奠定基础。第四，建立健全吉林省与全国民间资本的交易平台，服务企业，面向社会，融合先进管理理念，这有利于各地区经济交流，相互学习借鉴，取长补短，革故鼎新。

（3）扩大融资租赁规模，使融资租赁应用更为广泛

相比经营租赁，融资租赁以分期付款方式偿还资金，这样能降低企业的建设成本，提高企业运营灵活度，方便企业及时更新设备，降低设备淘汰成本。同时，还能刺激融资租赁公司数量增加，拉动民间投资信息平台建设，对促进经济转变、市场持续发展具有重要作用。

第一，中小企业应该充分了解融资租赁的好处，转变自己的观念，突破传统的资产概念，主动接触融资租赁，主动学习相关政策。融资租赁有

助于帮助企业进入宏观市场，加大对国有产业基础设施、公共医疗、教育等方面的投入力度。

第二，融资租赁行业各种资本聚集，投资企业涉及面广、交叉性强，行业紧跟市场形势，发展迅速；相关企业既要实践，又要创新，透彻分析市场的需要、各个企业的需要、不同行业的需要，在市场需求不足时可以迅速缓解资本临时缺乏的压力，减少资金浪费；重点对数量较多的中小企业进行分析，满足客户要求，提升自身服务能力；提高风险管理意识，拓宽融资企业本身的融资渠道，在保证本企业合理利润的情况下降低中小企业融资租赁成本；要学习掌握各种金融工具及其具体操作，保证资金流通的顺畅，彰显融资租赁行业的优势。

第三，从政府的角度来看，融资租赁增加了金融供给主体的多样化，拉动了经济整体的增长，政府要在法律和政策上给予更多的支持与鼓励。一方面，加快形成融资租赁相关法律。明确界定融资租赁合同的定义，对承租人、出租人、租赁内容、租金、支付方式、损害赔偿责任等加以详细说明，促进融资租赁程序合法合规的进行。另一方面，也要加快出台融资租赁税收政策。融资租赁行业在市场上发展迅速，与金融机构、民间企业等逐渐形成密切联系，对融资形式多样化做出重大贡献。税法对其的规定应区别于普通经营租赁，对租赁资产的入账价值、折现利率的选择等都有细致说明，融资租赁属于现代服务业中的有形动产租赁，其使用增值税税率，并且享受一定的税费优惠。此外，可建立相应的政府资金扶持项目，承诺对融资租赁业最高扶持，促进行业发展。

（4）进一步完善信用担保体系，增强企业融资能力

第一，对担保机构实施差异化管理。截至 2017 年末，吉林省担保机构有 200 多家，但发展参差不齐，既不利于小微企业和金融机构选择合作机构，也容易因为个别问题机构、风险事件影响整个行业信誉。建议通过信用评级、履行社会责任评价、加强监管等措施推进机构优胜劣汰、减量增质，对经营规范、风控较好、服务小微企业业绩突出的优质担保机构在银担合作、再担保合作、财税扶持、参照金融机构政策等方面实现差异化管理。

第二，划分政府与市场边界，明确担保机构政策性属性。建议从制度上明确省级再担保机构及政府性担保机构的属性，限定其服务范围以小微企业、"三农"等政策性业务为主，并按照非营利性机构标准进行监管，对

小微企业的产品数量、服务质量、业务广度、细化深度等指标进行考核；平等对待国有资产和民间资本，取消国有资产的系列特权，将利润转为资本继续投资发展，鼓励担保机构积极为民营企业担保，发展多元化业务。

第三，建立与"准公共产品"担保相匹配的财税政策体系。处在纯公共产品和个人产品之间的准公共产品的补充应采取国家与市场一起承担的原则。在税收方面，为参与"准公共产品"建设的中小企业提供融资担保的金融机构，给予低税率优惠，并且进一步研究相关减税政策，创新担保模式，为民间企业融资减忧。在财政方面，由财政部发起，联合有意愿的机构建立国家融资担保基金，对准公共产品不要求反担保或者设立相应抵押，提高信用担保能力，对担保机构进行风险补偿和资费补助，基金管理采取有限责任形式，财政部与担保机构、银行共同分担风险，充分利用现有省市的融资担保机构开拓业务，支持中小企业投资融资，促进中小企业经营发展。

第四，加快建立信用担保管理机制。贯彻执行"双随机，一公开"监管方式，以相关法规为基础，创建信息共享机制，记录企业主体信用情况，对信用评级进行及时更新，对显示有重大风险的企业实施追踪并给予警示，保证信用体系的公平公正；随时抽查企业日常运营状况，加强制度化设计，统一工作流程，建立各地区、各行业和全国的信用平台网络，提高平台信息使用效率；以改善营商环境为目标，加快建立信用管理机制，对中小企业的不良行为要加以记录，公开曝光；对在监察过程中获悉的商业秘密要坚持底线，保护隐私。

5. 搭建民间资本网络信息平台

民间资本网络信息平台旨在打造民间资本与产业对接的投融资平台和帮助企业融资的绿色通道，简单来说就是利用场外交易金融工具帮助符合条件的中小企业进行融资，拓宽融资渠道，引导和支持中小企业通过该平台直接融资，缓解资金短缺的压力。网络信息平台搭建是将所有可用信息分门别类以实现全部联网，以便政府、资金需求者、资本投资者、社会公众四方相互沟通监督，总体协调负责工作可由其中一方担任。因此，为合理分配民间资本，保障民间投资者的合法权利，提高资金使用的透明度，应建立完善的网络信息平台。

第一，完善动产和财产质押的相关立法。以网络为基础建立全国统一登记系统，做到对全国动产和各财产质押统计的有理有条，便捷快速实现信息共享，加强金融机构与企业之间的合作，促进二者相互信任，优化金融机构的服务，提高中小企业对金融机构的满意度。

第二，建立网络风险投融资信息平台。可由政府出面背书（比如长春市科技大市场，由科技局出面背书，进行对接），政府出面主持，协同各部门进一步改良小微融资企业的市场环境，以体系为根基，以不变应万变；优化社会信用平台，对企业注册、缴税、社保等相关信息进行录入、补充，实现中小企业的信息共享。

第三，信息归集与企业统计并行。对进入平台的企业进行大数据分析，关注它们最常浏览或下载次数最多的内容并不断完善，精化需求。

第四，推行"一网通办"。充分利用互联网功能，采用新模式，在省政府、市政府、各部门的大力配合下，推行全国企业网络信息平台，跨越多个层级与部门，共建社会信息共享大网络；在政府与企业关系间引入社会中介服务机构，优化政府服务职能；深化和保持信息平台网络灵通、数据畅通，解决部门间信息沟通不畅、企业间信息闭塞的问题，满足不同主体的投融资需求，引导共享成为一种新常态。

第五，对信息平台给予财政支持。维持企业信息共享平台的生存与建设，从政府方面解决机构资金问题，降低中小企业数据使用成本，让无偿推介与有偿服务相结合，对不同项目构建不同资费等级，私密化与公开化结合，满足不同企业的商业需求。

第六，鼓励"政府+市场"的发展思路。政府支持，市场主导，部门配合，银行加入，线上线下服务融会贯通，资金注入退出流通自由。虚实服务结合，以企业更好的发展为目标，解决"信息孤岛"问题，避免"孤岛"新增。

四　加大政策执行力度，让民间投资没有后顾之忧

1. 深入"放管服"改革，推动政府职能转变

（1）聚集民间投资问题原因，对症下药

政府数据显示，我国民间投资增速回落，民间企业投资积极性下降。由于政府执行部门对上级的命令落实不到位，对促进民间投资的重要性意识不到位，再加上我国的市场投资环境对民间企业投资并不友好，民间投

资的限制条件依然较多，同时，民间企业自身也有设备更新的资金压力大、技术创新延迟、市场敏感性低等问题，民间投资增速下降。因此，政府应充分发挥自身职能，充分利用自身权力，齐心协力，进一步宣传深化改革思想，加强各领域的信息交流，避免信息失真；言信行果，继续降低民间投资准入门槛，密切监管各部门的具体执行情况，合理分配社会资源，防止资源向国有企业不平等倾斜；精兵简政，缩短办理流程，简化办理手续，对企业内部更新换代给予政策补贴；同时，政府应联合市场各机构领域给予全面支持，对不配合的机构给予相应教育处罚，以权威带动统一，发挥国家投资风向标作用。

一方面，政府要进一步完善信息共享机制，优化信用服务体系，处理好政府设计与基础执行的关系，确保政府思想被广泛接受，打破传统的利益为本、重视利益的格局，推动体制、观念、服务的进步；另一方面，政府要帮助信用中介机构维护其自身行业秩序，处理好企业利益与部门利益的关系，将政策落实到"最后一公里"，提高中介机构人员的服务质量，提高政府工作人员的责任感，优化容错纠错制度，构建"亲、清"型商政关系。

（2）提高政府服务水平，助力民间资本雄起

提高政府的金融服务水平。首先，政府主导设立民间金融运行平台，广泛募集民间资金，吸引民间企业加入，以此为基础开展公共服务、基础建设、产业规划等项目；同时，政府不干预、不投资，为中小企业提供自由空间，充分发挥自主能动性。其次，构建畅通的金融通道，支持民间投资在新三板上市，主动进行债券融资、股权融资，扩大企业规模，彰显民间企业的投资优势；鼓励金融机构按照中小企业自身特点，建设多层次服务系统，提供特色化金融服务。最后，政府应加大对中小企业的担保力度，丰富支持性项目类别，让金融机构没有后顾之忧；简化民间企业的融资过程，提高民间投资管理的质量与效率，缩短审批周期（比如海外团队归国创业的外资审批），简化审批程序，提高审批速度，促进民间投资项目的按时按期高效合规完成。

鼓励本省企业"走出去"，在不违背国家政策的情况下，努力为本省企业招揽投资机会，发展合作伙伴，扶持本省民间企业，激发民间投资活力。针对企业优秀产品，可借助政府资源进行推销，塑造品牌优势；在招投标过程中，针对本省企业做到公平公正，并在允许的范围内优先选择；对于

技术领先的企业，可制定有利于企业的行业标准，为企业开拓市场。在政府和国企招标过程中，不要一味压低价格，要给予中小企业适当利润，保证民间企业的长期发展，提高民间投资的积极性。

2. 完善政策的制定、宣传和执行机制，使政策落到实处

（1）优化政策制定与形成

政府要从客观实际出发，以科学理论为指导，以人民利益为根本，公正公平、因地制宜、分门别类地制定具有前瞻性、合理性、科学性的政策措施，与时俱进，革故鼎新。例如，通过创新银保合作解决融资难的问题；鼓励民营银行设立，解决融资贵的问题；在财力允许的情况下，准许财政资金直接进入以民间投资为主的项目，解决民间企业资金状况薄弱的问题等。同时，政策制定应符合实际情况，标准不应过高（比如政策更多的是锦上添花，扶持的不是中小企业，而是成熟企业；各个项目准入门槛太高，条件的限制导致很多时候只有技术含量高、规模大的成熟企业才能满足，如45万元资金扶持要求创造1000万元产值，很多民间企业无法达到要求，逆淘汰创新中的小企业）。政府要深入实地调研，减少把真正需要扶持的企业拒之门外的情况，建立政策拟定和经济发展的良性生态圈。在形成政策时，语言要简洁清晰，对政策文件的解释要明确具体，政策制定的配套措施要合理详细，确保各级政府准确理解政策含义，不可有模糊或可供曲解之处，避免过多自由裁量权。

（2）加大政策宣传力度

各级政府应将相关政策及时、完整、明确地公布，并形成"路线图"。政府人员不应该仅把政策措施"挂网站""发文件"，而应该通过多种途径，采取多种方式，将政策措施宣传到位，解决信息传递的"最后一公里"问题。例如，在不违反保密规定的前提下，对相关政策和措施除利用政府网站和各部门网站进行宣传外，还可以在各个企业制作宣传板、宣传条幅，开展"政策措施进社区""通读政策挑战答题"等方式进行宣传；线上与线下结合，将各种宣传方式通用到网络与实际之中，充分利用微信公众号、小程序等，使信息渗透到企业和个人身边，潜移默化扩大政策影响力。同时，政府要树立服务意识，各级政府除了发布政策法规外，还应该单独设立政策解读专栏，深化对政策的理解，定期和不定期安排专门人员对各类政策进行线下解释、当面指导，加大政策宣传、解读力度；设立政策在线咨询窗口进行线上一对一的答疑解惑，提高企业对政策的了解程度；组织

各级政府和企业家成立学习班和协会，加大协会指导力度；支持企业家协会进入政府官网平台及相关部门网站，及时了解支持民间投资的相关精神。建立领导包保机制，一方面由市级领导包保对口的商会、协会做好工作指导和协调；另一方面，协会主管部门要建立有效的沟通机制，做好服务工作，积极发挥其作用。同时，加强对企业包保干部的监督，定期考察包保干部对政策的宣传、解释及对企业服务的情况；如果政府人员精力有限，还可以鼓励支持对政策解读的专业第三方的发展，保证企业了解政策公开情况，监督政策公开进程，评价政策公开效果，确保政策公开落到实处。加大民间金融投资力度，鼓励民营企业扎根市场，增加民营企业占比。

（3）推进政策执行与落实

政府要积极落实相关文件与政策，严格按照负面清单、权力清单、责任清单办事，不得互相推诿；严格执行国家战略，顺应人民的意愿，适应我国市场经济发展的要求，按照新模式、新思路开展公共事业与基础建设，摒弃过时理念和陈规旧例；政府要认真研究、积极探讨，进一步解决民间投资制约条件多、发展受限的问题，对民间投资的申报项目进行梳理，对办理流程进行升级，并逐层下达、贯彻执行。

政府对各类投资项目要一视同仁，按项目进入时期与办理周期情况分类处理；对于新增项目，若其更能体现最新经济实况与侧重点，应努力加快办理，抓住民间投资的机遇，帮助民营企业早日发展起来；对已经进入办理流程的项目，应谨慎审查，结合最新政策兑现政府承诺；对于不再适应经济市场，按最新要求不能继续办理的项目，应及时通知企业，强化宣传，帮助企业进行下一轮投融资。对于执行过程中政府人员的失职行为，要严加处理，领导问责，责令及时改正，弥补损失。设立稽查部门，配备稽查人员对政府工作进行监督，发现问题及时纠正，进一步提高服务质量。吉林省政府要结合实际情况，以中央政府的基本政策为主轴，灵活制定适合本省的相应政策。并以民间投资的基本情况为基础，分区域、分行业落实相关政策，及时收集并汇报相关措施进入市场的反馈情况，探析原因，做到最合适的政策在最合适的地方，协调政府与企业的关系，扩大合作规模，推广合作模式。

政府要继续推进简政放权，优化服务、简化流程、节约时间，大幅度降低制度性成本，禁止随意变更审批环节，鼓励网上审批的方式。在提高服务质量的同时，要保证管理的质量，公开政府机构执行过程，减少暗箱操作，使民营经济依法平等参与市场竞争。注重部门联动，加强部门之间的沟通协调，加强政策统筹协调，避免政策出现互相矛盾之处，保证政策能够及时顺利执行。"打铁还需自身硬"，政府应鼓励民间企业主动思考适合本地区本行业的制度，献计献策，提高创新意识和市场敏锐性，把握当前政策的利好形势，跟上时代的步伐，融入市场，发挥民间企业的积极作用。

3. 政府要注重讲诚信，加强民间投资者投资的信心

（1）政府要学会自我监管

政府监管要与时俱进，与企业同进步、共发展，更要高瞻远瞩，不能墨守成规，止步不前。政府有信用，企业才有信心，各级各部门要切实履行上级政策，实现对企业的各项承诺，避免出现"承而不诺""新官不理旧账"等现象；政策执行过程要接受社会舆论和相关企业的监督，制定相应的监督评价方案，打造公开高效、权责分明的制度体系；政府要以身作则，合法合规地与民间企业签订合同，规范政府员工行为，提高政府公信力；对企业反映的情况要积极认真处理，相关的投诉举报渠道也要畅通高效，对反映的问题要及时追究，相关处罚信息要进行线上、线下公示，做到公开化、透明化。

我国民间企业规模小，更多地以人为中心，政府应处理好与民间企业投资人的关系，倾听民众的建议和意见，定期公开相关项目执行情况，定期邀请人大代表、企业负责人等进行视察，与民间企业及时交流工作进展，必要时也可引入第三方机构对政府行为进行约束；若政府诺言没有实现，导致中小企业经营出现周期性、生产性等问题，政府要追究相关人员责任，主动向社会检讨，自我反省，并出台相关补偿计划。

（2）政府要建立相应的考核制度

政府要建立相应的考核机制，实行奖励与惩罚并举的措施。政府要严格审查相关部门政策解读宣传是否到位、办理民间企业相关工作业务流程是否严谨、对政府财政预算执行情况的报备是否透明、对积极参与政企联合投资人员的请求是否及时回应、对因暗箱操作等引起的民事纠纷申请投诉受理是否及时、对工作人员的监督考评是否严谨等，全面细致地优化政府工作作风。

政府要对制定的相关政策的合理性、科学性与实地情况的契合度进行

评价，做到制度之上再考核。不仅要督促制度的执行，还要追求制度的合理性。落实对项目实绩的考核，对各省、市、地级重点工程项目的跟踪推进情况，各主管部门的配合与监察情况，各级政府批示事项的落实情况，项目材料的报送延期情况，有关人员对重要会议的参与情况等，进行定期汇总，建立量化指标，直观具体的总结各地区各行业各项目的发展情况，对违法乱纪行为给予严肃处理。优化营商环境，增加民间企业总体数量，扩大民间企业经营范围，进一步推动国家经济发展，提高国际竞争力。

第二节　推进 PPP 模式，助推民间投资

如前所述，PPP 项目是民间投资的重要渠道，解决 PPP 模式发展中存在的问题与障碍，引导其更加规范化、更加科学合理地向前发展，对于激发吉林省民间投资活力具有重大的驱动和助推作用。

一　政府内部要各司其职明确分工

吉林省政府在建设基础设施时采用了 PPP 模式，这种模式的投资需求量大，而且会花费 10 年以上的时间，因此，参与项目的各个关联方都关注于划分政府和私人部门的责任和风险，从而保障各自的合法性权益。PPP 模式以社会资本为主，政府则起到了辅助性的作用，私人部门则是负责项目的设计、维护等工作，并且承担与之对应的风险和责任。政府在项目中是参与者和监督者，不能越界干预私人部门。因此，政府要树立符合市场的契约精神，做好 PPP 项目的整体规划，明确项目类型等工作；建立政策的调整机制，根据项目情况、公众的满意度来对价格进行调整；监督私人部门，进而保护公众利益。

基础项目特点是花费时间长，所需资金大，因此，要运用科学的方式来划分政府与市场，对政府和企业将来要面对的风险进行合理的划分，保证政府和企业的利益。在 PPP 项目中，企业负责项目建设的全部流程，与之对应的风险，也是由企业来承担。与企业相比，政府主要发挥宏观调控的作用，在项目中是合作者和监督者，因此，政府要遵循市场发展的规律，改进并完善 PPP 项目的科学规划、工程的招标以及项目的分类工作；调整政策，并在考虑运营情况和公众满意度后调整价格；对工程进行严格的监

督，进而保障公众利益。

二　建立政府与社会资本之间的相互信任关系

1. 政府方面

政府部门和参与项目的私人部门都需要有好的社会名声，才能让 PPP 模式和工程建设项目良好结合。因此，要重视强化契约关系，私人部门在获得有关工程项目的资格后，要和政府的有关部门签订规范协议。如果私人部门进行的工程超过期限或者工程的质量没有达标，政府部门需要对私人部门进行相对应的惩罚，追究其责任，并对社会公众进行公布。同时，吉林省政府部门要强化对公开信息体制的建设，完善绩效评价体系和社会监督制度，进而不断提高政府的社会名声。这可以让政府能够更容易地获得私人部门的信赖，为 PPP 模式的应用打好基础。

政府可以在 PPP 项目中建立信用约束机制，达到提高吉林省政府信用和声誉的目的，同时也可以约束参与项目双方的行为，避免出现不信守承诺的行为，让 PPP 项目持续稳定地发展，还可以加速建立 PPP 模型的试点。BOT 模式越加不适应现今的新形式，因此要参考国际经验，多次尝试以政府购买公共服务为核心的新型 PPP 模式试点，着重研究在新模式中的 PPP 项目的经营与管理，并在试点中收集出现的问题，解决问题并改善 PPP 政策环境。

2. 建立契约制度强化政府部门的契约精神

当前，吉林省政府对契约和法治的重视不足，这也是社会资本进入项目的原因之一。建立契约制度，规定政府所要承担的责任以及发生违反约定的行为时所要判定的依据，并且规定不同等级的违约惩罚范围和内容，这样才能够对政府人员起到监督和激励的作用。政府部门把相关的违约情况加入年度工作考核中，上级政府部门会进行相应的管理，而契约精神则将会纳入考核的范围，同时政府部门在规定的日期把项目的执行情况向外公布，让社会公众进行监督，让社会公众为自己负责。

3. 增强政府公信力加强合同契约精神

社会资本方首先关注的是政府公信力，而吉林省政府比较缺乏社会公信力，这阻碍了 PPP 模式的发展，也是 PPP 模式发展所要攻克的难点之一。已签订的协议能否得到严格遵守、政府的承诺能否实现是社会资本参与PPP项目的主要担忧。有时，吉林省政府为加速公共基础设施建设，会不顾当地实际情况与社会资本签订项目合同，然而，政府很难履行相关的职责，这会让社会资本方的利益受损。而对于政府来说，为吸引投资者所做出的高额回报承诺，在项目运营的后期，会以大量的补贴来兑现和弥补，甚至会出现不能履约的情形，这种情况不仅会增加政府的负担，还会对政府的社会声誉造成损伤，对PPP模式的长远发展造成不利的影响。

4. 加强构建政府契约精神，加大对PPP扶持力度

在PPP项目中，社会资本的参与还受到契约精神和法治精神的影响，而且二者（契约精神和法治精神）起到重要作用。完善的契约制度会提高吉林省社会资本的参与热情。因此政府要明确区分参与项目的双方所要承担的职责，规定在PPP项目中发生违反约定的行为时下达判定的依据，一旦在项目的合作过程中，一方有违约行为，则这一方一定要受到相应的惩戒。在PPP模式中，要对政府进行监督和管理，要加强政府的契约精神和法治精神建设，严格监督相关人员，避免其做出违规之事，而且还要上级部门积极参与，把相关的违约行为计入年度考核评审中，同时政府部门要将项目进行对外公布，接受社会公众和媒体的监督。

5. 构建有效的契约制度

政府应关注预算工作以保障PPP项目的有序展开。首先要完善收支结构，充分利用资本。当项目建设运营期间的预期支出过高时，要评估财政的承受能力，适当地减少相关费用。重视大型公益性基础建设的项目，利用零散支出增加对重点项目的投资。同时，调整区域和部门财政支出的比例，增加对贫困区域的支出，减少拨款超额的部门或地区的预算，整理闲置资金，加速资金的周转。其次要掌控全局，完善跨年度的预算平衡机制。与当地的财政部门合作编制三年滚动财政收支方案，以确保项目能够有效地实施。如果项目涉及大型重点工程，应该让专业人员根据实情纠正预算内容，随时随地控制支出，有超出限额的情形，要及时查明问题所在，并且高效地解决问题，将问题控制在合理可接受的范围内，以保障项目的效益。挑选合作者时，要挑选现金充足，有较强的偿债能力，声誉好、收费机制完善的社会资本，这可以满足项目的全部支出，为项目提供充足的物理支撑。如果合作者具有丰富的管理经验与很强的专业能力，则应充分地利用其经验和能力，减少项目期限，减少成本，提高质量，降低

监督和管理的难度。要公平公开地挑选供应商，给予他们平等的机会，避免招商壁垒。

在 PPP 项目的执行过程中，如果政府方没有契约精神和法治精神，将会造成严重的后果。因此要建立契约制度，让政府对自身的职责、权利有清晰的认知，并且，及时强调违约的依据，一旦发现参与项目的一方有违约行为，应当及时惩戒相关部门或负责人。这是加强监管政府部门的有效途径。另外，把违约行为计入年度考核标准里，还要让上级部门进行约束管理，以此来保证政府部门的契约精神。政府还需要公布项目的发展和实施，加强社会公众对项目参与者的监管。

6. 增强政府公信力以加强合同契约精神

政府的名誉是社会资本方应要考察的对象，并且是限制 PPP 模式发展的首要因素。签订的协议能否得到严格遵守、政府的承诺能否实现是社会资本方参与 PPP 项目的主要担忧。有时，吉林省政府为加速公共基础设施建设，会不顾当地实际情况与社会资本方签订项目合同。到后来，政府可能没有能力履行合同义务，对社会资本方造成损失。政府为了吸引社会资本方，会不理智地提出高收益、高回报、短期限、高补贴等承诺，导致在项目后期，政府需要通过发行大量补贴等方式来履行承诺，甚至有时候无力兑现承诺，这不仅增加了政府的负担，还损害了政府的名誉，可能对项目的长期发展有着消极的影响。

在 PPP 项目中，政府部门处于主导、优势地位，没有充分地理解契约精神，因此政府方要改变原本强势的态度，从管理者的身份转变为规划者、合作者，从根本上，建立一种公平的合作共赢关系。在项目的设计阶段，政府应进行充分的调查和准备，避免做出一些不合理的承诺。政府还要加强社会公众的监管，建立 PPP 领域的信用评价体系和相关平台，达到监督政府和培养政府契约精神的目的。

7. 建设诚信体系

在构建有效的契约制度基础上，吉林省政府还应对 PPP 模式中的民间资本，建立信用评级体系，用统一的规范来衡量并监督政府和民营资本的合作准入权限，进而减少融资风险，提高 PPP 模式的价值。相关文献提出了关于加强建设政府和社会合作诚信体系的建议，应加强对政府和民间资本的约束和监管，避免与缺少诚信的合作方合作。利用 PPP 模式中合作方的诚信记录来提高合作双方的履约意识，保障民间资本基本权益。除建立"信用网络体系"，以确保政府与民间资本处于诚实守信发展及合作关系外，为迎合 PPP 模式的应用新常态，企业与政府可以双方合作建设项目为核心，构建"谁受益、谁管理"的诚信管理体系。如以 2015 年为例，对民间资本与政府合作建设桥梁的受益方规范管理期限，在该管理期限内受益方需依据二者合作规范及相关标准，承担相关法律责任，提高二者履约意识，以保障民间资本的权益，进而实现 PPP 模式诚信体系的目标。面对不断增多的 PPP 建设项目，政府应鼓励并引导第三方诚信监管体系成长起来，站在客观公正的立场上，观察政府及企业的诚信程度，其目的在于给予 PPP 模式可靠的诚信评价体系。为使第三方评价机构更富发展与应用成效，新常态下 PPP 模式需赋予该机构更多监管职权，如对企业与政府合同履行情况予以监管，并将二者违反诚信的行为记录在册，用以充实体系，提高诚信体系的综合质量。

政府部门在合作中要诚实守信，加强契约精神，政府部门是参与者、合作者而不是管理者，不能因为是政府部门，处于优势地位，就肆意妄为，不能随意地更改合同的内容，更不能不承担合同中规定的责任和承诺。在项目中，政府部门确实因为自己的原因造成了损失，应该主动赔偿相关损失，接受相应的惩戒。在运作过程中，可以由政府部门和相关的专业人员组织政府信用监督委员会，进行准确科学的政府信用评价，监督政府严格地按照有关规定执行相应的责任和义务，让政府部门遵守诚实守信的原则。政府信用监督委员会是为项目组建的，主要处理 PPP 项目中社会公众等对政府部门的一些违反诚信原则事件的投诉，并且调查失信事件，监督政府部门，定期对政府部门进行信用评估报告，并向社会公布其结果。只有政府部门坚守诚信原则，社会资本方才会给予信任，才能更加积极地参加政府部门组织的基础设施建设和公共服务，进而实现政府与企业的合作共赢。因此，在 PPP 项目中，政府部门应坚守诚信原则，加强对信用体系的建设。

8. 社会方面

参与 PPP 项目的双方包括政府和企业都要重视社会名声，且必须要高质量地运行 PPP 项目；在合同中要包含惩戒条款，并且在签订之前，要承诺如果一方做出了违约的行为，比如更改合同内容，则另一方有权对违约的一方根据条款进行相应的惩戒。在 PPP 项目中，还可以通过制定有关社会信用的规定，提高双方的信用。

三 提高政府法律意识

与 PPP 模式有关的法律是监管的第一线，政府只有对政策和法律方面给予大量的支持，才能在模式化的公共服务方面发挥政府的职能。相关部门也要制定供给制度，消除部分私人部门在项目中的风险因素。参与项目的双方，在最初合作的时候，要区分各自所要承担的权利和责任，以监督和约束各自的行为，保障项目可以按照合同中所包含的双方的意愿来实施。为了避免出现公共部门使用权力过度的情况，也需要严格地规范法律，让"侥幸者"知难而退，防止参与项目的双方出现裂痕。出于保护民营企业利益的观点，要确保政府部门对民营企业许下的承诺的严谨性，能够按承诺的日期实现诺言。只有通过这种方式，才能实现政府部门的公共服务建设中双方的持续有效的合作。

要发展吉林省的 PPP 模式，主要有以下的途径。首先要从制度抓起，加强 PPP 模式和法规的体系建设。按照相关的法律法规，确定模式的应用范围，有针对性地制定相关管理方案，让模式能够得到充分的利用。其次在政府与社会资本方签订合同时，要保证合同的合理性，要详细地规定合同的内容，避免当一方出现违约行为时，另一方承受巨大的损失，却没有相应的惩戒机制等类似的情况。

在公共物品和服务领域中，PPP 模式是经常使用的一种渠道，可以减少财政压力，提高公共物品、服务的质量，充分利用市场在资源配置的长处，对政府的职能转变和能力提升提供质的改变。PPP 项目的监管部门中包含许多不同的部门，比如，财务部门、发改委等，不论是哪个部门负责，都不能暂时性地解决问题，也因为问题的复杂性，则不能由一个部门单独解决这类问题。为此，实施过程的监督、运行过程的监督等，都是由相关部门的负责人来负责。各个部门的责任人要以既客观又公正的态度对待自己的工作，要减少财政支出，保障社会公众利益，同时也要让社会资本方获得收益。关联责任人的责任终审制度的改善对转变政府职能、推动 PPP 模式以及提高效率方面起到关键性作用。

1. 健全相关法律法规体系

法律是完成 PPP 项目的保障，因此完善法律对完成 PPP 项目来说是至关重要的。首先，要建立与 PPP 项目的权利义务相关的法律法规，使权利和义务得到法律的支撑，为地方性政策提出参考意见，促进各级政府在大方向上保持一致。其次，各级地方政府要建立有当地色彩的法律体系，这些体系值得去参考。项目需要从政府授权开始，经过复杂的过程，若对这些过程进行解释、分析，需要完善相关规定，公开政府政策，提高透明度，让社会民众能够更好地理解相关的法律法规，这有助于 PPP 模式的运行。

吉林省还没有针对 PPP 模式的法律法规。因此建立一部有关 PPP 模式的法律法规是当务之急，并参考基础性法律来进行完善，形成相应的规章条例，让 PPP 模式得到法律的支撑。首先要健全 PPP 模式的制度建设，加强对财务管理的核算监督，重视预算管理以及解决预算方面问题，在政府财务预算中，要包含相关的成本费用，做出长远的打算。其次，为了反映成本支出，并得到相关记录，应对政府担保进行模拟情景分析，建立资源中心，以设置一定标准的方式来保障参与方的规范性操作。

明确规定风险与责任的监督管理与运营职责，保障参与方的利益，分辨双方所要承担的风险，利用政府调控的长处，提高基础建设的质量水平，提高私人资金的安全性和担保基础建设的收益。

首先，要加快 PPP 模式的法律建设。PPP 的概念应当应用到特许经营法中，并且能符合不同形式 PPP 的法律要求，明晰 PPP 的应用范围、合同框架和风险分担原则等概念以及理论，健全国家层面的 PPP 法律框架。

其次，加强对 PPP 政策体系的建设。以建立完整的 PPP 政策体系为目标，PPP 要包含财政、融资等领域与环节，加强部门之间的相互配合。

再次，制定 PPP 的操作指南，指南中要有不同的 PPP 法律、具体的操作程序以及相关的细则，并提供各方面的工具，达到更加规范有效地实施项目的目的。

最后，建立组织管理体系。为落实 PPP 相关的工作，例如 PPP 法律的建设与政策的制定、组织的协调等，应该参考其他国家的经验，设立相应的 PPP 管理机构。

在 PPP 模式中，建立健全的法律法规是必要的，健全的法律法规是 PPP 模式的重要基础，可以让投资者拥有更多的自信感，减少项目中存在的风险因素。PPP 模式包含多个方面，非常繁杂，政府在 PPP 项目中是指导者和监督者，因此要承担自己的责任和义务，建立一套科学可靠的 PPP

项目操纵流程，且在运行过程中，确保项目的公开、公正、合法。国家要出台相关的法律政策，分清参与项目的双方所要承担的责任，保证双方的权益。参与项目的双方都要进行自我约束以及相互之间的监督，保证操作流程和法律法规能够确切的实施。

对 PPP 立法有利于降低项目的风险和成本，改善社会资本对未来的期望，因此要加快建立 PPP 法律法规体系，加快制定 PPP 法律法规，确定 PPP 的应用广度、参与项目的双方所要承担的权利和义务、解决矛盾和资本退出机制等。建立健全 PPP 政策体系，增强对立项、招标等方面的引导，增强各个部门之间的协调性。明晰 PPP 法律法规和现行相关法律法规范围的共同点，以免在未来发生冲突。

省级立法机关在构建 PPP 的市场秩序的过程中，要确定 PPP 模式是政府开头、市场主导。政府和社会资本要在分清各自的权利和责任的基础上，实行双方各自的责任，防止在设立规则时政府起到主导性作用。如果政府在项目中起到主导性作用，则社会资本会为项目提供更多的资源，那么会降低社会资本的地位，认为这只是一个融资工具，进而打击了社会资本参与的积极性，使 PPP 项目的发展受到消极的影响。因此，当中央还没有设立相关的法律来规范 PPP 投资时，各地区的政府要制定相关的规章制度来监督和限制这类新型投资模式。每个行政管理部门也要在执行自己的职责时，坚守公平竞争的观念，使所有企业都能够进入市场，享受政策优惠，进行公平的竞争。要以政府采购的公开化、透明化来激励和指导社会资本加入 PPP 项目，要通过设立合理的机制，保护投资者的收益。行业主管部门要加大对行业的监管力度，规定技术标准，确定行业标准，保证社会资本能够可持续的运营。

考虑吉林省的实际情况政府应设立有关的法律条例，以及完善统一的法律制度，来消除公私合作模式在应用中出现的矛盾点。虽然吉林省在设立法律法规方面已经有了一定的成果，但依然有许多的不足。因此，对于国家来说，必须制定和完善法律框架，健全公私合营模式的法律法规。同时，也需要政府的扶持，只有与政府全方位、多平台的合作，才能完成健全法律方面的工作；而若在合作模式中出现了新的矛盾点，则需要利用政府颁发的政策去解决。因此，政府要充分地把握好自己的权力，既要保障项目合作双方平等的合作、公平竞争的环境，也要尊重客观的经济规律，实现社会的需要。

2. 建立完善的 PPP 投融资管理法律法规

在 PPP 模式中，要设立健全的法律法规和相关的政策，让项目法人参与者在谈判时有可靠的依据，政府设立健全的法律法规对项目的执行提供了不小的帮助。PPP 投融资方面的法律要维护政府应该拥有的权利，也要增加投资者对项目的可信度，减少和 PPP 项目相关的支出与风险。因此，对于项目来说，相关的法律法规是必不可少的。PPP 的法规中要包含模式的应用范围、相关程序和权利义务、特许权协议以及矛盾的解决途径等。

政府要对 PPP 项目从开始设计到完工的全过程建立相关的法律法规，以维护项目的时效，确保项目的规范运转。相关的法规是从项目的设立、招标、建设、运行、服务为起始点，确定政府在项目中所应有的权利，进而确定 PPP 项目的价格机制和市场的准入机制，运用相关的法律法规来消除项目中存在的矛盾，推动项目的运行。整理归纳项目相关的法律法规，在实施项目的过程中，研究并完善相关的实施细则，从而保证 PPP 项目能够在不违背相关的法律和规定的前提下进行，确保参与项目的双方的权益，促进项目的可持续的发展。

借鉴其他国家在 PPP 模式中成功的经验可以总结出，只有建立健全的法律法规，才能保障 PPP 项目成功的运行。例如，英国、日本等国家建立了因地制宜的 PPP 法律法规，为 PPP 模式提供了法律依据，确保 PPP 项目建设能够顺利地进行。因此，政府部门应该建立健全法律法规，让项目运营能够得到法律支撑。第一，要分清参与 PPP 项目的双方所要承担的权利和义务，做到权责分明。政府要推广 PPP 项目并监管项目运营，私人企业则是做施工管理以及后期运用方面的工作。第二，分清参与项目的双方所要承担的职责，之后应参考市场规则以及具体问题具体分析来建立法律法规体系。PPP 项目具有不同于其他项目的特点，正因为这个独特性，每个建设项目都有其各自的项目内容，市场环境也不相同。因此，建立的法律法规应该具有可预见性以及延续性的特点，考虑时间和环境的因素，调整相关的法律法规。第三，完善纠纷调整机制以及调整政府行为的法律体系，减少矛盾解决所要用的时间，进而减少无用的支出，同时，防止一些地方政府滥用权力，保全社会资本方的合法权益。

3. 逐步完善相关的法律法规

PPP 模式是以合同的形式进行项目的投融资以及管理，因此要以健全的法律条文和政策来保障项目的有效运行，使项目拥有法律支撑。PPP 模式的广泛应用要以 PPP 法律法规体系和监督体系为基础，可以体现政府的政策扶持，减少项目中所包含的风险，增加投资者对项目的期望。

参考其他国家的实情，以英国为例，英国是应用 PPP 最早但并没有把 PPP 发展最好的国家，不过，其项目的相关法律建设是健全的。虽然英国使用了判例法，但没有为特殊的地区或某位特殊的人或人群来制定专门的法律，但这并不意味着它不是用成文法。英国更多地采用模范效应，立下一个标准示范合同，以此方式来达成法律规制的目的。即使没有 PPP 的专门法律文件，但相关的法律已包含在各个地区的法律之中。PPP 的实施既要符合各个地区制定的法律，也要符合联邦法律。而在日本，20 世纪 90 年代，开始推广 PPP 并且健全 PPP 法律法规。1999 年日本政府出台了《利用民间资金促进公共设施等整备相关法》①。为了支持该法律，日本政府颁发了相关的一系列 PPP 指南等法规和条例。在 2011 年、2013 年调整了相关的法律条规。日本的 PPP 项目是由地方政府来负责，政府起到了主导性作用，采用了政府支付的方式。PPP 模式包含政府部门、社会资本方、基础设施建设以及其他参与者，因此对长远的利益造成了不利的影响，对项目的参与者造成潜在的损失。为避免出现这一情况，首先要让政府、社会资本方和公众可以从 PPP 项目中获利，以此为目的来安排各个事项，保证项目物有所值。其次，要把风险限制在一定范围内，以免在 PPP 项目实施时出现问题，进而保障项目能够持续有效地运行。因此，建立相关法律法规来创造一个公平竞争、持久有效的 PPP 制度环境，以此来满足上述条件。这样的环境可以分担项目中所包含的风险，也降低了项目成本，为投资者提供高质量的基础设施和服务。总而言之，吉林省应该根据国家设立的法律法规以及其他国家在 PPP 模式中的成功经验，逐步形成以特许经营法为主干，其他部分为辅的规范系统法律体系。健全与 PPP 模式相关的法律法规以及社会保障有关的机制，推动法律的建设，提高法律层次。PPP 项目由两个方面组成，一是建设的前期工作，二是对设备的投资。前期工作中，需要

---

① 因日文翻译的差异，该法律名称并未统一。

的资金量庞大、不会有资金回报，而设备投资则要求有一定的专业能力，会得到一些收入。如果由社会资本方承担第一部分的工作，则会因为不存在收益，出现中途退出的情况，因此，地方政府可以承担前期工作方面的投资，而社会资本方则承担设备投资，以此来保证社会资本能得到一定的收益，保障项目的顺利运行。

一套完善的法律可以保证 PPP 模式的可持续发展，因此吉林省也要参考其他国家在 PPP 模式发展中显著的经验成果，以加拿大为例，加拿大是全球有名的 PPP 模式的应用楷模，加拿大有健全的立法体系，设立了专门处理 PPP 管理方面事项的相关组织。PPP 有非常多的种类，因此首先要实现各种 PPP 的法律条件，确定 PPP 模式的运作范围，分清项目参与方所要承担的权利和义务，明确它们之间的关系；其次，要明晰相关权限、风险担负以及有关于收益和投资退出的相关机制等；最后，完善解决矛盾的相关机制，健全地方政府行为约束方面的法律体系，维护社会资本方的权利和收益。

4. 国家进行强有力的监督

我们国家使用 PPP 模式的目的是为了减少政府的负担，如果国家的监管力度不大则会让有侥幸心理的人对 PPP 模式产生消极的认识。从国家层面来讲，国家通过审计的方式对 PPP 的全部过程进行监督，这是一种划时代的方法。参考五大发展观，以全过程审计监督的方式，来实现政策的高效实施，支持创新发展，保障民生，进一步推动深化改革，加强资金的利用，提倡反腐倡廉，加强国家治理。

由建立在外部与项目无关的组织来监视项目的运营，构建全面、高质、高效的监管机制，让监督人可以做到随时监控并且反馈结果，避免发生政府通过立法手段将部门利益上升为受法律保护的利益的情况；监管项目的全过程，运用对法律法规的监管，来实现 PPP 项目质量的改善和效益的加强；构建具有公开、透明特征的支出预算体系，列出各项支出，构建支出和债务的限额制度，进而加强公众对项目的监管。健全项目的相关条款，加强对契约精神的锻炼，确定并了解合同内容和法律的效力，维护参与项目双方的权利，保证双方能够按自己的意愿平等地进行合作。完善项目审核小组的内控和考核绩效的制度，按不同的职位规定不同的权利，让专业人员负责审查方面的工作，并签章确定各自要承担的责任，增强项目的软实力，加速项目的进度。合作各方项目中的权利和违约责任要通过构建相关法律来实现，让项目有法律的支撑。同时政府部门应该要明确了解 PPP 模式的专门法律与现有的法规之间的关系，确定项目合同的内容。

通过合同规范参与项目的政府以及企业的行为，构建良好的经济发展关系，政府和企业共同担负风险，分享项目的收益，进行协商合作，进而实现参加项目的双方的需要，降低项目中所包含的风险，让双方能够确定各自的目标，保证民间资本免受损失，加强合作精神，对双方的权利与义务给予保障，提高模式的应用价值。

四　明确划分政府与市场边界

以 PPP 模式来建设公共服务项目，花费的时间长、投资量庞大，因此，必须要科学地区分政府和市场，明确参与项目的政府和企业双方所要承担的风险，维护双方未来可以得到的收益，保证项目能够顺利地进行下去。在 PPP 模式中，需要使用大量的社会资金，政府要发挥宏观调控的职能。项目的建设是由私人企业负责完成的，项目建设中的风险也是由私人企业担负的。政府是项目的参与者和监督者，而不是管理者和控制者，不能干涉私人企业的工作。因此，政府的工作要符合市场的发展规律，实施以下几个方面的措施。第一，以科学的方式，健全 PPP 项目规划，执行招标和投标工作。第二，推动政策改革，在满足合法经营要求下，调查项目运营情况和公众满足度，根据调查随时更改价格。第三，严格执行与监督相关的机制，维护公众未来得到的利益。

五　优化 PPP 项目审批流程，完善退出机制

在吉林省 PPP 模式中，社会资本要经过复杂的审批程序才能加入项目，所花费的时间很长，这会让多数社会资本方不愿意进行投资，从而错过了很多合作机会。为了防止类似的情形发生，本书提出了以下几个方面的措施。

1. 制定标准化的 PPP 项目审批程序

吉林省政府对在 PPP 模式公共建设方面的投融资进行调整，对管理制度进行创新性改造，通过构建针对性的政策和对策，吸引社会资本对基础建设项目进行投资，并且参与项目的双方要形成共分收益和风险的合作关

系。另外政府也要降低项目审批的复杂程度，提高社会资本方参与项目的积极性。政府的相关监管组织要制定公私共办的项目审批和操作流程，地方政府开发 PPP 项目时，应借鉴这些流程，这些流程应根据项目的具体情况来评价其合理性与可行性。在 PPP 项目实施时，要建立一套健全的项目制度，在坚持维护项目公开透明的基础上，对项目的管理进行强化。因此，在管理过程中可以明显地看出吉林省的公共资源平台所拥有的职能以及在项目中可以起到的作用。

PPP 模式在吉林省的发展过程中，满足相关要求的私人部门可以自主地加入 PPP 项目，进而可以提高公共服务的质量，加强服务的效益，解决缺乏资金的问题，帮助政府解决一系列的问题。因此，在项目的执行过程中，相关部门要降低市场准入门槛，对现有的一些限制要求进行修改，尽可能让双方得到一样的待遇，提高私人部门参与项目的积极性，让项目吸引更多有潜力的合作者。这会提高各个私人部门的参与热情，也能让政府部门拥有选择余地，以保证有可观的管理经验、社会名声不错的企业提出参加的意愿，进而让吉林省的市场经济能够更加健康可持续地发展。

2. 转化角色制定标准化的 PPP 项目审批程序

PPP 模式需要由政府来主动地去推进，而政府在项目中的身份和介绍 PPP 项目流程的复杂度，是 PPP 模式推广的关键。从 PPP 模式与过去使用过的模式的对比中可以看出，政府已经由项目的主导者、管理者转变成了监督者、合作者，与私人部门一起合作完成 PPP 项目。政府在参与项目时应该对公共项目的投融资进行调整，使 PPP 模式能够更加符合中国的实情，对项目的管理方面进行创新，进而发挥政府在项目中作为监督者和合作者的作用。政府可以构建相关的政策措施来激励投资者投资基础设施的项目，形成收益共享、风险共担的合作机制。因政府在项目中身份的变化，政府要负责组织推动项目。另外，政府也要简化审批流程，进而提高社会资本的参与热情。中央政府的监管机构应该构建 PPP 项目的审批和操作流程，各地方政府应该以这个流程为蓝本开发项目，通过衡量项目的经济状况、投资效益等，确定项目是否合理可行。一旦建立了标准程序，每个 PPP 项目都要按照这些流程来实施，只要没有通过这个流程就不能给予批准。

3. 审批流程的优化

和传统模式相比，PPP 模式要加大政府身份转换方面的管理力度。在 PPP 项目中，政府需要改变过去的主导身份，转变为参与者、监督者，并对投融资进行制度改善，改进管理方式，进而加强政府对项目的监督和指导。根据市场对审批程序进行改善，是为增加投资热度而要采取的必要手段。因此，推荐吉林省政府构建一套 PPP 项目的专项审批流程，这有助于提高项目投资的管理效率，完成经济指标分析等。

在 PPP 项目的实施过程中，审批流程是复杂的，企业要与很多政府部门进行协商，这要求企业随时关注政府部门动态，进而能够顺利地与相关部门进行交流和谈判。但是现在吉林省的政府部门有很多不足，这些不足阻碍了审批工作，降低了审批效率。此外，各种机关和相关人员了解项目审批的程度是不一样的，这也降低了审批效率。

允许民间资本进入公共领域，进而实现政策承诺。加强对民间资本参与途径的细分，防止在社会事业、资源开发等领域中，类似表面上是加入实质上并没有参与进去的情况出现。

要更好地发挥 PPP 示范项目的指导作用，做好 PPP 项目的收集、挑选和投资方面的事情。在明确付费机制、计算投资回报率并且制作价格调整机制的工作中，要起到专业的指导作用，这有助于工作的顺利完成。健全 PPP 项目库，按不同的行业和领域来选择模范案例。

要明确各区域在财政方面给予 PPP 模式多少、扶持。可参考现实的情形，允许各地区政府根据自己的财政情况来调整 PPP 项目费用占比。与此同时，可参考美国和加拿大运用 PPP 的经历，财政部等机构合作设立专门用于基础设施方面的基金。

4. 建立透明的市场准入机制

政府在基础设施方面进行投标和招标时，要遵守透明的原则，维护信息的时效性，降低程序的复杂程度，以恰当的方式，从对方的专业技能等方面考虑选择合作方。降低私营部门参与基础设施项目的难度，进而打造良好的市场氛围，减少民营企业参与多种市场的约束，公布特许权扶持政策。

在吉林省 PPP 模式的发展过程中，如果满足相关的要求，私人部门可以自主地加入 PPP 项目，进而提高政府的公共服务质量，提高其效率和收益，解决资金不足等问题。因此，在项目的实施中，政府要放宽公共部门进入市场的约束，改进原来的约束条件，让参与项目的双方拥有一样的待遇，让私人部门能够更加深度地参与项目，让项目拥有更多的合作者。这会提高私人部门的参与热情，并且扩大政府部门的选择，保证有丰富管理经验、社会名声好的企业纳入选择的范围，进而加速推动吉林省市场经济长期可持续的发展。

发挥政府在营造公平诚信市场环境中的导向作用，给予各类投资主体公平参与的机会。在招标选择社会资本方时，合理设定招标资格和评标标准，不得以不合理的采购条件、过高或无关的资格条件、过高的保证金等，对民营资本设置差别条款和歧视性条款，对违反者，财政部门不得安排资金和政策支持。积极探索在 PPP 项目中发展混合所有制，鼓励有实力的民营企业与国有企业、基金、银行等通过组成联合体等方式共同参与 PPP 项目。建立合理的投资回报机制，积极探索优化 PPP 项目的多种付费模式，可以通过资本金注入、资本投资、项目补贴以及报销贷款利息等方式对项目进行扶持，增加社会资本。

5. 加快建立完善的退出机制

设立产权交易平台。依靠产权和股权市场，提供产权交易的方式和平台，进而保障社会资本在满足公开透明的要求下能够退出项目。

设立相关的补偿机制。因客观因素影响和其他情况而导致终止合同，或服务相关的一些重要指标长时间没有达到规定要求，政府存在违反合同的情况，社会资本可以选择退出项目，政府应该按照双方可以接受的价格对退出者进行补偿。

构建临时接管制度。在参与方申请退出项目时，项目的主管和实施部门应设立相关的退出方案，并负责临时接管工作，以免出现项目运行停滞的情况。

构建项目退出机制。构建 PPP 项目与产权和股权相关的市场和系统，为产权和股权的流通增加便利，有助于私人部门通过股份转让达到合理退出项目的目的。

此外，改善 PPP 模式的投资退出机制，激励成熟的 PPP 项目，以资产的证券化等方式，与国内的融资市场进行完美对接。政府应该设立与项目产权和股权交易有联系的实施细则，为项目的股权增加交易场所和机会。

六　提高社会资本融资 PPP 项目积极性

1. 创新融资手段，拓宽融资渠道

现阶段，吉林省内针对 PPP 项目的融资方式和渠道有所稀缺，对于私人部门来讲，这种现象较为明显，使其在融资过程中面临诸多阻力。如果不能有效地解决融资问题，在项目发展过程中将会面临障碍。因此，要运用合理有效的方法发展更多元的针对 PPP 项目的融资手段，以外来经验为基础，开发新的融资方式，找寻符合吉林省实际情况且能有针对性地解决问题的措施，针对现有情况，可以选择从以下几个角度入手。第一，为私人部门提供更宽松的贷款政策，减少融资费用，倡导银行等金融机构对 PPP 项目提供一定的优惠条件；第二，放宽对养老保险、社会保险、住房公积金等基金的约束条件，激励相关资金流入 PPP 项目，为建设 PPP 项目提供支持，同时为了规避相关的资金风险，可以为 PPP 项目设立用于担保的基金项目；第三，为了更有效地刺激 PPP 项目的活力，要合理充分地借力资本市场，通过资产证券化的方式将 PPP 项目和资本市场结合，同时要加强顶层设计，完善政策支持体系；第四，加快政策制定的进度，尽快下发能有效促进 PPP 项目发展活力的福利政策，同时激励金融机构为 PPP 项目发展提供新的金融产品。在拓展 PPP 项目融资手段的同时所衍生的各种金融产品、政策等，可能会为金融市场带来新的风险，因此也要加大对相应部分的金融监管力度，从而维护金融市场的稳定，预防因金融市场的风险问题而影响 PPP 项目融资的情况。

为了增强金融机构参与 PPP 项目的意愿，政府部门应发挥引导作用。一是对政策性金融机构的引导，政策性金融机构具有贷款利率较低、融资期限较长等优势，这些优势将会降低和减轻融资企业的融资成本和还款压力，因此政策性金融机构的参与会为 PPP 项目提供特殊的贷款支持。二是对商业银行的引导，转变其对 PPP 项目的认知，同时拓展更多的渠道，让商业银行能够以更多元化的方式参与项目。

为了扩大项目规模、加快项目进度，应吸引更多的民间资本参与项目。为此政府部门应提高建设政府信用体系的效率，加强政府的契约精神，这样可以降低因政府部门主要领导人的换届或变动而给 PPP 项目带来的影响，减少项目风险，从而增强社会资本参与项目的意愿。此外民间资本较为分

散，有能力独自参与项目的民营企业实为少数，政府部门可以搭建一个能起到整合作用的平台，以支持各民营企业以"合资"的方式参与 PPP 项目。通过上述方式可使社会资本不敢、不愿、不能参与 PPP 项目的问题得到解决，进而为 PPP 项目提供更多的融资方式、扩大融资规模。

为了充分调动吸引民间资本，建议吉林省各县（区）根据各地区的实际情况，研究新的融资机制，运用多种融资模式，如抵押土地复耕指标变现、融资租赁、实体资产证券化等方式，刺激资本活力，加快各县（区）PPP 项目发展的进程。

放宽私人企业融资限制主要表现在企业债券的发行方面。可以从两方面考虑，一方面，现阶段吉林省内存在一定数量的具有较好经济效益及发展潜力可观的民营企业，政府部门可以给予这些优秀的民营企业更好的政策，甚至使其在发行企业证券方面得到与国有企业相等的机会，进而为优秀的私营企业的发展提供便利条件。另一方面，需要在更大的范围内发行更多的公共服务类项目的债券，进而刺激流通债券的市场活力。针对一些规模较大的公共服务类项目，在解决项目资金短缺等问题上可以利用城市公共服务债券这一重要融资工具，通过这类债券的上市交易能够有效地提高投资市场的投资兴趣。在吉林省 PPP 项目的发展过程中，无法规避的一个问题就是融资困难。搭建新型融资平台、开发多元融资渠道、整合吸引民间资金、引导金融机构资金投入、减少融资费用等方法都有助于减少融资过程中的阻碍。"PPP+P2G"这种模式便是个正面例子，这种模式其实是两种模式的结合应用，互联网金融模式下的 P2G 是通过搭建平台连接民间资本和政府介入项目。"PPP+P2G"模式则是将 PPP 项目定义为政府介入项目，使 PPP 项目作为 P2G 的产品参与到互联网金融模式中，利用 PPP 项目风险管控严、回报稳定、过程透明规范等特点，吸引平台中的民间资本投入。于 PPP 项目而言，这种模式可以有效地解决项目融资困难的问题，于 P2G 而言，PPP 项目作为产品加入可以有效地降低互联网金融的风险，同时可以使民间资本收获到 PPP 项目带来的稳定回报。

PPP 模式下的项目大多规模较大，这也决定了其需要大量资金、投资周期较长的特点，传统的融资方式如商业银行贷款等贷款期限短、融资成本高，因此开发更多样化的融资工具对 PPP 项目来说至关重要。政府部门在这方面也应该对民间资本投资方提供相应的帮助，例如为参与到项目中的企业提供合理的财政补贴或者在企业融资过程中为其提供担保等，以此来帮助企业提高融资效率及融资数额。在金融机构的信用评价方面，也要尽量减少民营企业和国有企业因企业体制差异而带来的信贷差距；民间资本投资方应对各种融资工具进行充分了解，合理合法地灵活运用各融资工具，缩减融资费用，降低融资风险。

政府部门应尽快建立 PPP 项目担保基金，以减少银行和其他基金的顾虑，进而在调动银行发放项目贷款积极性的同时增强社会保险、养老基金等基金参与项目的意愿。如果发生了由地方政府的违约行为给银行或保险公司带来经济损失的情况，则由项目担保基金对所造成的损失进行相应的赔付。也可以根据实际情况合理地扩大养老保险基金的投资范围，例如允许其投入约占基金总额 5% 的资金参与基建项目，对保险基金、社会保障等基金投入基建项目的条件适当放宽，从而使更多种类的资金有条件参与到 PPP 项目中，进而解决或缓解 PPP 项目进行长期建设时所面临的资金短缺的问题。此外，还可积极吸引其他种类的外部投资投入公共领域，如产业投资基金、信托基金等基金类资本以及存量丰富的私有资本等。同时，在 PPP 项目建设运营过程中，可以运用资产证券化方法刺激基础设施存量的活力，达到引入社会资本的目的，进而为政府部门减轻财政负担。参考国际上的成功经验，政府为了帮助社会效益可观但因某些原因而存在短期资金缺口的企业，可以建立适应性缺口补偿基金对资金缺口进行补助。

引入资金是丰富 PPP 项目融资方法的关键所在。政府部门在进行高校基础设施建设项目时，可吸引养老保险等社会成本较低的资本进入项目，匹配资产期限和负债期限，此外，应促进针对 PPP 项目的资产证券化市场成型且加速其发展，进而使那些满足证券化条件的高校基础设施项目焕发新的活力。与此同时，建议政府部门颁布相应的鼓励政策，例如鼓励银行投融资联动、设立相关项目基金等方式为此类 PPP 项目提供融资支持；激励金融公司以高校基础设施 PPP 项目为对象针对其项目资产、应收账款等科目提供融资帮助。

自 2014 年开始，各级地方政府部门尝试各种方式力图促进 PPP 模式发展，却未能有效地调动社会资本参与项目的积极性，PPP 模式发展缓慢，成功签约的 PPP 项目数量较少，大多数民间资本持有者对 PPP 模式仍持观望态度。2015 年以后，政府部门积极建立相关规章制度，对 PPP 模式的发展环境进行规范，得益于此，于 2016 年后，越来越多的 PPP 项目取得了实质性进展，逐渐落地建设。因此，怎样减少甚至消除 PPP 项目落地过程中面临的阻碍是摆在各级政府部门面前的首要问题。出于吸引社会资本、扩大融资范围、丰富融资方式等目的，建议政府部门不要局限于商业银行贷款的方式，以下几种方式也可以作为解决问题的突破口。第一，政府部门可以针对不同类型的 PPP 项目设立基金或扩大基金规模，以此来消除民间资本的顾虑，增强其对项目的信心，进而引导更多的民间资本流入 PPP 模式。第二，要充分发挥资本市场的作用，在资本市场中使项目和相关产业结合，将 PPP 项目资产证券化，在操作过程中可以用项目的预期报酬或特许经营权做担保。第三，激励信托公司投资 PPP 项目，信托公司本身就掌握大量整合而来的民间资本，同时还能运用多种投资方式与产业资本进行合作进而共同参与到项目建设中。第四，保险公司的大多数基金对资产配置的时限要求都较长，这一点恰好能与 PPP 模式中项目周期较长的特点相匹配，因此吸引保险公司参与项目，能有效地解决项目实施过程中的问题，提高项目建设效率。

政府部门需要加大 PPP 模式的宣传力度，面向社会普及 PPP 模式的实质及价值，进而调动民间资本参与项目的积极性；此外，要保证信息对称，使 PPP 模式下项目的进程做到公开透明，充分了解民众对 PPP 模式的看法，设立完善的监管机制，从而使公共利益得到保障。

2. 创新金融机构支持模式，完善资本市场

首先，加速改善完整针对现有项目资金的管理办法，为解决基建过程中的资金问题，可适当解除对社会基金或企业年金的投资限制，同时应建立有效的资金管理体系确保项目所需的中长期资金、维持项目的资金的稳定性；其次，还应建立有针对性的 PPP 项目专项基金，用于对参与到相应 PPP 项目中的面临着融资难题的企业提供适当的补助；再次，为有效地减轻政府的财政负担，可以适当地吸引本身就整合了大量民间资本的信托基金及商业基金投入公共领域；最后，为了有效地扩大 PPP 项目的融资范围、丰富融资手段，政府部门可以对现阶段的融资管理办法进行适当调整，进而使资金高效运作。采用弹性较大的定价方式，有助于调整政府支持的方式，确定财政补贴的方式，通过投入一定比例的资金及建立有针对性的基金的方式，帮助政府部门在 PPP 项目建设过程中合理有效地引导民间资本，

精确高效地发挥财务杠杆的作用。此外，为了 PPP 项目出台有吸引力的激励性税收政策能够刺激民间资本投资项目的积极性，同时针对那些投资收益较低的项目，政府应给予参与其中的银行等金融机构适当的优惠政策，以激励金融机构推出能更好支撑 PPP 项目融资进程的相关金融产品或金融服务，商业银行参与到项目资金管理中，可以从其专业角度出发，高效运作项目资金。PPP 项目所需要的资金金额往往较庞大，且项目的资金回收期都较长，在这种情况下，仅靠社会投资方和项目发起方的信贷等级进行融资所得到的资金很可能无法维持项目的建设运营，因此在 PPP 项目的融资过程中要充分利用项目本身具有的稳定预期收益、政府补贴等优势，通过运用各种融资工具来扩大融资规模。同时，政府应允许一些能够接受较长合同履行期限且具有丰富经验的公司负责交钥匙工程的建设及运营，PPP 项目合同及履约保证书也有助于提高融资方的信贷等级，帮助融资方扩大融资规模、填补资金缺口。此外，可以通过发行长期债券的方式，加快 PPP 项目的融资进程，并将项目融资带来的风险合理地分散到债券市场里的各类金融机构。

PPP 模式的性质决定了这一模式下的项目资金需求大且回收周期长的特点，单是依靠项目发起方及投资方的融资能力无法维持项目的资金周转，因此项目稳定的预期收益、资产及政府相关的补贴政策都要被充分利用，以此来提高项目的融资能力，在面临融资问题时，除确认的坏账和资产负债以外的融资工具都要充分利用。有关部门应与那些经营状况良好、经验丰富且有能力接受项目回收期较长的企业签订"交钥匙工程"的合同。此外投资方与发起方签订的相关项目合同及履约保证书等书面证明也可作为抵押物来提高项目的融资能力。在债券市场中针对项目发行长期债券可以提高融资效率，在债券发行过程中，随着多种资本的进入，融资风险将会分散到各种金融机构。

3. 成立创新性融资平台解决融资难问题

要保证 PPP 项目的顺利进行，首先要解决的就是融资过程中面临的诸多困难。吉林省政府部门可以通过搭建新的融资平台的方式，并结合各级政府的实际情况扩大融资范围，开拓新的融资渠道，以此达到吸引民间资本及政策性资金以外的其他资本的目的，这样可以有效降低融资成本，且能对项目债务结构的调整起到正面影响。互联网金融模式中的 P2G 就是一种较为合适的平台类型，因此两者结合而产生的"PPP+P2G"模式就是解决融资问题的一种有效模式。P2G 将 PPP 项目作为产品，通过 PPP 项目固有的收益稳定、风险程度低、流程规范透明等特点吸引 P2G 平台中高风险投资的资本。也就是说"PPP+P2G"模式不仅可以为 PPP 项目解决融资问题，同时也可以对互联网金融的风险问题进行调控。

在现阶段的经济大环境下，民间资本在投资 PPP 项目时仍需要政府部门提供相应的政策性帮助。首先，民营企业在融资问题上需要政府提供一定的政策性支持才能取得与国有企业相对等的融资机会；针对投资 PPP 项目的企业，各级政府部门应提供财政补助等，以提升民营企业的融资能力；对银行采取激励措施，提高其对 PPP 项目发放贷款的积极性，同时推进银行建设针对民营资本服务的金融服务体系，且为民营资本提供融资协调等服务。其次，各级政府部门在条件基本相同的情况下应给予民营资本更多的机会，应在主观上倾向于民营资本，在其中择优选择。然后，政府部门可以在融资以外的方面，如税后、土地等，给予民营企业适当的福利政策，这样可以使民营资本对项目投资产生更为强烈的兴趣。最后，地方政府应充分发挥财务杠杆的作用，通过建立相关项目专项基金的方式，利用政府的财政资金引导吸引大量的民间资本投入其中。

4. 加大民间资本融资力度

《关于推进政府和社会资本合作规范发展的实施意见》指出，各级政府部门通过财政补助、投资补贴、注入资金等方式，刺激社会资本参与 PPP 项目的积极性，为 PPP 模式下的项目开拓新的融资渠道，调动社会资本对 PPP 模式的参与热情，发展针对融资方面的各项服务、使融资方式更加多元化立体化。该《意见》进一步指出，为了增强社会资本的融资能力，扩大其融资规模，政府将针对 PPP 项目进行资产证券化，在债券市场中为符合条件的 PPP 项目发行长期债券。再如，政府可与金融机构合作，以某项大型 PPP 工程为基础，创设纪念邮票、纪念币等极具收藏价值的商品，作为融资路径之一，这种极具公益性的投资行为，可提高民间资本融资力度，达到扩展融资途径的目的。

现阶段，吉林省内 PPP 模式下项目的融资渠道比较单一，对民营企业来说这种情况尤为明显，这也为民营资本的融资制造了许多困难，如不能有效地解决融资困难的问题，这将会降低项目建设的效率。因此，为了给

PPP项目发展创造更加良好的环境，政府部门要寻找有效开拓新的融资渠道的方法，在参考已有成功经验的基础上，开发新的融资方法，结合吉林省的实际情况找到能有效解决吉林省面临的问题的措施。可以从以下几方面入手，第一，从政策角度适当扩大民营企业的融资范围，使民营企业能够以更低的成本进行融资，同时鼓励银行在融资领域对PPP项目提供相应的帮助。第二，进一步放宽金融市场中保险行业的各类相关基金的投资范围限制，使相关基金能够进入基建领域，投入PPP项目建设，建立相关项目的专项担保基金，防范降低各类资本投入PPP项目所承担的风险，以确保社会投资方的投资收益。第三，将PPP项目与资本市场结合，在债券市场中通过发行债券的方式，为PPP项目引入资本。第四，加快制定并颁发针对PPP项目的鼓励性政策，鼓励金融机构开发与PPP项目相配套的金融产品用以支持项目发展。在开拓新的融资方法的同时，要注意维持金融市场的稳定，加大监管力度，避免因金融市场的不稳定而给PPP项目带来负面影响。

在当下的经济大环境中，无论是在各地区政府的融资过程中，还是在PPP项目的建设发展过程中，民间资本都起到至关重要的作用，为了促进项目发展，需要各级政府加大对民间资本提供政策性支持的力度。一是在民间资本投资方进行融资时提供一定的支持政策，改善资信评级体系，避免民营企业与国有企业因体制问题在融资过程中产生差异；政府可以采取发放财政补贴、提供担保等方法，提高参与PPP项目的民间资本投资方的融资能力；激励商业银行等金融机构为PPP项目提供融资服务，促使银行建立有针对性的新金融服务体系，更高效地为民间资本提供金融服务。二是在企业各方面条件基本相同的情况下，各级地方政府应优先考虑民营企业，政府部门应该有主动引进民间资本的意识，在加大对参与企业监管力度的同时，择优选择。三是政府可以在项目以外的领域为参与项目的企业提供适当的优惠政策，当社会资本觉得参与项目"有利可图"时，其积极性就会被充分地调动起来。四是政府部门可建立项目相关的专项基金，利用财政资金充分发挥财务杠杆的作用为PPP项目引入大量的民间资本。

5. 推动投融资平台转型和融资方式创新

促使投融资平台转型为投融资公司，以公司的形式参与PPP项目。各级政府应加快整合投融资平台，根据实际情况，关闭空壳平台，对其他平台进行合并或转型处理。积极引导多种类民间资本投入 PPP 项目，以支撑各级政府运用注入的财政资金、授予特许经营权及完善合约等方法，达到整合重组各投融资平台的目的，使转型后的投融资公司作为建设主体、方案供应商或城市发展专业运营商参与 PPP 项目。在能够控制相关风险的情况下，突破地域限制，创造机会让转型后的具有一定实力的投融资公司有机会参与其他地区的 PPP 项目建设。

加大开创新的融资方法的力度。改进政府部门选择投资的方式，尝试运用股权投资等方式利用政府投入的财政资金为民间资本提供支持，制定合理的奖励机制来替代补偿机制，激励地方各融资平台中符合条件的项目转型到 PPP 模式下。加快重点领域的资产证券化进程，提倡金融行业内部各行业间进行合作，进而使与 PPP 项目相关的特许经营权能够证券化。尝试开发新的信贷服务，将 PPP 项目收益债作为直接融资工具来加快项目融资进程。

从全局角度来看，吉林省内大部分 PPP 模式都无法与全部公共产品相匹配，如果片面地基于 PPP 模式进行整合，在项目实施过程中必然会出现资金不足的问题。

6. 优化 PPP 投融资相关法律条例

PPP 模式是一种基于合约形式的项目投融资及项目管理方式，既然是合同模式，那就要求在其实施过程中合同双方都需遵守相关法律法规，这就需要政府部门出台或者完善针对 PPP 模式的法律法规，使项目参与各方在项目实施过程中都能有法可依，也能使 PPP 模式能更好地接轨国际。政府部门出台的相关法律法规需要同时保障政府权力和社会资本方的权益，且能有效地减少项目风险、降低相关成本，进而减少社会资本方的顾虑。因此，颁布 PPP 项目管理条例十分重要。管理条例的关键在于要明确规范项目实施过程中的具体操作，此外条例的基本框架还应考虑以下问题：PPP 模式的适用范围、设立项目的流程、投标招标及评标流程、相关特许权益的协议修订、风险问题、项目参与各方具有的权力及应尽的义务、项目进程中的监管问题和发生争议时的解决方法等。

作为合同制的投融资管理体制，PPP 模式需要相关法律法规以供参与项目的各方进行参考，并对各参与方进行约束。这也是各参与方能就项目问题顺利谈判的保障，也是解决项目进展过程中各种问题的依据。

七　推进定价和收益机制改革

公共产品的定价问题受到民众、投资方、政府部门的共同关注，各方对于应选择哪种定价方式的问题仍存在一些分歧。定价问题的关键在于所敲定的最终价格是被各方都认可的较为公允的价格，也就是说在最终定价水平下，投资方和运营方能否取得较合理的收益，民众是否对这一价格水平下的服务感到满意。为保证投资方的权益，如果政府部门有意为民众提供低于公允价格的市政设施的服务或产品，则政府部门必须为项目参与各方提供相应的补贴，以弥补因公允价格和实际定价之间的差异而给投资商和运营商带来的经济损失。此外，政府部门有义务加强对定价机制的监管，以避免民众消费者承担因项目经营方自身经营管理问题而增加的成本，规范经销商的生产及定价流程，并对产品的质量严格把关。

1. 优化 PPP 项目的成本结构

民间资本在投资项目时必然会考虑投资项目的成本，在项目投资成本较大的情况下，即使项目有可观的回报，投资方也可能会在综合思考后放弃投资。因此，对 PPP 项目的投资成本结构进行合理化地调整，有助于减少民间资本投资方的投资成本，减轻其进行大规模投资而带来的资金负担，进而间接提高投资方的收益。减少 PPP 项目的投资成本，可从以下两方面着手处理。第一，在 PPP 项目建设的起步阶段，合理规避风险、节约项目预算、加大施工过程中的监管力度等；第二，在 PPP 项目经营过程中，尝试运用新的科技手段与改善自身管理方式，以达到节约管理成本及相关费用的目的。具体改进方法参考下列两种。

(1) 将规模较大的 PPP 项目化整为零

对需要大量建设资金及较长建设时间的非经营性或准经营性 PPP 项目，若将其作为单一项目进行运营很难在其经营期间回收其建设成本，因此，可以将此类 PPP 项目进行分割处理，使其变成若干小部分进行招标，这样可以避免民间资本投资方在建设过程中进行一次性大规模投资，减少民间资本的投资压力，提高此类项目的可行性。这种分解方式并非没有先例，北京市地铁四号线项目的成功经验就值得借鉴，四号线项目在建设过程中分成两个部分，包括前期拆迁和轨道车站建设为主体的基建部分以及车辆等机电设施的采买安装部分，基建部分由京投公司的子公司四号线公司投入 107 亿元完成，投资规模达到总投资的 70%；采购安装部分由香港地铁公司投入资金 46 亿元完成，投资规模达到总投资的 30%。在四号线项目中通过对大规模项目分割的方式，降低了参与项目的民间资本香港地铁公司的投资成本，提高了项目的可行性。

（2）将规模较小的 PPP 项目整合运作

PPP 项目本身的资金回收期较长，如果项目的投资规模过小的话，单一的小项目对社会资本方几乎没有吸引力，就单一项目而言其本身的利益回报有限，有意投资的企业可能会在其他方面向政府要求一定的优惠政策或财政补贴。因此，为了提高这些小规模 PPP 项目的可行性，政府部门可以将一系列小规模 PPP 项目采取整合打包的方式进行招标，进而保证社会投资方的投资回报，降低投资方的单位投资成本。在我国有些项目其规模越大，社会资本方的投资意愿就越强烈，例如污水处理项目，这类项目的规模普遍较小且较为分散，因此有些地方政府将较为分散的小规模污水处理项目进行打包处理，如深圳市龙岗区的 10 个污水处理项目打包整合为一个项目向民间资本方进行招标，海南省政府将分散在省内的 16 个污水处理项目分别打包成两个较大规模的 PPP 项目进行运作。

虽然 PPP 项目是由政府部门与民间资本合作建设经营，但是项目的主要目的是提高民众的公共利益，并非使企业经济利益最大化，所以在项目合约签订以及项目运作过程中要时刻明确政府部门在 PPP 模式下的主导地位，企业在这一模式下只是起到辅助作用，配合政府工作，因此为保障民众利益，在项目运作过程中政府要加大对企业的约束力度，避免企业为了追求利益最大化而损害公众利益的情况发生。

2. 优化 PPP 项目的收益结构

收益是指经济利益流入企业，由倾向收入及社会名誉等非货币性收入共同组成。因此，政府部门可以依据项目收益的实际组成部分，调整其收益结构，进而提高项目的收益帮助项目盈利。在政府推出的 PPP 项目中，有一部分项目建设并不以营利为目的，只是为了给公众提供更优质的服务，这类项目无法为投资方创造经济利益，对于这类无法取得收益的项目，民间资本是不会产生投资意愿的。政府部门为了推动此类 PPP 项目的发展，就需要从改善其盈利模式入手，例如对非经营性项目投资方采取补偿机制，或在项目以外的经营领域为投资方提供相应的优惠政策，或将此类项目与营利性较强的项目绑定招标，从而让民间资本方觉得此类项目有利可图，调动其投资积极性，同时也能更好地推动此类项目发展。2015 年，国家发改委、财政部等六个部门经由国务院同意后共同下发了《基础设施和公用事业特许经营管理办法》。该管理办法明确规定"政府可以对通过向用户收费无法满足其特许经营建设、运营成本以及合理收益的企业发放合理的缺口补偿，这种补偿也可以是与特许经营建设有关的延伸开发经营权"，此管理办法的下发表明，国家为这一盈利模式的应用提供了政策性的保障。以下三种方式可以优化 PPP 项目的收益结构。

（1）增补项目周边的资源开发权

参加非营利性 PPP 项目的公司可能会发生资金亏损，为了弥补这些亏损的企业，政府部门可以让渡一些合理范围内的 PPP 项目周边资源开发权（如土地开发权、旅游开发权等）给投资方，以提高在 PPP 项目中投资企业的整体盈利水平。让 PPP 项目投资者感到自身在此项目中能收取可观的利润，从而使社会资本方的积极性得到充分的调动。

（2）授予投资企业配套服务权

允许投资企业提供相应的配套服务，使投资方能够从更多方面延长盈利期限。也就是指在 PPP 项目的基础设施建设阶段完成后的经营管理阶段中，需要在基础设施的基础上开展相应的配套产品及服务，例如商业、教育、医疗、餐饮、安保、物业等，上述诸多设施或服务都是保证项目能正常运转的重要组成部分。政府部门完全可以根据实际情况将上述设施或服务中的某项或者某几项的独家经营权授权给 PPP 项目的投资企业，如果其他企业有意向投资相关设施，则要求有意向的投资方对 PPP 项目提供相应合理的贡献，如资金等。通过各种方式提高项目投资方在此项目中的盈利水平，同时也可弥补因 PPP 项目主体收益不足而给企业带来的亏损。

（3）开发可以增收的配套副产品

参与 PPP 项目的企业在进行主体项目的建设时，可以自主开发相配套的有产品力的副产品，通过副产品的盈利来提高整体收入，以此弥补 PPP 主项目的收益缺口。梅州的公共厕所项目，就是应用这种方式的成功案例之一，在梅州的项目中，投资企业为政府建设公共厕所，作为回报补偿，当地政府将公厕周围的店面、垃圾中转站、办公楼等作为副产品提供给企业，厕所没有为企业带来利润，但是企业通过项目得到的副产品收入足够弥补主项目的投资和后续费用。

3. 做好项目收费价格管理，建立价格调整机制

当 PPP 项目处于运营阶段时，社会投资方应以填补成本缺口、确保合理收入、节省社会资源及社会能够负担的程度为出发点，适时调节价格，切忌仅从市场行为角度度量经济收益。政府部门也需要重视对社会公共投资成本的监管，设立定期审价制度，建设科学健全的定价机制。政府部门应与社会投资方在考虑建设成本、后续运营费用、预期收益率、预计未来用户量等因素的基础上，共同确定公共物品定价及财政补贴。在项目运营过程中，也需要实时掌握项目的运营状态及用户使用的满意程度等因素，根据实际情况适时合理地对公共物品的价格及财政补贴进行调整。

4. 建立相对完善的资金投入回收体制

尽管 PPP 模式是以发展为目的的合作模式，但大多社会资本方为了确保企业的正常运营，都会以经济利益为主要目的，因此合理的资金回收是有必要的。只有当投资者充分了解了资金收回的时间且明确其投资意图后，才会有意愿参与 PPP 项目。所以，为了吸引更多的社会资本参与 PPP 模式的合作，政府部门需要建立更加健全的资金投入与回报体制。

吉林省大力推广 PPP 模式的应用，并非只为解决政府自身的财政问题、减少债务风险，更深层的目的是通过应用创新合作模式的方法，盘活民间资本，借助民间资本的专业技术及管理经验缩减 PPP 项目的投资成本，进而为社会公众提供更多优质的公共产品，使民间资本与政府部门达成双赢的合作关系。民间资本本身具有逐利性，PPP 模式可以根据民间资本这一特点在特许经营范围内最大限度地调动民间资本的积极性，使其合理压缩项目成本。例如，京环集团在参与盘锦市的环卫项目之后，在社会中加大针对垃圾分类政策的宣传力度，并制定了相关的奖励机制，向当地住户发放能代表个人账户的二维码，并就近设立垃圾分类设备，当社区居民按照垃圾种类对垃圾进行分类投放后，京环集团会为居民累计相应的积分，当积分累积到一定数量后，居民可以以相应的积分向集团兑换奖品。此举大大减少了环卫公司在回收垃圾过程中的工作量，为集团节省了大量的人力物力，大幅提高了集团的工作效率，同时激发了居民自发进行垃圾分类的热情。

5. 稳定 PPP 项目的目标利润

民间资本进行投资行为的主要动机就是追求利润，参与 PPP 项目的民间资本也不例外，民间资本是否选择对政府 PPP 项目进行投资，主要取决于 PPP 项目为投资方带来稳定的长期收益。因此，各级政府部门在 PPP 项目推广过程中，要加大宣传力度，运用多种宣传手段使民间资本方充分了解 PPP 项目，发现项目能带来的长期稳定的经济效益，降低项目进程中民间资本达到其预期收益目标的风险，消除投资方的顾虑，增强其实现预期收益的信心。

（1）打包盈亏状况不同的项目

基建类 PPP 项目主要划分为三个不同种类，包括经营性项目、准经营性项目及非经营性项目。由于民间资本的逐利性，大部分企业只对经营性 PPP 项目感兴趣，因为此类项目会产生较大的现金流量，能够尽快回收成本，如果政府部门只就此类项目与民营企业签订合约，那么就有可能使大量的项目收益流入民间资本。在正常情况下，对准经营性项目或非经营性项目感兴趣的企业较少，因为这两种类型的项目只会产生少量的现金流甚至没有现金流，如果政府部门仅就这两种项目与企业签订合约，民间资本方为了保证整体收益势必会在谈判过程中要求政府给予一定的优惠政策或财政补贴，这样也会增加政府部门的财政压力。为了避免上述尴尬局面的出现，政府部门可以将营利性项目与非营利性项目进行打包处理，然后进行招标，同时，可以在准经营性项目或非经营性项目的发展过程中引入更多的社会资本。政府可以将同种类不同地区的项目进行打包处理，如流量不同的两段高速公路，也可打包不同种类的项目，如海水淡化和水力发电项目。

（2）规定适当的保底使用量

由于 PPP 项目普遍具有建设周期长的特点，这就增加了项目实施过程中的不确定性，这种不确定性主要表现在建设成本的回收及运营过程中的用户量两方面。政府部门可以根据实际情况在合理范围内对相关 PPP 项目设定适当的保底使用量，以此来降低民间资本投资方无法取得预期收益的风险，这一措施的本质其实是政府部门对社会资本投资风险的分摊。这种分摊机制在污水处理、垃圾处理、交通建设等项目中的应用较为普遍。以污水处理项目为例，在项目实施过程中，社会资本方会根据合同敲定的预期规模进行项目建设，但在项目落成后的短时间内不一定有充足的使用量。这种情况下政府部门可本着风险共担的原则，通过设立保底使用量的方式，遵循按月付费的原则，达到保障社会资本方的基本收益的目的，如果当月的污水处理量较少，社会资本方仍能按保底使用量进行资金回收，以维持资金回收的稳定性。

PPP项目主要是基础建设项目，其主要目的是改善居民生活环境，优化城市建设。从这一角度出发，说明PPP项目从本质上来讲是利民工程，在这项工程中收益最多的是城市居民。但相关基建项目只有政府单方面投资，这势必会减少政府部门及民间资本发展建设的热情。如果能本着"谁受益谁付费"的原则，对受益的城市居民收取一定的费用，形成稳定的资金回收体系就能吸引更多的社会资本投入其中。但在制定收费机制的过程中，各级政府部门需根据各地实际情况考虑不同阶层所具有的不同消费能力，使相关服务或产品的价格符合民众的可承受能力。

6. 制定科学的价格和财政补贴机制

制定价格的过程需要政府部门与民间资本双方共同商定，所制定的价格要在压缩政府部门财政支出的同时，保障民间资本的投资收益。因此，各级政府部门可以采用设立定期审查机制的形式，加大对成本的监管力度，使公共产品的价格调整机制更加完善，使民间资本能得到项目经营带来的长期稳定的投资收益，同时保障民众的利益。针对一些利民效果较好、但投资方收益较少甚至难以收回其投资成本的项目，在改善经营方式、调整产品价格之后，政府部门可根据自身财政状况，给予项目投资方适当的财政补贴。此外要设立弹性较大的动态补贴机制，稳定政府部门的财政支出情况。

制定价格的主要目的是实现对项目的财务控制，在项目实施过程中，需要尽量压缩政府部门的成本支出，但在压缩政府部门成本的同时，要注意保护好民间资本的相关权益，此外还需根据政府部门及民间资本的实际财政状况来制定相关产品或服务的价格。因此在制定价格机制的同时，建立健全的审价制度就显得尤为关键，通过审价制度来加大对项目成本的控制力度，并在保证财政稳定的情况下给予投资方适当的财政补贴。除此之外，各级政府应在充分考虑自身财政状况的情况下，对财政支出的相关责任做出明确划分，政府部门每年度对PPP项目的预期投入不得超过政府计划的公共预算总费用的 10%，具体占比要依据公共需求及实有资本的实际情况来判定，在确定财政费用方面要充分参考各级政府前 5 年范围内的相关数据的平均数值。同时在计划开展 PPP 项目时，要考虑各地方的经济发展水平、所需公共服务规模、所处区位优势及项目发展前景等因素，避免同一地区相同项目的重复开发导致资源浪费及服务过盛等情况的发生，优化资源分配，从全局角度出发对同一区域进行统筹管理，进而发挥 PPP 模式的优势。

7. 完善对社会资本的利益保障机制

出台并完善能切实保障 PPP 项目参与各方相关权益的法律法规，建立健全的社会保障机制。在法律层面，需完善针对 PPP 模式的法律体系。PPP 模式中的参与方较为复杂，虽是以政府部门为主体，但民间资本、金融机构等也是 PPP 模式的重要组成部分，为有效解决模式发展运作过程中可能出现的各种问题，颁布一系列针对 PPP 模式的全面系统的法律法规十分必要。与基础设施建设有关的项目一般可以分为两个部分，一部分是项目建设的前期准备工作，这部分工作需要大量的资金支持，且无法有效回收成本；另一部分是项目建设过程中的相关设备采购安装部分，这一部分工作对专业技术有一定的要求，并能提供较为可观的资金回报。为加快项目进程、提高项目建设的效率，政府部门可以承担没有收益的前期准备工作部分，将需要专业技术支持且收益可观的第二部分交给社会资本方负责，在保证项目质量的同时也保障了社会资本方的合理收益。

在综合考量 PPP 项目融资渠道、融资方式等问题后，社会资本的引入需要政府部门给予支持。一是就社会资本融资问题给予政策性支持，例如调整银行系统的资信评价机制，使民营企业在融资条件、规模等问题上与国有企业具有相同的机会，同时对积极参与 PPP 项目的社会资本方，政府部门应根据实际情况给予相应的政策支持、适当发放财政补贴。二是在企业规模、经营状况等条件基本相同时，政府部门应有意识地优先选择民营企业，这可以帮助政府吸引到更多有实力的民营企业对项目进行投资。三是政府部门应根据当前实际情况，适时调整征地、税收等相关政策，进而增强民间资本参与 PPP 项目建设的热情。四是政府部门可以设立有针对性的专项保证基金，进而加强对项目资金管理的监管，达到消除民间资本方投资顾虑、增强其投资信心的目的。

八　完善 PPP 项目监管机制，加大监管力度

在吉林省 PPP 模式的实施过程中，政府部门的作用主要体现在以下两方面。一方面，制定相关规章制度统筹协调参与项目的公私双方，确保项目的稳定推进；另一方面，要对项目进行全程监管，有效防范各种风险。项目建设过程中，项目参与方的任何一方发生变化，政府方都要修改调整相关 PPP 项目协议，以此对项目各参与方的利益提供保障。吉林省未建立较为完善的监管机制，从一定程度上来讲，吉林省的 PPP 模式仍缺乏公正性、独立性甚至权威性，政府部门没有完全发挥其强大的监管能力，但是民间资本进行投资行为的主要动机就是追求利润，也就是所谓的民间资本的逐利性，如果缺乏有效的监管或监管力度不足，将有可能出现民间资本为了追求利润而影响项目进程、产品质量等情况，进而增加了项目的风险。为降低相关风险、保证建设质量，就需要政府监管部门结合各产业特点及市场情况，参考相关产业项目的成功经验，建立健全的监管机制，鼓励第三方参与监督管理，此外监管部门在工作中也要做到公开透明，独立公正地对项目进程及项目各参与方进行监管。综上所述，在进行上述合理调整后，吉林省的 PPP 模式发展将得到更好的保障，PPP 项目实行效率将得到极大提升，同时可以有效地提高公共服务水平及公共产品质量，增加民众的满意程度。

1. 建立行之有效的监督机制

PPP 模式的主要应用范围是基础设施项目，基础设施项目本身具有天然的垄断性，如果缺乏有效的监管，民营企业出于其本身的逐利目的，可能会利用这类项目的天然优势获取更多的利润，而压缩项目成本或提高产品价格，影响产品质量或损害公众利益。因此建立健全的监管体系尤为关键，借鉴国际上的成功经验，澳大利亚政府针对 PPP 模式建立了健全的监管机制，维多利亚州政府与民营企业签订的所有 PPP 模式协议中都就绩效指标进行了规定，并在之后的进程中不断调整改进，同时审计部门也会对项目的相关情况进行审计监督，评价的主要内容是项目过程中的操作是否合法、项目的运营情况能否实现预期的绩效目标，并将审计结果提交给政府部门。除此之外，当地政府还专门为 PPP 模式设计了极具针对性的会计核算方法，这种核算方法能帮助监管部门充分掌握项目的实时进程及各阶

段的经营情况。现阶段，吉林省必须建立行之有效的监管体系，以确保PPP 模式能稳步发展。根据吉林省的实际情况，可以建立一种复合性的监管体系，以专业监管为主体，吸引民间监督参与其中。同时借鉴国际上的成功经验，设立具有针对性的监管体系及审计制度，对 PPP 项目的全过程进行审计监督，并实时在财政部设立的综合信息平台上公布项目的经营情况及社会公益性，让项目进程更加透明公开。

2. 强化监督管理制度

虽然政府部门是 PPP 项目的主体，但是在项目进程中政府部门应更多地扮演指导者和监督者的角色，尽量减少对民间资本投资方的干预行为。要主动改善基建项目的投融资形式，建立新型的有针对性的监管机制，以此提高监管指导过程中的工作效率。此外，监管体系的建立也十分重要，通常来说一个 PPP 项目的投资需要一定周期才能收回，故政府也要结合项目情况创建配套的长期发展程序，并附上对应的监管规则。值得注意的是，在公共设施类 PPP 项目的建设过程中，要对项目的参与方实施有效监管，要针对建设进程中的灰色地带加大监管力度，必须对此类 PPP 项目建设实施严格把控，以确保项目的正常运行，保护公众利益。

从国家层面出发，要为 PPP 项目的实施提供相关的法律依据。有关部门应加快出台《中国基础设施和公用事业特许经营法》及《政府和社会资本合作法》等相关法律法规。同时，完善《土地管理法》及《项目招标投标法》，使其更好地为 PPP 项目提供法律依据。对各地方政府为 PPP 项目参与方提供地优惠政策进行统一性规范，并针对 PPP 模式特点，改善记账方式，使会计信息更好地体现项目的具体经营状况。针对吉林省情况而言，政府部门应加快各地 PPP 项目相关法律法规的完善工作，使 PPP 模式的发展过程中有足够的法律支撑。

探索出台相关的配套政策，主要可以从以下三方面入手。第一，探索制定与 PPP 项目政府审批工作有关的具体实施细则，在遵守相关程序、经过科学论证的基础上，加快项目选址、环境评测、项目审批等前期工作的进程。第二，探索制定 PPP 项目进程中遴选工作及评价工作的具体实施细则，保证政府部门发起及社会资本发起项目渠道的畅通。第三，对项目实施过程中的经营、监管、退出等行为进行规范，制定相关管理办法，为社会资本撤出项目投资提供渠道。

从吉林省的实际情况出发，针对省内 PPP 模式实施进程中的具体问题，仅仅依靠地方政府部门的单项立法或地方法规还远远不够，需要国家立法机关根据国情，制定全国范围内的统一法规。PPP 项目在运行过程中仍以地方政府的相关规定为依据，虽然地方政府出台的地方法规可以有针对性地解决一部分问题，但从全局角度出发，对同一问题，各地政府提出了多种解决办法，这不仅为立法机关制定相关法律制造了阻碍，同时有损法律的权威性。因此，要制定一部国家层面的规范 PPP 模式运行的相关法律法规，同时要对 PPP 模式的法律框架进行完善。放眼国际，菲律宾、日本、巴西等国家都出台了相关法律，并取得了一定成效，从一定程度上说明了此种方法的确可行。在相关法律框架下，政府的政策也要继续发挥作用。一是政府要根据国家法律法规，调整改善地方政策，保证法规与政策一致；二是由于法律具有滞后性，政府需要在应用过程中进行调整完善，在法律对有关问题做出规定之前，要求政府政策继续发挥作用，帮助解决发展过程中不断出现的新问题。PPP 运行中的所有行为必须遵守相关法律，通过法律法规保障参与各方的合法权益，维持公私双方在法律层面的平等地位。此外，在考虑吉林省实际情况的基础上，可以借鉴国际上的立法经验，将吉林省相关法规与国际惯例相结合，使吉林省 PPP 项目做到接轨国际，进而推动吉林省 PPP 模式发展。

当然，仅仅具有完善的法律体系还远远不够，为了保证法律的执行力，还应设立相应的监管机构。一个良好的监管机制，需要做到对项目参与方实施有效监管，也就是说要对社会资本方及政府部门同时进行监管。保证 PPP 模式的可持续发展，要求政府部门保证社会资本方的合法权益及合理收益，因此就需要监管部门对双方的行为进行约束，确保双方合理合法地使用权力，依法履行应尽义务，这才是保障项目顺利进行的关键。

3. 加强科学规划与统筹实施

紧密结合吉林省"十三五"经济社会发展规划，认真编制政府与社会资本合作发展规划，储备并实施一批含金量高、社会需求大、行业前景好的基础设施与公共服务领域 PPP 项目。在区域布局上，重点规划储备一批具有全局性、基础性、战略性的轨道交通、城际快铁、机场、港口等重大基础设施项目，实现省级项目"零的突破"，增强示范带动能力。同时，推动各地立足实际，重点规划储备一批在本区域内具有重大引领带动作用的重大基础设施项目。在领域布局上，全面落实《吉林省人民政府关于创新重点领域投融资机制鼓励社会投资的实施意见》，建议由相关领域主管部门牵头，相关部门积极配合，尽快研究出台分行业或领域的 PPP 项目实施操作指南，为吉林省开展 PPP 工作提供规范与精准的操作遵循。鉴于吉林省正处在新型城镇化建设的关键时期，城市基础设施建设需求强烈，建议可优先研究出台城市基础设施建设领域 PPP 模式操作指南，调动社会资本参与积极性，为新型城镇化提供稳定的资金保障，也为 PPP 模式在各领域的全面推广积累经验。

4. 完善基础设施 PPP 应用配套政策

参考其他地区 PPP 模式的运行，我们发现大部分的 PPP 协议都会约定政府部门需要承担由政府部门单方面变更相关政策或制度而导致的成本增加，或对民间资本方进行补偿。因此，为了降低财政负担增加的风险，有关部门在制定相关政策时，要从全局出发，尽可能地考虑到 PPP 项目进程中可能发生的问题，包括项目谈判、设计、建设、运营等，进而完善政策。PPP 项目协议应明确对双方失信行为的处罚办法，增加双方的违约成本，一方面可以对政府部门进行约束，提高公信力；另一方面，也会对社会资本方起到约束作用，社会资本方的投资行为都以追求利润最大化为目的，没有一家民营企业愿意承担违约行为带来的经济损失。通过在合约中明确违约行为责任的方式，消除社会资本方的投资顾虑，增强其投资信心，进而提高其参与项目建设的热情。因此，政府出台全面细致的政策或制度，是促进社会资本积极参与项目建设的保障，也是决定 PPP 项目顺利进行的关键。

在分析其他地区 PPP 模式发展过程中出现的相关问题时发现，PPP 模式的主要应用范围是基础设施项目，而基础设施项目本身具有天然的垄断性，如果缺乏有效的监管，民营企业出于其本身的逐利目的，可能会利用这类项目的天然优势来获取更多的利润，来压缩项目成本或提高产品价格，进而影响产品质量或损害公众利益。因此，健全的监管机制是 PPP 项目稳步进行的保障。在项目运行过程中政府部门一是要建立针对 PPP 项目的专项运作机构，利用项目参与双方的合作关系，主动参与 PPP 项目的运营管理工作，及时解决发现的相关问题；二是政府部门作为相关政策条例的制定者，要忠实履行其管理义务，加大监管力度，扩大监管范围，约束项目参与方的行为，对违法违规行为及时进行纠正处理，并定期检查公共产品或服务的质量，进而使公共利益得到充分保护。

5. 设立 PPP 项目专业管理机构并提供技术支持

PPP 项目的建设周期一般较长，市场变化频繁，需要政府部门设立一个具有一定专业能力的专项部门对 PPP 项目的全过程进行管理。专项机构的统一管理可以减少 PPP 项目的各种风险，同时可以更高效地利用项目资金提高项目整体建设效率，同时专项机构可以对公共产品及服务的质量和价格进行严格把关，以保障公共利益。但是这类专项部门的设立需要政府各有关部门间相互沟通并统筹安排，为该机构的长期运行及工作效率提供保障，进而降低政府部门的信用风险。PPP 项目顺利完成需要足够的专业技术支撑。其中在技术支持方面，一方面要求政府对项目进程中的具体操作细则进行规范，另一方面要加强对项目设计规划的审核，对项目可行性报告的内容进行规范，要求有关部门严格遵守规定开展相关工作，这一方式可以有效减少项目风险。此外，管理部门要充分运用数据分析等方法，对项目进程实施监管，建立相关网络平台，及时公布项目相关信息，做到公开透明。

在收益共享、风险共担的基础上，对 PPP 项目中各方需承担的责任进行精确划分，运用多部门合作的监管机制，国家层面也可建立针对 PPP 项目的国家级管理机构，对全国范围内的 PPP 项目进行统筹规划、统一管理，各地方政府设立各自的管理机构，进行较为具体的管理工作。

6. 加强内部治理与外部监督

在当前的 PPP 合作模式下，因为参与三方，即政府部门、民间资本、社会民众没有起到相互监督的作用，进而出现民间资本的投资收益无法得到保障，城市居民对公共利益的诉求无法得到满足等问题。为有效解决这种问题，应从内部治理与外部监管两方面入手。内部治理方面，要调整现有的组织结构，改变合作方式，进而制衡 PPP 项目的各参与方，主要体现在对决策、鼓励、监管等方面的调整，以达到约束各参与方行为的目的。例如，在 PPP 产品定价问题上，让社会资本与政府部门共同商议决策，通过协商确定双方共同接受的定价方案，防止政府部门利用权力单方面定价的情况出现，这有助于健全合理的投资回报机制。外部监管方面，可以引进第三方监管机构的进入，避免政府部门既参与又监管的情况出现，使得项目合作各方公平独立，项目进程公开透明。引进的第三方监管机构要能够代表社会民众的意愿，在此基础上应用专业的监管方式与各民间组织进行合作开展监督工作。不论是内部治理还是外部监管，其核心目标都是为了PPP项目能稳步推进顺利进行，同时保证各参与方的平等地位及合法权益。

由于PPP项目的参与方较多，在对各方回报及风险的划分时也比较复杂，仅靠政府部门进行监管无法有效保障项目顺利运行。建立第三方独立监管机构能够有效地协调参与各方的利益，且能有效保证各参与方的权益不受侵害，保证项目运作过程中的公开透明。

7. 建立负责PPP项目的专门机构

PPP项目周期较长且较为复杂，相关市场波动性较大，政治政策、经济环境等都可能对市场环境造成影响。因此，政府部门有必要设立有针对性的机构负责PPP项目的规划、监督及管理等工作。一方面，让专门的机构进行管理有利于控制项目的各种风险，保证项目资金精准应用，进而提高PPP项目的运作效率；另一方面，此类专项机构可以有效地对民间资本进行监督，以保证产品的质量并控制产品的价格。此类机构的设立需要政府各部门相互沟通、协调配合。此外，政府部门可以和相关专家进行合作，对国外尤其是发达国家的成功经验进行分析研究，再结合我国PPP模式的具体情况开展针对我国PPP模式未来发展方向的研究。这类研究应是多方面的、立体化的研究，涉及的方面要广且全面，包括理论基础、管理机构、项目评审、行业分析、财务结构、协商合作、监督管理等方面。为了更好地发展吉林省PPP模式，借鉴相关成功经验及专业意见是必不可少的。同时，项目有关主管部门及相关行业部门可以在正在进行的PPP项目中挑选合适的项目进行试点工作，试点项目能更好地为同类PPP项目提供成功经验，为一些普遍性的问题提供解决方案。

政府可以设立国家层面的管理体系对PPP模式进行管理，管理范围应包括项目的投融资、财务、定价、质检、市场等方面，同时还要加强各部门之间的协同能力，搭建一个健全高效的管理体系。此外，吉林省PPP模式的发展方向要做到与时俱进，根据外部环境的实时变化进行改善，同时可以参考国外一些国家的成功管理体系，对其成功经验进行研究分析，将其可取之处与吉林省现有情况相结合，进而完善吉林省自身的PPP模式管理体系，加速 PPP 模式的发展。

就国家层面而言，应加快 PPP 项目的立法进程，通过出台法律的方式对 PPP 项目的相关操作细节进行规范，保障参与各方的合法权益，明确划分风险及责任，以法律的形式保障 PPP 模式管理框架的稳定。一方面，要加快出台针对 PPP 模式中公私双方合作模式的法律，同时以此为基础制定更高层面的相关法律法规，规定参与各方在 PPP 模式下的合法权益及应尽义务，划分各方应承担的风险范围，确保 PPP 模式运行的公开透明，使参与方与监督方在开展工作时都能做到有法可依；另一方面，各地教育部门应针对高校基础设施建设类 PPP 项目提供指导意见，使此类项目更加规范化，并尝试应用更高效的合作模式。

九　设置合理的风险分担机制

应用 PPP 模式的项目，其相关风险都较大，一般来说，阻碍 PPP 项目稳步运营的问题都出在资金上，因此通过法律约束参与方行为的同时，要依法依规，合理地划分项目风险，合理地建立风险分摊机制，在法律层面上要对风险划分问题做出明确规定，使公私双方做到利益共享风险共担。此外风险分担机制的建立也可以有效地约束民间资本的经营行为，进而提高项目质量，增加市场效益，有效避免社会资本方将风险转嫁给政府方。

PPP 项目的顺利进行在很大程度上取决于风险分摊机制的合理性，如果无法做到合理分摊相关风险，就很难保证 PPP 项目的顺利进行。因此，建立合理公平的分摊机制十分必要。在 PPP 模式运作过程中，项目的风险主要由政府部门和民间资本共同承担，作为风险的主要承担方，公私双方的优势体现在不同方面，且双方的风险偏好有较大差异，因此为了达到最佳效果，要根据双方各自特点及偏好分担相关风险。政府部门主要在法律法规及政策制定方面有优势，民营企业则是在项目经营方面经验丰富。因此，政府部门应承担相关的政策风险，民营资本方则承担相应的经营风险或财务风险等。但风险的分配应在一定范围内，双方的投资回报应与双方承担风险的大小成正比，各方所承受的风险不应超过其承受范围，这种分摊机制才是合理可行的机制。

政府部门及民间资本作为 PPP 项目的两个主要参与方，在项目进程中应明确划分双方各应承担的风险。将项目的相关风险进行具体分类后，应按类别进行分摊，使能对相应风险进行有效控制的一方去承担此类风险。由于参与方对相关风险的控制能力代表其降低相关风险的能力，哪怕该种类风险无法避免，相对有控制力的一方也能在最大限度上降低风险带来的损失。在项目开始实施之前，政府部门应对项目进行识别，综合考虑各方面的因素，考量 PPP 模式是否适合应用于此项目。此外，在双方签订的协议中应对各方承担的责任进行详细划分，避免发生问题时各方相互推脱，影响项目进程。当相关风险发生后，各方应承担自己分担的风险，政府部门承担相应政策性风险，民营资本承担相应经营风险、资金风险。对于不可抗力风险，双方应一同承担。可行性高的风险分担机制有助于为项目的顺利实施提供保障。

国家有关部门应从全局角度对已有的 PPP 项目进行分析总结并根据 PPP 模式的特点，研究 PPP 项目实施过程中可能发生的潜在风险，将相关研究成果进行总结，以供项目参与各方进行参考。通常情况下，政府部门承担相应政策性风险，民营资本承担相应经营风险、资金风险，或是将相应风险转嫁到相关市场中。对于不可抗力风险，要在考虑具体情况的基础上，由双方一同承担。尽管对相关风险采取了合理的分担机制，但是 PPP 项目的核心目标是提高居民的生活质量，其主要项目是公共基础设施项目，因此相关风险最终都会由政府部门承担，这一点暂时无法避免。

对相关风险进行识别并合理分摊是影响 PPP 项目成功的关键。澳大利亚政府就很重视管理模式运营的相关风险，为有效控制风险，其政府采取了以下方法。第一，保证项目建设准备工作高效高质量完成，政府在做事前准备工作时，会仔细分析项目可能带来经济效益、社会效益等，以此来决定是否应用 PPP 模式开展项目，其评定内容主要包括项目的规模、帮助公共部门转移风险的能力、预期能产生的社会效益等。第二，在项目实施前，研究分析项目的各类潜在风险，并预先准备应对措施，在项目运行过程中帮助民营企业了解相关潜在风险。第三，本着相关风险由最具控制力的一方承担的原则，将风险合理分摊到政府部门及社会资本方。第四，公共部门与社会资本方在项目建设过程中要保持沟通，进而有效解决潜在问题。吉林省可以参考澳大利亚政府的相关做法及经验，用以加快吉林省 PPP 模式的风险分摊机制的建设。在准备工作期间对潜在风险进行预测并合理分摊，同时随项目进程中的实际情况进行调整，使风险分摊机制更加灵活。

有效的风险识别及分摊工作是保障 PPP 项目成功的关键。为此要从以下方面采取措施。第一，做好前期规划工作，项目运行前就项目适合 PPP 模式进行分析审核，审核内容主要包括项目的规模、帮助公共部门转移风险的能力、预期能产生的社会效益、保证各参与方的合法权益等。第二，动工之前，分析项目的各种潜在风险，并提出解决方案以供民营企业参考，使其对潜在风险进行预防规避。第三，划分风险类别，由风险防控能力较强的一方承担相应风险，总体上要本着共同承担的原则。第四，项目建设过程中，保证参与项目的公私双方能有效沟通，以便及时处理各类问题。

其他国家的经验表明，PPP 项目的关键是建立有效的风险分摊机制。作为投资方，社会资本最关心的问题是怎样规避风险、避免经济损失，因此，只有有效的风险分摊机制才能消除投资者的顾虑，并吸引更多的资金投入项目建设。通常情况下 PPP 项目的风险包括以下部分，一是政策性风险，不稳定的政策是社会资本参与 PPP 项目的最大阻碍及风险；二是项目运行过程中的风险，具体指项目本身的设计缺陷、融资利率、预算不足等；三是项目运营过程中的风险，具体指价格风险及技术风险等。就政府方来说，为了增强投资方的信心并消除其顾虑，应采取简化审批流程、出台相应优惠政策等手段。

在对 PPP 模式的相关特性及优劣势充分了解的基础上，精确判断什么样的项目适合 PPP 模式，让吉林省能精确应用 PPP 模式。现阶段，新型城镇化建设持续推进，因此 PPP 模式类项目在我国的市场不断扩大，片区开发在 PPP 模式的外延项目中最为典型。PPP 模式的不断创新推广固然是好，但是 PPP 模式并非适合所有项目，在选择 PPP 模式进行项目建设之前要充分了解 PPP 模式的本质特点，选择合适的项目构建公私合作关系。从本质上来说，PPP 项目是基础设施的建设类项目，因此 PPP 项目具有项目周期长、所需资金规模大并需要创造一定的公共利益等特点。因此，PPP 项目对政府部门及社会资本方的要求都较高。如果没有做好前期工作盲目开展项目建设，就很可能出现参与项目双方无法达成共识或无法满足项目建设所需条件的情况，进而阻碍项目建设进程。精确仔细的前期工作是 PPP 项目成功与否的关键，前期工作中相关资金的预算及合同内容尤为重要。因此，要求项目发起方在项目开展前了解项目建设的全部过程，确保各参与方能就合同中的投资回报达成共识，以此保障项目合同的顺利签约，并通过合理的风险分摊，保证项目的顺利进行。

　　吉林省的 PPP 模式发展还处于探索阶段，在进行探索实践的过程中，吉林省要尽可能多地了解 PPP 模式的特点，要对 PPP 模式的复杂性有明确的认识，因此，在实施各类 PPP 项目之前，都应做好 PPP 项目的前期工作，同时要对相关风险做好防范工作。此外我们应该有所准备，作为一种创新型的模式其优势往往伴随着相关风险，因此在利用 PPP 模式的相关优势进行发展时，一定要注意对相关风险的控制及防范。

　　PPP 模式并非特指某一特定形式的公私合作模式，而是一种较为宽泛的合作理念，其中包括多种不同的公私合作形式，而不同的合作形式所适用的风险分摊机制也不尽相同，PPP 模式取得成功且获得相应回报的关键在于合理地分摊风险。但 PPP 模式毕竟是一种创新性合作模式，项目双方在签订合同时，无法对所有的潜在风险进行预测，此时合理的风险分摊机制可以对未预测到的风险起防范作用。运用风险分担机制，在合同内容中对各方应承担的风险进行界定，有利于 PPP 项目顺利进行。

　　在对 PPP 模式的优缺点做出了解后，要明确模式的具体适用范围，进而提高 PPP 模式的使用效率。PPP 项目普遍具有周期长、资金需求大等特点，这些特点对项目参与双方的相关条件都提出了一定要求，如果参与方无法就项目相关条件达成共识，将会阻碍项目的正常运行，甚至使项目建设变为停滞状态。前期的准备工作及资金投入都对项目的进度起重要作用，良好的前期准备工作是项目顺利进行的前提条件。吉林省对 PPP 模式的运用仍处于探索阶段，在探索过程中要不断总结相关经验，以增强对 PPP 模式的认识，进而为以后的 PPP 模式的具体应用提供参考，使项目各参与方能更早地发现潜在风险并规避。

　　政府部门需要出台相关政策，将投入 PPP 项目的费用与政府债务区分开来，但同时也要对所投入的资金进行财务风险监管。政府采取分批逐年的方式投入 PPP 项目资金，因此并不会增加政府债务，相关支出可以结合其他综合信息对政府未来的支出情况作出判断，只要未来能够按时支付相关财政费用就不会导致债务增加。此外，通常情况下相关债务由项目公司负责，如果政府部门以对项目公司投资的方式取得了一定比例的股份，在此情况下政府部门给予项目的财政补贴等都不计入债务。同时，政府部门应加大财务管理的力度，积极设立公开透明的管理制度。政府可以采用设立财政风险预算模型的方式，确保能及时发现项目实施进程中的潜在风险。过去的经验表明，如果没有妥善处理 PPP 项目，不但不能为政府部门减轻相应的财政负担，很有可能会为政府部门带来更大财政风险。因此，政府部门有必要建立风险预测体系，依据 PPP 项目各阶段的具体情况，有针对性地建立监管机构，如此可以对 PPP 项目衍生的财政风险进行有效控制，进而保证 PPP 项目能更好地为民众创造公共利益。

基础设施项目的审核过程要做到公开透明，根据各地的具体情况开展招标工作，在项目建设过程中要合理利用市场经济，建立差异化定价调整机制，在进行财务预算工作时，将该机制考虑在内，在法律层面上对政府部门的举债行为进行约束，促进政府部门建立的风险分担机制更加合理化。风险的分配应在一定范围内，双方的投资回报应与双方承担风险的大小成正比，各方所承受的风险不应超过其承受范围。根据上述原则，社会资本方应多承担一些财务风险、经营风险等，而政府部门应承担一些政策性风险。此外，为了实现风险共担，在合同内容中要对重新谈判触发的条件及具体实施细则进行规定，进而使财政管控机制更加健全。

十 改善政府债务压力

减轻政府部门的财政压力，把控其财政风险。鼓励县级地方政府捆绑相关 PPP 项目，增强项目吸引投资的能力。吉林省内的多数县级区域的经济情况具有以下特点，一是区域经济规模较小，二是公共基础设施市场规模较小，三是民间资本对相关项目的投资兴趣较低。针对上述特点，建议县级政府部门将同类 PPP 项目进行捆绑处理，对捆绑到一起的同类项目统一规划、统一招投标，运用 PPP 模式对捆绑项目进行运营，吸引更多的民间资本参与投资。

设定灵活的支出上限标准，合理高效地掌控财政风险。建议对财政状况良好或有确切需求的县级政府放宽财政支出上限，进而更好地推动县级区域 PPP 项目的发展。

省级政府应加大财政支持的力度，尽量减少现有债务。各地政府部门应根据自身的实际情况，出台针对 PPP 项目的《奖补机制管理办法》，对优秀的、有成效的 PPP 项目发放奖励，充分发挥财政资金的支持作用。

十一　引进并持续培养专业人才

1. 加快专业机构建设培养专业人才

PPP模式的成功之处在于改变政府治理模式，由合同治理的方式替代权力治理，吉林省政府需要统筹规划建设专业的PPP人才队伍。要致力于培养实务型人才，科学地进行人才培养工作，切不可操之过急，在扩大人才队伍规模的同时保障人才质量，根据国家基本情况的需要建设PPP人才队伍。各级政府部门应在PPP人才队伍建设的基础上，拟定完整的人才队伍建设计划，使人才队伍建设计划与经济社会的发展计划相结合，形成一个覆盖面广涉及领域较全的人才培养体系。在PPP人才培养过程中，有关部门应针对相关薄弱环节，集中专业的师资力量，培养有针对性的专业人才，填补PPP模式发展中的人才空缺。

PPP模式的队伍建设需要以具有专业知识的人才为主体，在一些重要流程中需要既具有专业理论知识又具有丰富实际工作经验的复合型人才，这类人才是PPP模式快速发展的支柱。项目的建设与发展离不开专业型人才，PPP项目是金融投资类项目，因此要求参与项目建设的人才具备一定的金融、法律及管理方面的专业知识，以保障项目的顺利进行。政府部门要加快培养专业的PPP项目人才，丰富了解PPP模式的人才储备，提高民间资本投资项目的意愿。在开展人才培养工作时要合理利用相关资源，支持有意愿的人才到PPP模式发展较快的国家学习相关成功经验及先进的理论知识，并扩大本土的人才规模，增强人才质量。

随着新型城镇化及"一带一路"倡议的发展，PPP模式的重要性不断显现，但为防止各地方政府部门急于求成盲目发展，进而增加政府财政风险，因此要求各地应加快建设专业的PPP项目机构并加快专业人才的培养。一是在专业机构的建设方面，各省财政厅要带头推进发展，要求各级政府部门加快PPP专项机构的建立，使专项机构负责PPP项目的集体工作，如监管、协调、施工等，同时与政府相关部门就有关工作进行沟通衔接；二是在人才培养方面，要挑选培养对象，对政府财政部门及PPP专项机构挑中的人才进行针对性的培养。在培养过程中以国内外成功的PPP项目为案例，着重培养PPP项目人才的风险防范意识及处理风险的能力。

2. 培养专业化人才与机构，重视第三方评估机构的发展

随着 PPP 模式的发展，许多行业在建设过程中都应用了 PPP 模式，但在项目的实际开展过程中还需应用金融及法律等领域的专业知识，同时在项目的招投标及谈判环节还需应用商业技巧，因此 PPP 项目的顺利进行还需要一个综合素质较高的管理人才。吉林省在这方面的人才储备稀缺，吉林省 PPP 模式发展的首要工作是培养相应人才，而人才的培养不应局限于政府部门的工作人员，还应在参与项目的民营企业中挑选人才进行培养，使参与项目建设的员工及管理人员都能充分了解 PPP 项目，培养其业务能力。同时，可以派遣优秀人才出国学习，吸收国外的先进理念及成功经验，结合国外的先进理念及吉林省的具体情况，规范吉林省的 PPP 项目的建设流程，使吉林省 PPP 模式形成专业化的体系。

在 PPP 项目的运营过程中，专业的第三方机构是保障项目顺利进行的关键，第三方机构会站在客观的角度对项目的流程做出评估，同时可为项目提供咨询及监管服务。第三方机构可以有效监督项目各参与方的行为，可避免因各种情况而给项目投资方造成不必要的经济损失。此外，第三方机构也可对参与项目的政府方进行监督，避免政府方不正确使用权力的情况出现。第三方评估机构的存在可以为吉林省 PPP 模式的快速发展提供保障，起到一定的预警作用。

3. 加快培养 PPP 项目投融资专业人才

由于 PPP 项目的运作流程较为复杂，除了涉及所属行业的相关知识还涉及一些金融及法律领域的知识，因此 PPP 项目的管理人才应具有较强的综合素质，通过培训的方式可为相关人才灌输 PPP 的相关专业知识及 PPP 项目建设的成功经验。与此同时，要规范项目的操作流程，为项目建设提供专业的技术指导及支持政策。PPP 模式的应用是理论与实践的结合，其操作流程较为复杂，所涉及的程序较多，这就需要综合能力较强的管理人才对项目的实施过程进行把控。因此对相关复合型人才的培养十分重要，不但能保证项目的建设效率也能增强项目投资者的信心。合理利用相关资源，支持有意愿的人才到 PPP 模式发展较快的国家学习相关成功经验及先进的理论知识，扩大本土的人才规模，提高人才质量。

在国家相关政策的影响下，吉林省 PPP 模式的发展即将迎来高速发展期，并将形成良好的发展环境，同时表明政府部门希望与民间资本取得合

作。为此，民间社会应主动发展与 PPP 模式有关的专业知识教育，通过聘用专业人士的方法，维持 PPP 模式发展的稳定性。例如，政府可依据自身 PPP 模式践行需求，积极与高校构建人才供给合作关系，向高校提出人才培育计划，确保 PPP 模式的相关工作人员拥有沟通、管理、法制、协作等综合素养，为新常态下有效落实 PPP 模式夯实人才基础。除扩招人才充实原有政府工程管理团队外，企业也需迎合 PPP 模式的需求，与政府部门一道对相关管理人员进行培养，本着公私双方共赢的原则，维护双方的合法权益，优化项目管理体系。同时可以采取鼓励机制，激发员工的工作积极性，明确民间资本与政府合作关系及工程承建目标，降低二者矛盾发生的可能性，为 PPP 模式的应用营造良好氛围，为新常态下 PPP 模式的有效应用建立强有力的人才队伍。

4. 建立 PPP 专业管理机构

由于基础设施的运作流程周期长且操作复杂，在项目建设过程中，市场环境可能因政策性因素或经济性因素随时发生变化。因此政府需要引入第三方监管机构站在较为客观的角度对全局进行统筹安排，对项目参与各方进行监管审查，并根据外部环境变化对项目流程或操作细节进行调整。设立第三方监管机构的优势体现在以下几点，一是第三方机构的设立有助于对项目的每个流程进行管理，并及时解决可能出现的问题；二是第三方机构的介入能提高资金的使用效率，确保项目顺利进行；三是第三方机构能起到协调各方的作用，保持民营资本和政府的沟通渠道畅通，进而保证项目建设的质量，同时也为 PPP 合作模式的发展提供保障。

所有 PPP 项目的顺利进行离不开大量专业型人才及相关专业性知识。PPP 项目的操作过程会涉及许多方面，如法律法规、政策制度、可行性评估、合同签约、风险预测、收益分配、档案管理、业务指导及宣传培训等，这些方面所涉及的专业知识主要包括法律、金融、营销、管理、税收、财务及行业技术等，以上诸多方面所涉及的领域较广，要求一个人掌握所有相关知识并对项目进行管理是不现实的。因此，就需要政府开展有针对性的人才培养计划，为 PPP 项目输送需要的专业人才，以此提高 PPP 项目的运作效率并有效管理 PPP 项目的各个流程，进而减少政府部门处理 PPP 项目时的工作量。吉林省政府部门缺少具有 PPP 模式专业知识的专业性人才，各部门的职工对 PPP 模式的认识还不够深刻。为解决此类情况，可以由政府相关部门组织设立人才储备库，筛选合适的人才并对其进行系统全面的培训，加深其对PPP模式的认知，也可组织员工对成功的PPP项目进行考察，学习其成功经验，或者派有关人员到正在建设的PPP项目中参与项目运行，加深对项目流程的了解。

此外，可以将已完成的相关案例进行总结，通过各种渠道宣传PPP模式，提升其公众知晓程度，增强其社会影响力。在培训过程中坚持理论与实践相结合，针对PPP项目参与方的需要，培养相关人才，建立一支大规模的涉及领域广的专业人才队伍，为PPP项目建设提供支持，让具有专业知识的人才开展相关工作。

第七章　驱动吉林省民间投资长足发展的关键保障研究

以制度约束实现结果公平，为政策的推进注入活力动能。在实践中，若想有效发挥制度约束与政策的作用，激发民间投资发展活力，驱动民间投资长足发展，应做好两个关键保障，为民间投资保驾护航。根据民间投资发展经验，以往政府也设计了若干激发活力的制度和推动发展的政策，这些制度和政策也都是科学合理的，但为什么效果不甚显著？关键在于执行不到位。执法效率低下往往严重损害投资者利益、重创投资者投资积极性和投资信心。与此同时，大力发展和鼓励投融资活动，相伴而生的金融系统性风险也是管理部门重点防范的内容。

第一节　通过提高执法效率，提升投资者保护水平

执法效率是解释一国金融发展规模的一个重要变量，制约转轨经济国家金融市场发展的一个重要因素是执法效率低下。在转轨时期要提高金融市场的投资者保护水平，增强投资者信心。除了完善的制度设计，较好地实现路径也是提高执法效率的关键。

为了维护投资者的合法权益，提高证券监管与资本市场执法效率来保护投资者的合法权益已成为学术界热议的话题，在这方面的研究愈来愈多。而传统的监管体系主要是围绕证券监管的经济效能进行的，并在不断地研究中提出了公共利益论、俘虏论以及监管经济学理论三个方面的理论体系。当前证券监管的主体思想认为，在当前资本市场的信息不对称与契约体系不完备的情况下，证券监管是一个提高经济效率的手段，其执法效率的高低对保护投资者的水平的高低具有重要的促进作用。但在资本市场具体的运转过程中，执法效率的高低是如何影响投资者的保护水平的呢？

一 概念与相关理论

通过有效的资本市场监管与控制，打击资本市场上的违法违规行为，是保护投资者的重要制度安排。为了维护投资者的合法权益，提高证券监管与资本市场执法效率来保护投资者的合法权益已经成为学术界热议的话题，这方面的研究愈来愈多，而这方面研究的概念主要涉及法律治理、执法效率的内涵、资本市场治理以及投资者保护水平四个方面。

1. 相关概念界定

（1）执法效率

市场违法违规行为，不仅损害市场运行效率，而且对利益相关者造成了严重侵害。为此，维护市场秩序和保护中小投资者权益，通过有效的监管设计，打击市场违法违规行为，就成为市场上一种必要的制度安排。围绕如何进行市场监管以有效保护社会公众投资者合法权益这一主题，国内外学术界展开了积极的讨论。传统的市场监管理论主要是围绕市场监管的经济效能展开，并形成了现代监管的三大理论，即公共利益论、俘虏论和监管经济学理论。现代证券监管经济学理论的主流观点认为，在市场不完全和契约不完备的条件下，证券监管是一种增进经济效率的方式，是优化资源配置或增加社会福利的必要手段。20世纪90年代中后期兴起的法与金融理论为上述观点提供了佐证，该理论强调了法律对金融发展的重要作用。作为法与金融理论的代表人物，La Porta，Lopez-de-Silanes，Shleifer 和 Vishny（简称 LLSV）重点讨论了不同法系和市场制度对投资者保护的影响，认为一国的法律渊源对该国的投资者保护力度、私有财产保护强度以及金融市场的发展都具有显著的解释作用。关于这一问题的近期研究表明，政府不仅要有完善的法律制度，而且还要关注法律执行效果。本章中的执法效率专指法律执行的有效性即主体违法违规被通报批评或处罚后是否再次违法违规，用违规频率、违规次数进行测度。

（2）投资者保护

中小投资者是我国证券市场历史发展过程中不可或缺的参与者，保护中小投资者的利益关系到我国证券市场的生存与发展。当投资者向公司融资时，他们通常获得一些权利或权力，这些权利或权力一般通过规章制度和法律的执行来加以保护。其中，一些权利如信息披露和会计准则，为投资者提供行使其他权利的信息。因此，从法律上保护中小投资者的利益一直是我国各类证券立法共同遵守的一项基本原则，其根本目标在于维持中小投资者的投资信心，实现股东价值最大化，增加资本积累，促进证券市场有序健康地发展，为国民经济增长作出贡献。

LLSV（1998）将投资者保护定义为，当投资者向公司融资时享有通过法律规则和法律执行加以保护的权利，包括按一定比例分红、投票选取董事、参加股东会议等。在我国，学者将投资者保护定义为，通过法律、行政、行业自律等各种手段对投资者利益采取保护，以确保投资者能通过证券市场公平地获取信息和投资机会，降低投资风险。根据该定义，本章所指的投资者保护主要是针对中国证券市场投资者权益的法律保护及公司内部执行效力。中小投资者权益主要包括两个方面，一是合法地获得可能影响证券价格变化的各种信息的权利，二是平等地参与证券交易的权利。为什么要对证券市场中的投资者进行保护呢？这主要是基于以下两个原因。

第一，证券市场和其他市场一样，也存在着信息不对称、外部性、市场垄断、公共产品以及机会主义等市场失灵现象。与一般产品和劳务市场不同的是，投资者的收益取决于未来某个时点上市公司的实际经营情况，证券市场上交易的产品具有特殊性，投资者用现在的付出交换将来的收益，这充满了不确定性，而信息的获取是减少这种不确定性的主要渠道，因而信息的公开透明是证券市场得以正常交易的核心，信息不对称是导致证券市场失灵的主要原因。

第二，在证券市场上，中小投资者数目众多且分散，除自身的非理性以外，在诸如信息不对称、内幕交易、证券欺诈、操纵市场和其他证券市场失灵的机会主义行为中，他们都处于弱势。为了减少内幕交易、证券欺诈、操纵市场和垄断等行为，引导中小投资者理性投资，证券市场上不同经营业绩的上市公司的股票合理定价，改进证券市场帕累托从而促进证券市场发展，对于金融市场的发展是必不可少的。

保护证券市场投资者，实质是保护投资者的权益，证券市场投资者权益也就是股东权益。世界各国证券法律、法规对股东权利保护的具体内容不相同。但总体来看，公司股东通常有如下几项相同权利，一是参加股东大会并在诸如兼并和重组等公司重要事件上行使投票权；二是获得有关公司经营完整、正确的信息；三是选举公司董事或起诉公司和董事的权利；

四是有获得股利或分红的权利；五是其他一些诸如在新股优先认购权利等。股东的这些权利可归纳为剩余索取权和剩余控制权两项基本权利，这两种权利构成投资者权益的核心。本章主要从投资者保护的法律执行效率及公司治理层面两个方面着手测量投资者保护水平。

（3）企业融资效率

从国内外相关研究来看，国外学者的研究很少涉及中小企业融资效率，国外学者的研究主要集中在市场资源配置效率对融资效率的影响方面。这可能与西方国家特有的产权制度、财产的市场化和严格的预算约束有关。我国企业尤其是中小企业不具备西方企业的融资环境，普遍存在融资效率低下的现象。中小企业融资效率成为国内学者关注和研究的重点。然而国内学者对于企业融资效率的概念和定义没有形成统一意见。

我国对于融资效率问题的研究始于 20 世纪 90 年代。曾康霖教授被公认为较早研究融资效率的学者之一。他对直接融资和间接融资进行比较，提出采用什么形式的融资要着眼于融资的效率和成本，认为影响融资效率和成本的因素有七个，并首次提出了"融资效率"一词，但因为他研究的主题是直接融资和间接融资，所以并没有对融资效率给出明确的定义。宋文兵（1998）最早给出了"融资效率"一词的定义，他认为融资效率应该包含筹资效率和配置效率。筹资效率是指企业能够以较低的成本融到所需的资金，即企业的融资能力。配置效率则表示企业能够有效地将融到的资金分配到能够创造最大价值的活动中去，即使用资金的能力。此外，卢福财（2000）、肖劲、马亚军（2004）等学者也在研究融资效率并解释了"融资效率"一词，释义基本与宋文兵类似。肖劲、马亚军（2004）提出企业融资效率是指融资能够为企业创造价值，并从融资成本、资金利用率以及比较动态的角度进一步解释融资效率这一概念。他的文章还建立了一个新的融资框架，包括融资方式及融资效率选择的动因及其效率（即企业制度效率）和资源配置效率。

企业的融资效率是指企业融资过程中采用的融资工具融通资金的质和量两方面效率，在一系列分析基础上对企业的融资效率做出综合评价。融资效率从融资的成本和筹集的资金能否得到最大价值运用加以考虑。一是企业的融资成本，即企业采用哪一种资本结构方式筹集资本的成本最低。这包括在一定市场约束条件下多种融资方式的选择问题，以及用最低的成本及时、足额地筹集到所需的资金。二是企业筹集资金能否发挥最大效应。企业利用一定的融资方式融到的资金并不是企业融资过程的终点。企业融资效率与资金的使用率、所投资项目的效益直接相关，融资效率的高低要考虑融资主体使用资金的收益性或增值性。本书认为融资效率应由两个方面组成即融资成本率与投资需求配比度。融资成本率即取得融资时所付出的成本占筹集资金比重，投资需求配比度即所筹资金与当下所需投资资金的配比关系。融资成本率越低、投资需求配比度越高则说明融资效率越好。

2. 相关理论基础

（1）法与金融理论

根据政府立法和执法在投资者保护过程中的作用，投资者保护理论可以分为法与金融理论和契约论两种形式。

法与金融理论始于1998年，此理论认为，一套旨在保护投资者特别是中小投资者利益的法律制度和高效公正的执法是一国证券市场健康发展的前提。法律法系的差别对各国投资者保护法的制定以及实施等都产生了一定的影响，对金融市场的深化程度也产生影响。法与金融理论主要强调法律对金融发展的作用，例如，一国的法律传统对该国的投资者保护力度、私有财产保护强度以及金融市场的发展都具有显著的解释作用。法与金融理论对从法律制度完善的角度看待资本市场有效性的演进有重要意义。市场的有效性是衡量资本市场成熟程度的一个重要标志，除受到资本市场自身发展与技术革新的影响之外，法律制度的完善、投资者保护措施的增强都会对资本市场效率的动态演进产生影响。毕竟市场效率首要反映的是信息效率，如果健全的法律制度对内部交易、操纵股价等阻碍信息反映的行为能起到遏制作用，那么就更可能增进市场信息的有效性。

投资者保护的契约论是基于著名的科斯定理提出的。科斯定理是1960年提出的，科斯认为只要执行这些契约的成本为零，个人就不需要法律或可以找到规避法律而签订契约的方法。基于科斯定理的契约论的基本观点是，只要契约是完整的，执行契约的司法体系是有效的，那么投资者只需与公司签订契约就可以达到保护自身利益的目的，法律并不重要。因此政府只需保证契约的顺利执行即可。契约论流派主要有以下两个重要观点，一是法律不重要，二是认为法律重要，但会有其他制度诸如政府干预、高度集中的外部投资者所有权、公司信誉机制以及交叉上市等使私人签订有效的契约。

契约论和法与金融理论分别从不同的角度对投资者保护机制进行了分析，两种理论的适用性各不相同。笔者认为，就我国当前实际而言，采用法与金融论更加适宜，这主要是出于以下两个方面的考虑。一方面，契约具有不完备性。契约论隐含的一个假设是投资者有完备的信息，可制定完备的契约。但在现实生活中，由于信息不对称和不确定，投资者可能没有足够的信息来采取行动制定完备的契约。从我国现实情况来看，投资者正是由于无法及时获取上市公司控股股东或管理层行为的信息，从而使其权益受到侵犯，这必将导致契约的非完备，因此摒弃法律仅靠完备的契约保护中小投资者的利益在我国是行不通的。另一方面，我国缺乏高效的司法体系。即使存在完备的契约，根据契约论，现实中必须有一个高效的司法体系来保证其产权和契约的执行，这就产生了矛盾，即契约的有效执行必须以完备的法律体系建设为前提，因而契约论在一定程度上是以法律论为基础的，如果没有法律的保障，契约是难以执行的。

如果没有法律对诸如内幕交易、证券欺诈和市场操纵等恶意行为进行约束和制止，仅靠契约的签订无法保护公众投资者的利益。不仅如此，还必须要制定一个完整的监管框架并设立一个强有力的监管机构来制定相关规则并进行执法。法律规则和执法是契约签订和执行的基础。因此，我们认为在法律论基础上发展起来的法与金融理论，可以指导我国建设投资者保护的法律体系，进而对中小企业的融资效率起到促进作用。这在我国当前公众投资者利益保护不力、证券市场萎缩的情况下，具有更重要的理论和现实意义。

（2）法律论

法律论的观点认为，对于投资者保护问题，法律是不容忽视的重要因素。这一理论学派以 LLSV 为代表，他们从法律的角度对中小投资者保护这一问题进行研究。研究认为，法律是影响投资者保护水平的重要因素，不同国家投资者保护水平的不同，很大程度上是因为法律体系存在差异。通过法律的完善可以很大程度上提高大股东的掠夺成本，从而使得中小投资者的保护水平有效提升，增强了中小投资者的信心。此外，也会加强公司的融资能力和经营效率，使投资者获得更多的收益。法律赋予了中小投资者选取董事以及分享资产收益等权利，这些权利的执行与否将直接影响着中小投资者保护水平的高低，如果法律对中小投资者的保护力度不够，势必会造成中小投资者利益的受损，进而上市公司将会减少潜在投资者，相应的融资成本也会提高，这对于上市公司以及证券市场的发展来说都是不利的。

（3）法律渊源决定论

法律渊源决定论认为，法律和资本市场的发展必然存在一定的关系，其是以外部投资者保护与金融的关系为切入点，即利用内部管理层与拥有控股权的股东会根据一些内幕消息进行操作控制进而损害一些小股东以及债权人的利益，而法律制度却恰恰可以抑制这种行为的发生，所以其会对外部投资者产生极其重要的保护作用。我国在解决中小企业融资难等方面的能力不足，这主要表现在法律依据与程序的不足上，因此，要想解决问题，必然要从司法机构执行任务的能力以及提高法律保护意识，宣传法律知识等方面来弥补缺陷。

（4）信息不对称理论

信息不对称理论由 Greenwald、Stigliz 和 Weiss 提出，他们认为，企业面临的融资约束程度与信息不对称的程度正相关。信息不对称是指在市场经济运行过程中，参与市场活动的各市场经济主体的信息掌握程度存在差异。掌握信息更丰富的市场主体在商业活动中具有优势，能够通过向信息欠丰富的市场主体传递可靠信息而获益。信息不对称理论突出信息对市场经济的作用，揭示了市场体系中存在的固有缺陷，完全依赖自由市场机制未必会给经济带来最优结果，尤其在投资、就业、环境保护和社会福利等方面。此外，该理论还指出政府在保证经济平稳运行中的重要作用，认为政府应该加大对经济运行的监督力度，最小化信息不对称产生的负面影响。

在古典经济学的理论框架下，每个市场参与主体所拥有的信息均为市场上所具有的全部信息，因而决策环节是在完全确定的条件下，利用效用最大化原则做出的最优决策。因此在古典经济学假设中，拥有完全信息的理性人，能够做出理性的决策。然而在实际生活中，完全信息市场是不可能存在的，市场的参与主体不可能获取到完整的市场信息。在企业融资过程中，信息不对称理论最明显地体现在银行等金融机构及其他投资者很难获取信息的企业，中小企业尤其如此。参与者间的信息不对称往往是常态，这就导致信息拥有方能够利用信息不对称的优势获利，而信息掌握相对匮乏的参与者信息搜寻成本较高，他们的利益则会因此受到损害，现实中很难准确掌握企业的信息，最终导致投资者信心不足，企业融资能力弱。

二 实证研究设计

本部分通过大量的文献阅读以及相关理论的基础上提出相关研究假设，对执法效率、投资者保护水平以及中小企业融资效率的测量指标的选取和构建进行阐述，构建模型，并对数据来源以及数据的处理做出说明。

1. 理论分析与研究假设

（1）执法效率与中小企业融资效率之间的关系

良好的经济效益需要完善的法律制度来支撑。La Porta 等（1998）通过研究发现，法律对于投资者的保护水平不但受法律制度的影响同时也受执法效率的影响。此后，有些学者从司法效率入手进行研究，极具代表性为 Laeven 和 Majnoni（2005）的研究，其研究结果显示，若把通货膨胀因素排除在外，则国家间利率不同的原因是司法执行效率的不同。因此，提出假设 1。

假设 1：执法效率与中小企业融资效率呈正相关关系。

（2）投资者保护水平与中小企业融资效率之间的关系

通过法律对投资者进行保护是至关重要的。法律如果不能满足中小投资者对法律保护的需求，就会损害中小投资者的利益；投资者权利保护的匮乏，会在提高企业工资成本的同时，降低企业融资效率。根据信息不对称理论，投资者与金融机构之间所获得信息不对称，将会导致投资者高估投资风险、低估投资收益，那么投资者在进行投资时必然会有所保留，并且会要求企业提供更多的担保以此来保证自己的利益。此种情形的出现必然会导致企业融资过程困难、融资成本增加、融资效率低下，这将会成为中小企业融资的绊脚石。王建中、张莉（2008）认为法律会给外部投资者提供一定的保护，法律制度会在一定程度上规范大股东和企业管理者的行为。这将在很大程度上保护中小投资者的利益，当然也会给潜在投资者一定的信心使其愿意提供资金，同时为股票市场规模的不断壮大提供了一定的机会与帮助。投资者法律保护对企业的行为做出了规定，对投资者的投资行为予以保护，并对投资者的投资意愿产生影响，企业的资本配置效率以及融资能力也会受到投资者保护水平的影响。因此提出假设 2。

假设 2：投资者保护水平与中小企业融资效率呈正相关关系。

（3）执法效率与投资者保护水平之间的关系

法律论认为，改善投资者保护机制，需要建立保护投资者权利的法律与政策，当然这一切都是以法律为前提，以此对司法的公平公正提供了保证，确保法律制度的正确实施；在执法这一层面上，需要建立有效的证券监管机制并不断提高证券监管水平。在法律实施效力良好的体系下，投资者保护情形会有所改善，权益融资资本成本会进一步得到降低，公司价值得到提高。但是，投资者保护水平在受法律影响的同时也随执法效率的不同而有所改变，管制制度尤为突出。中国市场明显存在监管机构与监管质量效率低下和威慑力不够的缺点。执法效率是证券监管质量的重要指标和体现，有效的证券监管才能保护投资者，而失效的证券监管则会以投资者的利益损失为代价。因此执法效率的加强必然会促进社会的进步，增强人们对投资的热情、对企业的信任。陈国进、赵向琴、林辉（2005）认为加强对上市公司违反法律、破坏制度的处罚能够震慑企业内部人员，使其规范行为，以此提高中小投资者的利益保护水平，增强投资者的信心，公司价值得到一定的提高，股权筹资成本降低，证券市场的发展和经济增长得到长期发展与促进。因此提出假设 3。

假设 3：执法效率越高，投资者保护水平越高，二者正相关。

（4）执法效率、投资者保护水平与中小企业融资效率之间的关系

执法效率可以通过影响执法质量对中小企业融资效率产生一定的影响，而执法效率对中小企业融资效率产生作用需要一个过程。多项研究结果表明，执法效率可以通过某些中间机制对中小企业融资效率产生一定的影响。从前文的分析结果中我们可以得出一些启示，即执法效率的大小会对投资者保护水平产生影响，而投资者保护水平又会影响中小企业融资效率，由此可以看出，执法效率可以通过影响对投资者的保护水平间接作用于中小企业的融资效率。因此，提出假设 4。

假设 4：执法效率能够通过投资者保护水平影响中小企业融资效率。

2. 样本选择及数据来源

本部分以 2011~2019 年中小板上市公司的数据作为样本，为了保证实证研究的可行性以及有效性，我们对这些样本企业按照一些条件进行筛选，同时，对数据缺失值进行剔除，避免数据的不全面对研究结论造成影响。

通过以上筛选，本部分主要对 2011～2019 年的 435 家中小板上市企业的数据进行研究与分析。有关样本的研究数据主要来源于 CSMAR 数据库。经过数据筛选和进行 1% 的 Winsor 数据处理后，共 2597 条数据参与实证研究。数据处理主要采用的软件是 SAS Enterprise Guide 6.1。

3. 研究变量设计

（1）指标选取

固定资产比率（ppe）：固定资产比率是指固定资产与资产总额的比率。不同行业的固定资产比率存在较大差异，但固定资产比率越低，企业资产才能更快地流动，从资金营运能力来看，固定资产比率越低，企业营运能力越强。

总资产周转率（sales）：总资产周转率是销售收入与总资产的比率，总资产周转率表明每一元总资产支持的销售收入，即每一元钱赚了多少收入。总资产周转越快，资产赚钱效率越高。

财务杠杆（debt）：财务杠杆是企业的总负债和总资产的比率。这一指标反映了企业的资产中债务所占的比重，体现了债权人向企业提供信贷资金的风险程度，财务杠杆越大说明企业发生财务风险的可能性越高，也反映出企业资本结构的不合理，资金不充足，企业进行再融资相对困难。

企业规模（size）：用总资产的自然对数表示。资产总额指企业拥有或控制的全部资产，包括流动资产和非流动资产。总资产不但反映了企业的资金情况，而且部分资产是通过融资得到的，总资产也在一定方面代表了企业的融资情况。企业的融资规模越大，资产总额越大，企业规模也越大。

中小企业融资效率（finance）：本书融资效率主要是从筹资效率方面对中小企业融资效率进行测度。通过文献的阅读，本书对中小企业融资效率选取 50% 融资成本率与 50% 投资需求配比度之和进行测量。融资成本率即融资成本与筹集资金之比；投资需求配比度即为筹集资金与投资活动流出之比，从而可以更准确地反映中小企业融资效率。

执法效率（je）：本书执法效率用执法威慑性进行测量，即违规频率、违规次数。因此违规次数的减少，意味着执法效率的变高，投资者保护水平的提高。各指标信息如表 7-1 所示。

表 7-1 变量定义

变量类型	变量名称	变量代码	变量描述
被解释变量	中小企业融资效率	*finance*	50%融资成本率与50%投资需求配比度之和
解释变量	执法效率	*je*	用执法威慑性进行测量,即违规频率、违规次数
中介变量	投资者保护水平	*protect*	见投资者保护指数构成说明
控制变量	固定资产比率	*ppe*	固定资产净额/总资产
	总资产周转率	*sales*	销售收入/总资产
	财务杠杆	*debt*	负债与总资产之比
	企业规模	*size*	对总资产账面价值取自然对数

(2)投资者保护指标设计

La Porta 和 Pistor 等的投资者保护指标主要用于国别或法系差异的研究,Gompers 等分析的是美国的情况。美国法律完善,资本市场发达且市场化程度高,上市公司在股东权利保护的具体做法上有较大的自主权,并且美国各州的公司法存在差异,因此其"G 指数"能反映不同公司对投资者保护的差异。但对于像中国这样的发展中国家,实行成文法,证券市场管制程度较高,行政政策对证券市场有很大影响。在证券市场发展的不同阶段,证券管理部门制定了统一的法律法规,上市公司的章程、内部治理规则和内控制度都严格遵守管理部门的统一规定,不同公司在投资者保护条款或做法上非常雷同。Johnson 等的研究表明,转轨国家规范股票市场的法律是从成熟市场经济国家移植而来,但自愿遵守法律规范的传统尚未形成,法律的有效实施比书面法律的质量对股票市场发展的影响更大。因此,对国内上市公司投资者保护程度的衡量就很难采用类似于文献的方法。

沈艺峰等借鉴 La Porta 的方法,对我国不同阶段出台的有关中小投资者保护的法律法规条款进行了评价,以较好地衡量我国各阶段投资者保护的情况,但这种方法不能评价同一时期不同微观主体的差异。对于国内投资者保护的研究,我们更加关注同一时期内,不同公司之间投资者保护的差异与其他公司金融问题之间的关系。曾昭灶等为了衡量国内同一时期不同公司之间投资者保护的差异,主要从"事后"的投资者保护效果出发,寻求不同维度来衡量投资者保护的指标,其主要目的是研究投资者保护和控制权转移之间的关系。本书的主要目的是研究执法效率、投资者保护水平和中小企业融资效率之间的关系，即需要考察同一时期内不同公司投资者保护水平的差异，因此拟采用类似曾昭灶等的方法。对国内证券法、公司法以及证券投资方面的法律法规进行考察时发现，这些法律法规关注的证券市场投资者保护问题主要包括：股东权利，如投票权、提案权、分红、董事选举权等；股东、董事、管理层的职责，如关联交易、内幕交易的限制等；信息披露，如虚假信息披露、误导、欺诈等。本研究拟寻找上市公司在这些方面"实践"或"表现"的程度差异，衡量其在投资者保护上的差异。公司内部治理制度也有助于投资者保护，如独立董事制度就有利于加强关联交易的审核，合理的董事或者管理层的薪酬激励机制有利于使他们与公司股东利益一致，因此我们还要考虑内部治理的有关机制对投资者保护的作用。

　　本书借鉴曾昭灶、李善民（2012）等的衡量方法，根据法律法规关注投资者保护的两个方面加上内部治理机制，共概括为三个方面的指标变量，具体包括股东权利、潜在侵占和内部治理。对于投资者保护水平测量指标的构建，投资者保护指标构成说明定义如表 7-2 所示。

表 7-2　投资者保护指标构成

项目	变量符号	衡量指标	分值	赋值方法
1. 股东权利			20	
股东大会出席率	A	（股东大会出席比例-第一大股东持股比例）/第一大股东持股比例	10	每 0.1 为 1 分，共 10 分
股息支付率	B	当年现金股息占净利润比例	10	每 0.1 为 1 分，共 10 分
2. 潜在侵占			20	
资金占用	C	净借出所占总资产的比例	10	赋予 0 为 10 分，而每增加 0.1 则减去 1 分，最少为 0 分
关联交易	D	（关联购买额+关联出售额）/（2×占主营收入）	10	0 为 10 分，增加 0.1 则减去 1 分，最低为 0 分
3. 内部治理			20	
独立董事比例	E	董事会中独立董事所占比例	10	每 0.1 为 0 分，最高分值为 10
总经理董事长兼任	F	董事长是否兼任总经理	10	兼任为 0，非兼任为 10
投资者保护指数	protect	—	60	其为以上各项目得分加总

4. 模型设计

为了验证执法效率与中小企业融资效率之间的关系，构建了模型 1：

$$Finance = \alpha_0 + \alpha_1 je + \alpha_2 debt + \alpha_3 size + \alpha_4 sales + \alpha_5 ppe + \alpha_6 \sum Year + \varepsilon_1$$

（模型 1）

为了验证执法效率与投资者保护水平之间的关系，构建了模型 2：

$$Protect = \beta_0 + \beta_1 je + \beta_2 debt + \beta_3 size + \beta_4 sales + \beta_5 ppe + \beta_6 \sum Year + \varepsilon_2$$

（模型 2）

为了验证投资者保护水平与中小企业融资效率之间的关系，构建了模型 3：

$$finance = \delta_0 + \delta_1 protect + \delta_2 debt + \delta_3 size + \delta_4 sales + \delta_5 ppe + \delta_6 \sum Year + \varepsilon_3$$

（模型 3）

我们将中小企业融资效率作为因变量，将执法效率作为自变量，验证投资者保护水平在执法效率影响中小企业融资效率过程中的中介作用，构建了模型 4：

$$Finance = \gamma_0 + \gamma_1 je + \gamma_2 protect + \gamma_3 debt + \gamma_4 size + \gamma_5 sales + \gamma_6 ppe + \gamma_7 \sum Year + \varepsilon_4$$

（模型 4）

其中 α、β、γ、δ 为自变量的系数，ε 为误差项。

三　实证分析

本部分主要是对上述提出的理论假设进行检验，运用数据对执法效率、投资者保护水平以及中小企业融资效率之间的关系进行实证分析，并对其实证结果进行分析，帮助我们准确认知它们之间的关系。

1. 描述性统计分析

本节对 Winsor 处理之后的数据进行了描述性统计分析，其描述性统计结果如表 7-3 所示。描述性统计的分析内容主要是 mean（均值）、std（标准差）、min（最小值）、q1（25%分位数）、median（中位数）、q3（75%分位数）、max（最大值）、skew（离散程度）。

表 7-3　描述性统计结果

变量	均值	标准差	最小值	25%分位数	中位数	75%分位数	最大值	离散程度
size	21.7228	0.891	19.7318	21.089	21.6356	22.256	24.69	0.5348
ppe	0.2106	0.141	0.0011	0.0965	0.1874	0.3049	0.67	0.6712
debt	0.3972	0.193	0.0283	0.2428	0.3845	0.5387	0.86	0.2448
sales	0.6225	0.406	0.0205	0.3545	0.5349	0.7723	2.96	1.9838
je	0.283	0.647	0.0000	0.0000	0.0000	0.0000	4.00	2.6094
protect	41.2725	7.399	20.5259	36.265	41.5931	46.794	56.58	-0.2408
finance	68.8128	325.551	0.0358	1.0763	3.2316	15.4	4917.96	9.5305

从表 7-3 中可以看出有关执法效率的一些相关数据，其中执法效率的最大值为 4，最小值为 0，标准差为 0.647，从中可以看出不同企业之间执法效率的威慑性存在一定的差异。从投资者保护水平质量指数来看，它的最大值是 56.58，最小值是 20.5259，标准差是 7.399，这可以充分说明各个企业对投资者保护水平的重视程度存在着较大的差异。就中小企业融资效率而言，最大值为 4917.96，最小值为 0.0358，标准差竟然达到 325.551，从这些数据中我们可以看出不同企业的融资效率存在着一定的差异。

2. 相关性分析

对变量进行回归分析之前，本节采用了 Pearson 相关系数法来检验变量间的相关性，用检验结果分析变量间是否存在多重共线性，同时让人们对各变量间的关系有一定的认识。相关性分析结果如表 7-4 所示。

表 7-4　相关性分析

变量	*size*	*ppe*	*debt*	*sales*	*je*	*protect*	*finance*
size	1						
ppe	-0.0591 ***	1					
debt	0.4432 ***	0.0645 ***	1				
sales	0.0183	0.0671 ***	0.1605 ***	1			
je	-0.0431 **	0.0449 **	0.1397 ***	0.0179	1		
protect	-0.0013	0.0956 ***	-0.0475r **	0.0730 ***	-0.0264	1	
finance	-0.0570 ***	0.0940 ***	0.0688 ***	0.0672 ***	0.0830 ***	0.0634 ***	1

注：*、** 和 *** 分别表示在 10%、5%、1%的水平上显著。

从表 7-4 中我们可以看出，各变量间的相关系数都不足 0.5，这可以充分说明各变量之间存在较弱关联关系，多重共线性存在的可能性极小。利用相关系数我们可以初步判断变量之间的关系。从表 7-4 可以看到，投资者保护水平与中小企业的融资效率呈现显明的正相关关系，这与假设 1 的结论相一致；执法效率与中小企业融资效率也呈现出显著的正向关联关系，这和假设 2 的结论相一致；违规次数与投资者保护水平呈现出负相关关系，即执法效率与投资者保护水平是正相关关系，但是却并不显著，这与假设 3 的结论一致。为了更加深入探究研究假设，本研究需要对模型进行回归分析。

3. 回归分析

对各变量进行了描述性统计分析与相关性分析之后，为了更深入的验证研究假设，我们对其进行了多元回归分析，其回归结果如表 7-5 所示。

回归结果显示，模型 1 是在自变量的基础上控制了企业规模、财务杠杆、营业收入、固定资产净额以及年份变量。从回归结果中我们可以看出，投资者保护水平和中小企业融资效率的相关回归系数是 2.4250，t 值是 2.91，并且其在 1% 的水平上显著，该回归结果验证了假设 1 的结论。

由模型 3 的回归结果可以看出，执法效率与中小企业融资效率的相关回归系数为 30.4346 该系数的 t 值为 1.98，且在 5% 的水平上显著，该结果验证了假设 2 的结论，即执法效率与中小企业融资效率呈正相关关系。

模型 4 把投资者保护水平放在了执法效率对中小企业融资效率影响的回归结果中，由表 7-5 的回归结果可以看出，加入投资者保护水平后，执法效率对中小企业融资效率影响的回归系数由 30.4346 上升至 31.4240，在 5% 的水平上显著。由此可以得出投资者保护水平在执法效率和中小企业融资效率的关系中有部分中介效应。

表 7-5　模型回归分析结果

模型	模型 1	模型 2	模型 3	模型 4
size	−36.6825***	0.7960***	−32.8282***	−34.8886***
	(−3.16)	(3.84)	(−2.95)	(−3.10)
ppe	149.5385***	5.4692***	157.9586***	144.3397***
	(3.29)	(5.24)	(3.35)	(3.14)

续表

模型	模型 1	模型 2	模型 3	模型 4
debt	174.1546 ***	−3.7773 ***	145.7663 ***	155.3660 ***
	(5.22)	(−4.18)	(4.28)	(4.58)
sales	30.9276 *	1.2555 ***	34.9014 *	31.7316 *
	(1.71)	(−3.45)	(1.91)	(1.76)
je		−0.3853	30.4346 **	31.4240 **
		(−1.49)	(1.98)	(2.03)
protect	2.4250 ***			2.5171 ***
	(2.91)			(2.96)
year	YES	YES	YES	YES
R^2	3.23%	3.91%	3.30%	3.61%
Adj R^2	2.86%	3.54%	2.92%	3.20%
N	2597	2597	2597	2597

注：*、** 和 *** 分别表示在 10%、5%、1% 的水平上显著。

由表 7-6 可以看出，在加入控制变量前执法效率对投资者保护水平的相关回归系数为 −0.4824，该系数的 t 值为 −1.86，并且在 10% 的水平上显著；在加入控制变量后其显著性变弱，回归系数由 −0.4824 变为 −0.3853，而其结果也变得不再显著。由放入控制变量前后的结果可以看出在众多影响因素当中执法效率对投资者保护水平的影响相对较弱，但执法效率对投资者保护水平是存在正相关影响的。

表 7-6 执法效率与投资者保护水平

项目	控制变量后的模型 1	模型 1
Intercept	39.6457 ***	21.6268 ***
	(108.42)	(4.80)
size		0.7960 ***
		(3.84)
ppe		5.4692 ***
		(5.24)
debt		−3.7773 ***
		(−4.18)

续表

项目	控制变量后的模型 1	模型 1
sales		1.2555 ***
		(3.45)
je	-0.4824 *	-0.3853
	(-1.86)	(-1.49)
year	YES	YES
R^2	1.79%	3.91%
Adj R^2	1.57%	3.54%
N	2597	2597

注：*、** 和 *** 分别表示在 10%、5%、1%的水平上显著。

4. 稳健型检验

为了增加结论的可靠性，研究还对上述实证结果进行了如下的稳健性测试。

利用 GMM 方法代替 OLS 最小二乘回归方法检测了执法效率、投资者保护水平与中小企业融资效率三者之间的关系是否具有稳健性。

表 7-7 给出了稳健性测试结果。结果显示执法效率对中小企业融资效率有正向影响且在 5%显著水平上显著，投资者保护水平与中小企业融资效率正相关且在 1%水平上显著，投资者保护水平在执法效率对中小企业融资效率的影响关系中有部分中介效应。

表 7-7　稳健性检验

模型	模型 1	模型 2	模型 3	模型 4
Intercept	677.5425 ***	641.6822 ***	627.5306 **	588.4421 **
	(2.74)	(2.66)	(2.57)	(2.48)
size	-34.6342 ***	-32.8282 ***	-36.6825 ***	-34.8886 ***
	(-3.01)	(-2.93)	(-3.14)	(-3.07)
ppe	162.5907 ***	157.9586 ***	149.5385 ***	144.3397^ ***
	(3.49)	(3.36)	(3.32)	(3.18)
debt	164.2836 ***	145.7663 ***	174.1546 ***	155.3660 ***
	(4.87)	(4.18)	(5.12)	(4.45)

续表

模型	模型 1	模型 2	模型 3	模型 4
sales	34.0290 *	34.9014 **	30.9276 *	31.7316 *
	(1.94)	(1.99)	(1.78)	(1.83)
je		30.4346 **		31.4240 **
		(1.97)		(2.02)
protect			2.4250 ***	2.5171 ***
			(2.95)	(2.99)
year	YES	YES	YES	YES
ADJ R^2	2.61%	2.92%	2.86%	3.20%
N	2604	2604	2597	2597

注：*、**和***分别表示在10%、5%、1%的水平上显著。

四 研究结论及政策建议

1. 研究结论

本书对投资者保护水平和中小企业融资效率、执法效率和投资者保护水平以及执法效率、投资者保护水平与中小企业融资效率的相关文献进行了整理总结，并且分析了它们之间的关系。通过实证分析 435 家上市的中小企业 2011 年至 2019 年的数据，主要得出以下结论。执法效率的提高伴随着投资者保护水平的加强，投资者保护水平越高，越能够向市场上释放企业可信度较高、企业发布信息可信的信号；投资者对被投资企业的信心加强，使投资者更加放心、大胆的投入资金，还能吸引更多投资者将资源流入企业支持其发展，进而降低融资成本，融资效率得到提高。因此国家在出台各种法律的同时应加强法律的执行，注意执法的威慑性、执行的时效性，给予投资者更多的安全感。

2. 政策建议

（1）提高执法效率

①加大执法力度，保证执法质量，提高执法效率

我国的投资者立法水平已经比较高，但执法效率低下，无法保护我国投资者权益。保护投资者权益的法律执行质量与其内容的完善同等重要。如果相关法律没有对保护投资者权益做出有效规定，虽然对相关法律予以

严格、有效的执行可以弥补其法律内容上的不足之处，但是如果法律的执行质量较差，即使保护投资者的法律内容完善，其对投资者的保护力度也会大打折扣。执法工作的进行过程中不但要求效率还要求一定的质量、对企业行为的规范调整、对错误的改正以及执法的到位，并且要求遵守"执法必严、违法必究"的八字方针。在实际工作进程中存在执法效率不足、执行能力不够、执行法律阻碍大等一些困难与不足。因此本书对此提出了一些建议：首先应该增强执法的力量，加快执法机构建设；其次相关人员要加强学习法律，提高相关人员自身的素养，还要加大执法力度、加大宣扬力度、普及和提高人们对法律的认知；再次要加强执法管理，完善执法机制，学习其他国家的先进执法经验，去其糟粕、取其精华，并有效推广；最后保证严格、公正、文明的执法方针政策，提高违法失信成本，坚决查处重案要案。

②培养投资者法治观念，强化法律意识，提高执法效率

加强投资者权利的法律保护，不仅意味着要重视法律条文对投资者权利的保护，而更为重要的是要真正改善执法效率。我国证券市场立法可以移植和学习英美等发达国家先进的立法规则，但是证券立法最基本的功能在于产生的信任作用和对证券市场违法违规者起到威慑作用，尤其信任作用是金融市场得以建立和发展的根本保障。金融机构在资金的供给和需求者之间实现资金融通，这种"耦合"功能发挥的前提在于贷款双方对金融中介机构的信任。相反，如果法律精神无法被人们真正理解，或者法律得不到有关部门的尊重和执行，投资者保护的目的将无法实现，进而影响中小投资者参与市场的意愿和信心。改革开放以后，中国在证券市场法治文化的宣传和弘扬方面已经取得了很大进展，但仍需培养民众的法治观念，让法律成为人们心目中的权威，从而起到有效威慑和遏制证券违法行为的作用，提高执法效率。

（2）提高投资者保护水平

①优化内部管理

企业的治理结构关系到企业的整体管理水平，不仅影响投资者相关权益，也影响着中小企业的融资效率。企业的治理不科学、生产低效率、财务不规范、营销混乱，都会导致企业筹资成本升高，资金配置不合理、资金利用率降低，企业筹资效率和经营效率都会降低，从而使融资效率降低。

科学完善的公司治理结构是企业发展的前提，更是提高企业融资效率的关键。企业务必按照现代企业制度完善企业法人的治理结构，通过明确产权关系处理好股东之间的制衡机制与管理人员的责任和利益的划分，降低企业所有人与职业经理人的道德风险，避免逆向选择，进而提高投资者保护水平，最终达到提高融资效率的目的。

②加强监管水平，提高投资者保护水平

投资者保护是维护市场公平和投资者权益的一项基础工作，在市场经济国家已开展多年并取得了广泛的认同，对消除或减少信息不对称的消极影响，以及遏制对投资者权益的不当侵犯方面起到了明显的作用。对此本书提出了一些参考建议。

首先，要提升监管执法水平，增强证券监管对投资者保护的有效性，建立高效的执法机制和系统。一是增强自律组织的独立性，即改革政府管理体制，改变政府以往对民间行业协会较多干涉的情形，保障国家政府在实施监管和日常事务中最大限度地不介入民间行业协会的内部事务，减少对行业自律的行政干扰。二是进一步深化市场经济体制改革，市场经济体制的改革有助于促进证券行业协会自律功能的实现。一方面市场化改革可以促进资源在市场各主体间的合理配置，削弱政府对资源的集中控制，使政府与市场在资源的配置中各尽其能、各司其职，也可以减少经济对政府的依赖，为行业协会的自律和自治奠定基础；另一方面市场化改革将使我国涌现更多产权清晰的企业，使其在市场交易中实现企业利益与个体利益最大限度地契合。

其次，要合理地划分政府和自律组织之间的权限。证券交易所可以利用其贴近市场的优势，主要负责一线市场并对上市公司控股股东实行监管。证券业协会主要在一线市场对证券公司、律师事务所和会计师事务所等中介机构实行监管，对违反法律规范和行业规范者给予纪律处分，同时开展市场参与者和公众投资者的教育活动，提高投资者的风险意识。政府对一级市场内外的行为都实行监管，但要以指导性的间接监管为主，给自律组织更大的功能实现空间，避免政府因过度监管对市场产生抑制作用。重视对上市公司投资者关系管理与投资者保护方面的研究。应面向上市公司开展一系列的调查，并对此做渗透性分析，为公司发展和改进投资者的管理与保护机制提供有用的参考建议。同时将上市公司投资者保护状况最终评价结果通报上市公司，以此来促进上市公司自行改正；加强对投资者相互关系的处理和投资者保护相关的业务培训工作，引导企业重视此项工作并以此来保证投资者保护水平的提高。

③提供内幕交易私权救济

对投资者利益的保护，主要有两个方面。一是保障他们合法地获得上市公司、证券部门以及其他市场主体可能引起证券价格变化的各种信息权利。二是平等地参与交易的权利。对于信息获取权，重要的是加强信息披露，而对于平等参与交易权利，则是要制约内幕交易。除了各种法律条文规定，对中小投资者来讲，最有效的保护是加大内幕交易的监管力度，提供私权救济。针对我国的情况，应在刑事责任、行政处罚等公权责任之外，确立内幕交易的民事赔偿责任，对权利受到侵害的中小投资者予以确实、可操作的申诉权与索赔权。虽然《证券法》有诸如违反证券法规，应承担情事赔偿责任的相关规定，但到目前为止，证监会已处理内幕交易多起，却至今没有个人请求赔偿的诉讼案，其中一个很重要的原因是法律程序上的不可操作性，而法律上的不可操作性主要集中在诉讼资格和赔偿额标准的确定上。针对该情况我们应该参照美国的成功实践。

第一，就诉讼资格来讲，由于上市公司股东的身份变动性和非单一确定性，难以证明投资者自身利益受损与内幕交易有直接的因果关系。因此，我们应参考美国立法和司法实践中的"同时交易者说"，只要内幕交易人隐瞒信息与相关人交易，那么在同一时间与之交易的交易者，通过证交所数据库储存的交易记录，能够识别其曾有的身份和所遭受的损失，如此就具备原告资格，可以提请损害赔偿诉讼。

第二，对损失及赔偿额金额的确定是内幕交易私权救济施行中的最大难点。美国将这个赔偿金额限定在内幕交易者的全部非法所得范围内，采用的是"非法所得计算法"。美国证券交易委员会建立公众投资者损失赔偿金制度，即将收回的内幕交易者的非法所得放在同一个账户上保管，用来补偿因内幕交易而受损失的公众投资者。该方法简便可行而且不失公正，值得我们借鉴。

④完善中小股东保护制度

股东作为公司的投资者，保护其在公司中的合法权益，乃是公司生存、发展的前提和基础。而少数股东作为股东的重要组成部分，由于其股东权的固有特性，其权益极易被多数股东以及公司经营管理者所侵蚀，更需要法律强有力的保护。完善我国中小股东法律保护制度，需要构筑公司内部制衡与外部干预相结合、事前预防事中监督及事后救济相配套的多层次全方位立体的少数股东权的法律保护体系，以协调、平衡公司及其股东、董事、监事、经理等公司各方主体之间的利益。在我国，保护中小投资者的合法权益集中体现在保护流通股股东的合法权益上，而其关键之处在于制约大股东的行为。信息披露、中立机构的客观分析、公告和监管处置是保护中小投资者的必要条件。

（3）提高企业融资效率

①强化资源配置，改善资金运用效率

企业应强化经济资源的配置水平，加强资源的合理运用，提升资产的周转效率。资金的筹集、管理、使用应切实根据生产经营状况、企业所处的发展阶段、行业的发展状况，制定合理的资金使用计划，并进行可行性分析。因此应提升企业资金的管理水平和运营效率，保障企业高效运转。我国中小企业普遍处于成长阶段，发展速度快，但是效率相对较低。企业应该充分利用股权转让系统实现有效融资，顺应经济转型的大趋势，明确企业发展目标和战略，调整企业规模，充分利用可支配的经济资源，加强内部管理，洞察经济形势走向，灵活应对市场变化。

②寻求外部合作

中小企业在优化内部管理水平、加强企业内部管理控制的同时，应积极寻求外部合作。在经营过程中合理利用经营负债筹资，同上下游企业建立战略联盟，以获取融资的便利。同时中小企业可以相互合作，结合不同企业的竞争优势，共享信息资源，提升企业品牌形象，实现协同效应，提升企业的融资效率。

③政府出台专门法律

中国证券市场的法律法规已经对投资者赋予较大权利，但关于投资者保护的法律规则的设定还有待进一步完善。在资本市场发育较好的国家和地区用法律手段规范投资者权益保护是通行的做法。随着证券市场的发展，我们不仅要对已有的诸如《公司法》和《证券法》等法律法规进行修补，还需要出台专门针对投资者的法律。这一措施有助于提高我国投资者法律保护体系的稳定性和持续性，有助于增加我国中小投资者对证券市场的信心，并有利于我国资本市场的可持续发展。因此，笔者认为我们应将针对投资者保护的一些部门规章整合成一部专门针对保护投资者的法律即《投资者保护法》，从基础上为投资者的保护和证券市场的监管提供法律依据。

第二节　构建网络评估模型防范系统性金融风险

评估系统性金融风险一直是金融管理者和政策制定者重点关注的问题。一般来说，系统性风险是指在一些外部环境或经济冲击下金融系统中的参与者违约，导致其他金融参与者违约的一系列连锁风险效应。这些金融系统的参与者包括各种类型的机构，例如银行、对冲基金、养老基金或保险公司。由于银行是系统性金融风险评估的关键参与者，本部分主要的研究对象为银行。

系统性风险通常使用网络模型进行评估，其中节点代表银行，加权有向边代表负债。而压力测试则是对模型中的网络施加冲击并分析其所产生的后果。在最初的冲击中幸存下来的银行可能因其他银行不再有能力偿还其负债而造成"传染性"违约。此类资产负债表的溢出效应是系统性风险的主要来源之一，这也是本书的关注点。

通常，完整的银行间负债网络是很难获得的，而每个银行的总量，例如银行间负债和资产总额可以从公共资产负债表信息中轻易获得。但是除公开信息之外，金融监管机构通常不能观察到金融网络全局。对于不需要向金融监管机构报告的金融机构，监管机构通常只能掌握其有限的金融数据。因此找到一种严格且易于处理的方法来弥补缺失的数据是至关重要的。

本部分主要针对的是已知银行负债总额而银行间负债却未知的情况。确切地说，我们通过负债矩阵 $L \in [0, \infty)^{n \times n}$ 来描述具有 n 个银行所组成的网络中的银行间负债，其中 L_{ij} 代表银行 i 对银行 j 的名义负债。负债矩阵 L 的行和与列和分别代表银行的总资产和总负债，这些是已知的，而通常部分或所有的矩阵 L 的元素 L_{ij} 是未知的。金融市场中传染性违约的数量和严重程度在很大程度上取决于通常未观察到的双边负债 L_{ij}。任何压力测试结果都将显著地依赖于填充缺失信息的方法。因此，本书将提供一种新方法来实现压力测试。

中央银行已经注意到银行的总资产和总负债已知而银行间负债却未知

的情况，并高度重视，正在进行一项涉及多国中央银行及其关于银行间支付、回购、FXS、CDS、股权和衍生品网络的国际研究，以测试由这些数据构成的矩阵的行和列聚合的网络重建方法的性能。初步结果表明，测试方法的性能在很大程度上取决于所使用度量方法的相似性和底层网络的稀疏性。而本书构建的模型更为灵活，可以应对各种基础网络结构，而网络中所有元素都未知的经典情况作为特例包含在我们的模型中。

本部分做了以下尝试。第一，在贝叶斯方法的框架下为观察到的资产负债表提供银行间可能债务数值的概率分布。为了达到此目标，首先为债务矩阵构建了概率模型，此概率模型的构建是在观察到的行和列总和以及可能观察到的个别元素条目的基础上建立的。第二，为这种条件分布构建了一个 Gibbs 采样器。我们构建的模型包括各种可能的网络结构（邻接矩阵），例如完整网络、Erdos-Renyi 网络、分层网络或无标度网络。此方法还可以对权重（即负债）的各种概率分布进行建模，例如轻尾或重尾分布，目前还没有其他已知的方法可以实现这一目标。第三，说明了所构建的模型与算法如何应用于评估金融网络中的系统性风险。其创新之处在于此模型可以给出压力测试结果的概率分布。这些概率的得出基于随机假设，而这个随机性假设与在金融网络中观察到的现象相一致。压力测试结果的多样性与可变性清楚地表明，基于负债矩阵而推导出的银行违约概率只进行点估计，对于系统性金融风险的估计是非常有限的。

一 模型介绍

1. 银行间负债网络

我们考虑由 $n \in N$ 个银行所组成的金融系统。我们用负债矩阵来表述银行间债务，具体来说，我们定义一个 $n \times n$ 的矩阵 L，其元素是非负的，为了符号方便，我们只考虑平方负债矩阵。L_{ij}，$i, j \in N$ 表示银行 i 对银行 j 的名义负债，即从银行 i 到银行 j 的应付款。

负债网络模型中的节点代表银行。如果 $L_{ij} > 0$，则代表存在从节点 i 到节点 j 的有向边，其具有权重 L_{ij}。为了表示两个节点之间是否存在连接，我们还使用邻接矩阵 $A = (A_{ij}) \in \mathbb{R}^{n \times n}$，当 $L_{ij} > 0$ 时用 $A_{ij} = 1$ 来表示，反之则用 $A_{ij} = 0$ 来表示。

本书考虑负债矩阵未被完全了解的情况，但是可知或可观察到负债矩阵的某些固定元素。鉴于此，我们引入矩阵 $L^* \in \mathcal{L}^* := (\{ * \} \cup [0, \infty))^{n \times n}$，其中 $L_{ij}^* = *$ 代表节点 i 与 j 之间的负债是未知的情况。我们令 $\mathcal{F} = \{(i,j) : L_{ij}^* \neq * \}$ 表示负债矩阵已知的位置，即固定到给定值。典型的例子是银行对自身没有负债，即对于所有 $i \in N$，都有 $L_{ii}^* = 0$，但其他所有负债都是未知的，即对于所有 $i \neq j$，都有 $L_{ij}^* = *$，我们称其为最小的观察设置。其他例子包括来自个体市场参与者的观察角度，他们知道自己的负债和资产，但只有其他参与者的总量，或者是来自监管机构的观察角度，他们能够观察到报告给他们的银行的个体负债，但只是来自其他银行的汇总。

定义 1：（负债矩阵）一个矩阵 $L = (L_{ij}) \in [0, \infty)^{n \times n}$ 被称为关于 L^* 的负债矩阵，如果 $\forall i, j \in \mathcal{N}$，$L_{ij}^* \neq *$ 意味着 $L_{ij} = L_{ij}^*$，我们写作 $L \equiv L^*$。

我们假设我们已观察到名义银行间债务总额，L 的行和，以及每个银行的名义银行间资产总额，L 的列总和，且我们经常需要已经给定矩阵的行和列总和的矩阵，包括可能的带有未知元素的矩阵。为此，我们定义了 $r, c : \mathcal{L}^* \to R^{n \times n}$，$r(M) := (r_1(M), \cdots, r_n(M))^T$，$c(M) := (c_1(M), \cdots, c_n(M))^T$ 和 $r_i(M) := \sum_{j=1, M_{ij} \neq *}^{n} M_{ij}$，$c_i(M) := \sum_{j=1, M_{ji} \neq *}^{n} M_{ji}$。

定义 2：（可容许负债矩阵），如果一个矩阵 $L \in \mathbb{R}^{n \times n}$ 是关于 L^* 的负债矩阵，并且满足 $c(L) = a$，$r(L) = l$，那么我们称这个矩阵为一个关于 a，$l \in [0, \infty)^n$，$L^* \in \mathcal{L}^*$ 的可容许负债矩阵。

仅知道负债矩阵的行和列总和（以及一些其他固定值）为负债矩阵 L 留下相当大的自由度。例如，在最小观察设置中，负债矩阵 L 具有 $n^2 - n$ 个未知元素。假设矩阵 L 的行和与列和已知，矩阵 L 则有 $2n$ 个线性约束。这些元素中至少有一个是冗余的，因为列和的总和与行和的总和相同。因此，当估计矩阵 L 时，我们有 $n^2 - n - (2n - 1)$ 即 $n^2 - 3n + 1$ 个自由度。

以下定理给出了是否存在可接受的负债矩阵的必要充分条件。

定理 3：（可容许负债矩阵的存在条件）考虑两个向量 $a \in [0, \infty)^n$，$l \in [0, \infty)^n$ 和 $L^* \in \mathcal{L}^*$ 满足 $\sum_{i=1}^{n} a_i = \sum_{i=1}^{n} j_i$，$r(\mathcal{L}^*) \leq l$；$c(\mathcal{L}^*) \leq a$。则以下的叙述是等价的。

叙述 1：存在一个可容许负债矩阵 L 相对应于矩阵 L^* 的元素和。

叙述 2：$\forall I \subset N$，$J \subset N$ 并且 $L_{ij}^* \neq *$，$\forall i \in I$，$j \in J$，我们有 $\sum_{i \in I} \tilde{l}_i + \sum_{j \in J} \tilde{a}_j \leq A$，其中 $\tilde{l} = l - r(L^*)$，$\tilde{a} = a - c(L^*)$，$A = \sum_{i=1}^{n} \tilde{t}_i$。

在最小观察法下，上述公式以及表达式与 $a_i \leq \sum_{j \neq i} l_j$，$\forall i \in N$ 等价，这表明任何一个银行的资产都受其他所有银行的总负债的限制。

2. 贝叶斯方法估算银行间负债

在本节中，我们描述了负债矩阵的概率模型。我们首先描述了一个基本模型，然后我们将其用作接下来分层模型中的基本构建模型。在整个过程中，我们假设存在一个底层矩阵 $L^* \in \mathcal{L}^*$ 用于描述所观察到的矩阵。

（1）基本模型

基本模型首先通过 Erdos-Renyi 模型的广义版本构建邻接矩阵 $A = (A_{ij})$，即从 i 到 j 的有向边是通过独立生成的具有成功概率的伯努利试验 $p_{ij} \in [0, 1]$，$i, j \in N$。其次，权重（负债）使用指数分布附加到现有的有向边。具体来说，模型如下：

$$\mathbb{P}(\mathcal{A}_{ij} = 1) = p_{ij} \tag{1}$$

$$l_{ij} \mid \{\mathcal{A}_{ij} = 1\} \sim Exp(\lambda_{ij}) \tag{2}$$

上述模型参数由两个矩阵组成：$p \in [0, 1]^{n \times n}$，其中 p_{ij} 是从 i 到 j 存在有向边的概率，而 $\lambda \in (0, \infty)^{n \times n}$，它控制着在边存在的情况下权重的概率分布。我们假设从基本模型中观察到以下内容：

$$r(L) = l, c(L) = a, L \equiv l^* \tag{3}$$

即我们只观察行和列的总和 (l, a) 和 l^* 给出的负债矩阵的一些元素，而负债矩阵 L 是不能直接观察到的。我们的主要兴趣在于以 l，a，L^* 为条件的 L $(h(L))$ 的一些函数 h 的分布。$h(L) \mid l$，a，L^* 的分布不具有封闭形式，但是它可以使用 MCMC 方法近似。实际上，本书构建的相对简单的模型形式使我们能够构建一个 Gibbs 采样器，我们需要为此计算某些条件分布。

（2）可辨识性

仅通过观察行和列总和不能完全识别矩阵 p 和 λ。具体来说，下面的命题表明，在最小观察设置中，矩阵 p 不能通过证明对于任何（合理的）矩

阵 p 存在一个速率参数 $\lambda = (\lambda_{ij})$ 使 $\sum_{i=1}^{n} L^1$ 和 $\sum_{j=1}^{n} \mathbb{E}(L_{ij}) = l_j$ 的矩阵来从行和列总和中识别出来。

推理 4：令 $l, a \in (0, \infty)^n$ 使得 $A = \sum_{i=1}^{n} l_i = \sum_{i=1}^{n} a_i$；$a_i + l_i < A \forall i$。

令 $p \in [0, 1]^{n \times n}$ 其中 $p_{ij} > 0 \forall i \neq j$，$diag(p) = 0$。则

$$\exists (\lambda_{ij}) s.t. \forall j: \sum_{i=1}^{n} \mathbb{E}(l_{ij}) = a_j, \forall i: \sum_{j=1}^{n} \mathbb{E}(l_{ij}) = l_i \tag{4}$$

产生上述这种缺乏识别能力的结果是因为我们需要在 p 和 λ 上施加一些结构，例如通过将这些值设置为基本模型的特定值，或者假设一个对网络结构进行假设的层次模型。

（3）层次模型

上述基本模型可以嵌入更广泛的贝叶斯模型，其中矩阵 p 和 λ 本身是随机量，这样可以结合人们可能在经验数据中观察到的各种特征（重或轻尾分布等）。矩阵 p 随机允许我们模拟各种度数分布，包括幂律。在这样一个更大的模型中令 λ 随机化可使我们在负债分配方面具有很大的灵活性。实际上，我们可以通过指数混合模型来表征大多数重要的概率分布。在这种背景下的一个重要结果是伯恩斯坦定理，该定理指出每个完全单调的概率密度函数是指数分布的混合。我们考虑以下分层模型，其中我们假设矩阵 p 和 λ 受某些基础随机参数 θ 的影响。我们假设：

$$\theta \sim \pi(\theta) \tag{5}$$

$$(p_{ij}, \lambda_{ij})_{i,j \in N} = f(\theta) \tag{6}$$

其中 π 是 θ 上的先验分布，f 是给定的函数。我们将会给出探讨这种层次模型的两个例子。

①共轭分布模型。

该模型假设矩阵 p 除对角线外的所有元素和来自矩阵 λ 的所有元素都相等但随机。更确切地说，我们令 $\theta = (\tilde{p}, \tilde{\lambda})$ 并假设

$$\tilde{p} \sim Beta(\alpha, \beta), \tilde{\lambda} \sim Gamma(\gamma, \delta) \tag{7}$$

$$p_{ij} = \tilde{p} \prod (i \neq j), \lambda_{ij} = \tilde{\lambda}, i, j \in N \tag{8}$$

因为 $\bar{p} \mid L$ 的条件分布服从 β 分布，并且 $\bar{\lambda} \mid L$ 服从 Gamma 分布，从而我们可以灵活选择 $\bar{p}$ 和 $\bar{\lambda}$ 的先验概率，使得采样器的构造更加具有优势。假设所有银行子集相似的分层金融网络可以通过划分矩阵 L 并使用上述类型的独立模型来划分分区的每个元素来定义。

②适合性模型。

适合性模型主要用于模拟无向非加权网络。通常，每个节点 i 配备有随机"适合性" x_i（其概率密度函数我们用 ρ 表示），并且对于给定的函数 f，具有适合性 x_i 和 x_j 的节点之间的链路以概 $f(x_i, x_j)$ 形成。对于 f 和 ρ 的选择在过往的文献中已有提出，这会产生不同程度分布。函数 f 的主流选择是适合性的乘积，即对于某些函数 g，$f(x_i, x_j) = g(x_i) g(x_j)$。这种结构限制了当中最大银行的预期程度，我们希望有一定的概率使得某一家银行和大量的其他银行有连接，因此我们在这里不使用上述乘积的结构。

我们的模型改进了适合性模型，其中每个银行都有一个潜在的适合性 x_i，其通过 p 影响了银行间产生连接的倾向，以及通过 λ 影响了银行间连接的大小。该模型允许银行连接数量（程度分布）和银行与银行间负债的幂律。上述拓展是由已经找到程度分布和权重的幂分布的银行间网络的实证研究推动的。

具体来说，我们的模型假设该适合性具有速率为 1 的指数分布，即 $p(x) = exp(-x) \mathbb{I}(x \geqslant 0)$。此外，我们假设 $f(x_i, x_j) = \tilde{f}(x_i, x_j)$，具体来说，即：

$$x_i \sim Exp(1), i \in N, \tag{9}$$

$$p_{ij} = \tilde{f}(X_i + X_j) \mathbb{I}_{\{i \neq j\}}, i \neq j \in N, \tag{10}$$

$$\lambda_{ij} = G_{\varsigma, \eta}^{-1}(exp(-x_i)) + G_{\varsigma, \eta}^{-1}(exp(-x_j)) i, j \in N, \tag{11}$$

$$(\varsigma, \eta) \sim \pi(\varsigma, \eta) \tag{12}$$

其中 π 是一个合适的先验分布，$G_{\varsigma, \eta}^{-1}$ 是具有形状参数 $\varsigma > 0$ 和尺度参数 $\eta > 0$ 的 Gamma 分布的分位数函数，并且

$$\tilde{f}(x) := \begin{cases} \beta \left(\dfrac{\gamma}{\beta}\right)^{1-exp(-x)} \left(1 - \log\left(\dfrac{\gamma}{\beta}\right) exp(-x)\right), & \text{if } \alpha = -1, \\ \beta \left(\xi + (1-\xi) e^{-x}\right)^{\frac{1}{\alpha+1}} \left\{1 + \dfrac{1}{\alpha+1} \dfrac{1-\xi}{\xi \, e^x + 1 - \xi}\right\}, & \text{if } \alpha \neq -1, \end{cases} \tag{13}$$

其中 $\xi:=(\gamma/\beta)^{\alpha+1}$，$0<\beta<\gamma\leq 1$，$\alpha<0$。我们同时需要确保 $0\leq\tilde{f}(x)\leq 1$。通过简单的计算，我们可以得知当 $\alpha\leq-2$ 时上述条件被满足。但是当 $\alpha>-2$ 时，我们得到以下额外的限制条件：

如果 $\alpha\in(-2,0)$ 且 $\alpha\neq-1$，那么 $\gamma/\beta\leq(\alpha+2)^{\frac{1}{\alpha+1}}$；如果 $\alpha=-1$，那么 $\gamma/\beta\leq e$。

连接函数 $\tilde{f}$ 已被构造成使得程度函数表现出幂律，其意义在于 k 处的节点的预期出度 pdf 与 k^{α} 成正比，其中预期出度的分布是随机变量 $d^{out}(X)$ 的分布，并有 $X\sim Exp(1)$ 和 $d^{out}(x)=(n-1)\int_0^{\infty}\tilde{f}(x+z)e^{-z}dz$，其中 $d^{out}(x)$ 可以解释为具有适合性 x 的预期出度。幂律的范围是 $[\beta(n-1),\ \gamma(n-1)]$。

我们从 $lim_{x\to 0}\tilde{f}(x)=\gamma$ 可以得出 $lim_{x\to 0}d^{out}(x)=\gamma(n-1)$，表明大型银行在很大的适合性程度上对大约 $\gamma(n-1)$ 个其他银行负有债务。进一步，$d^{out}(0)=\beta(n-1)$ 表明一个适合度为 0 的银行对大约 $\beta(n-1)$ 个其他银行负有债务。因而适合性模型相较于基本模型允许有更大范围的度数。

邻接矩阵关于无向、非加权网络的模型部分最初是由 Amini 等人提出。他们推导出在 $\alpha=2$ 时的特定公式。我们做了进一步扩展，使他们的方法适应有向且加权的网络，并推导出所有 $\alpha<0$ 时的公式。关于 λ_{ij} 模型的构造使得我们获得经济上合理的矩阵 L 的正元素。这是因为，首先，较高的数值意味着较小的 λ 值，由于函数 $G_{\varsigma,\eta}^{-1}(e^{-x})$ 关于 x 单调下降，因此这意味着较高的预期负债。其次，我们建立的关于在元素为正的 l_{ij} 的模型是一系列指数函数的混合，这是由于适合性指标的分布引导出关于 λ_{ij} 的混合分布。我们对于参数的特殊选择使得这个分布具有重尾的特征。以参数 (ζ,η) 为条件，对于 $X\sim Exp(1)$，我们有 $G_{\varsigma,\eta}^{-1}(e^{-x})\sim Gamma(\zeta,\eta)$，这是因为函数 e^{-x} 在 $(0,1)$ 上是均匀分布并且因为若将分位数函数应用于 $U(0,1)$ 分布的随机变量会得出具有该分位数函数的随机变量。速率参数 λ_{ij} 是两个独立的 Gamma 分布随机变量的总和，因此它是具有形状参数 2ζ 和尺度参数 η 的 Gamma 分布随机变量。由于指数函数的 Gamma 混合具有 Pareto Ⅱ分布，因此随机选择的 l_{ij} 的分布接近具有形状参数 2ζ 和比例参数 $1/\eta$ 的 Pareto Ⅱ分布的累积分布函数。即对于这样的 l_{ij} 且 $x>0$ 有 $\mathbb{P}(l_{ij}>x)\approx(1+\eta x)^{-2\zeta}$（如果 $\beta=\gamma=1$，则这是精确布）。我们可以通过调试 ζ 来匹配任何感兴趣的幂律。因此，先验模型假设在经验数据的背景下是合理的。最后，当考虑具有差别很大的适合度的银行配对时，大银行基本上决定了连接存在的概率且为高，而小银行决定了权重且为小。实际上，考虑两个银行的情况，一个具有高适合度 x_i，另一个具有低适合度 x_j。高适合度 x_i 将导致高概率存在连接，这意味着相对大的 Gamma 分布的分位数。然而，如果我们在转换到所需的 Gamma 分布之前就添加这些特性，就不会获得这种特征。

综上，我们设计了特定的适合性模型，该模型具有很多理想的经济特征。

二　实验与讨论

我们将要展示如何使用 MCMC 算法，具体来说是 Gibbs 采样器，在给定行和列的总和及部分已知的条目下，从负债矩阵的条件分布中进行抽样。然后可以利用这些样本进行系统性金融风险的评估，例如，计算出银行违约数量的概率分布或特定银行的违约概率。我们先介绍基础模型的算法，之后再将其扩展到层次模型中。

1. 基础模型的 Gibbs 采样器

关于如何从给定矩阵行和列之和来进行取样的算法已经有大量的研究，然而大部分算法是为计数数据（count data）建立的，即所有条目都被假定为二进制或非负整数。这些算法不能应用于我们所构建的模型场景，主要基于如下两个原因。第一，我们假设条目来自连续的随机变量；第二，某些条目元素可以设置为固定值。

为此我们开发了一个 Gibbs 采样器，样本的生成来源于已知行和列总和的负债矩阵。Gibbs 采样器的关键思想是通过在给定参数矢量的其他分量的情况下，从它们的联合条件分布中对它们进行采样来迭代地更新整个参数矢量的一个或多个分量。通常参数矢量的分量要单独更新，但有时需要或出于高效的目的会联合更新参数矢量的几个分量。通过重复这些更新步骤，我们构建了马尔可夫链，其分布在更新步骤数量倾向于无穷大的时候会收敛到目标分布。

在实践中，样本的生成与结果的获得基于运行一次马尔可夫链，在开始运行的时候，我们通常会舍弃前面的一些样本。在这之后，我们通常不使用每个样本，而是仅使用每第 δ 个样本，δ 是一个非负整数。这样做的目的是减少所保留下来的样本的自相关性。

在这里参数矢量是矩阵 L，MCMC 采样器将产生一系列矩阵，而对于我们感兴趣的数值，采取如下近似：

$$E\left[h(L)\mid l,a\right]\approx\frac{1}{N}\sum_{i=1}^{n}h(L^{i\delta+b}) \tag{14}$$

其中 N 是在我们的近似计算中所使用的样本数，b 是预烧期（burn-in period）的长度，$\delta\in N$ 定义了所细化样本的程度。对于一个特定的应用，合理的目标是确保从 MCMC 链产生的 N 个依赖样本等同于大小例如 $N/10$ 的独立样本。

2. 可以用 Gibbs 采样器更新的元素

对于 Gibbs 采样器的构造，逐一更新矩阵 L 的各个分量是没有用的，因为我们模型的构造建立在已知矩阵行和列的总和以及矩阵 L 部分元素已知的情况下。因此，我们需要联合更新矩阵 L 的组成部分。

在初始化 MCMC 链的时候，我们需要矩阵 L 满足行和 $r(L)=l$ 以及列和 $c(L)=a$ 这两个条件。为了生成这样的矩阵，我们可以使用最大流算法。然而这个算法可能会产生非常稀疏的矩阵，从而使得预烧期（burn-in period）变长。为了减少这类问题的发生，我们先对 Erdos-Renyi 随机矩阵进行采样从而得到 $\bar{L}$，然后我们对剩余的行和与列和使用最大流算法，并将得到的矩阵添加到 $\bar{L}$ 中。

基于上述方法，我们对 Gibbs 采样器的实现使用如下更新步骤：基于所有满足条件行和 $r(L)=l$ 以及列和 $c(L)=a$ 所给定的矩阵 $L^{(t)}$，我们使用上述方法从而生成 $L^{(t+1)}$ 并同时满足条件行和 $r(L)=l$ 以及列和 $c(L)=a$，并最终用 $L^{(t+1)}$ 来代替 $L^{(t)}$。

更新周期的选择具有很大的灵活性。从理论的角度来看，它要确保所有周期都具有一定的概率被选择。然而从实际的角度出发，MCMC 采样器的效率将受到周期长度选择的影响。在本模型中，我们使用以下方法：我们首先在离散分布中取样周期长度 k，这个离散分布假设抽取周期长度 k 的概率是 $2^{n-k}/(2^{n-1}-1)$，$k\in2,\cdots,n$。这个选择意味着当 n 足够大时，我们选择 $k=2$ 的概率是 0.5，选择 $k=3$ 的概率是 0.25。在这之后，我们在 N 中

对 $(i_1, \cdots, i_k)$ 和 $(j_1, \cdots, j_k)$ 进行无放回的均匀采样。

3. 用于分层模型（hierarchical model）的 MCMC 采样器

在分层模型中，未知参数是 L 和 θ。为了从联合分布 $(\theta, L) \mid a, l, l^*$ 中取样，我们可以再次使用 Gibbs 采样器。用于参数 θ 直接定义矩阵 p 和 λ，所以在我们的基本模型中所使用的更新步骤可以在这里用于更新矩阵 L。对于参数 θ 的更新，这取决于 θ 和 f 的具体选择。下面我们举几个例子。

对于前文提到的共轭分布模型，参数 $\tilde{p}$（服从 Beta 分布）和参数 $\tilde{\lambda}$（服从 Gamma 分布）的先验分布与生成 L 的模型是共轭的 [指标 $L(l_{ij} > 0)$ 是相互独立的参数为 $\tilde{p}$ 的 Bernoulli 随机变量，$l_{ij} > 0$ 服从参数为 $\tilde{\lambda}$ 的指数分布]。因此，$(\tilde{p}, \lambda) \mid L$ 服从相互独立的 Beta 和 Gamma 分布。对于前文的适合性模型，我们使用 Metropolis-Hasting 来更新。

三 调查设计和数据采集

1. 金融网络的压力测试

我们假设除矩阵行和与列和之外，我们还观察到外部资产 $a^{(e)} \in [0, \infty)^n$ 和银行间网络外的负债 $l^{(e)} \in [0, \infty)^n$。因此总负债可以用向量 $l^{all} = l^{(e)} + r(L) \in \mathbb{R}^n$ 来表示，同时资产净值可以表示为 $w = w(L, a^{(e)}, l^{(e)}) = a^{(e)} + c(L) - l^{all}$。如果 $w_i \geq 0$，则该净值对应于银行 i 权益的账面价值。

我们首先定义确定性冲击比例 $s \in [0, 1]^n$：银行 i 的外部资产减少到 $s_i a_i^{(e)}$。集合 $\mathcal{D}_o := \{i \in N \mid w_i(L, s_i a_i^{(e)}, l_i^{(e)}) < 0\}$ 中所代表的银行是根本性违约的。假设网络中的所有银行都履行其义务，那么这些根本性违约则纯粹是由于外部冲击所引起的。根本性违约仅依赖于负债矩阵的行和与列和，不依赖于负债矩阵单独的某一元素 l_{ij}。

违约也有可能是其他银行不再能够偿还债务所造成的，我们把此称为传染性违约（Contagious Default）。作为对传染性违约机制的模拟，我们使用清算支付方法（Clearing Payment Approach）并扩展此方法从而包含违约成本（Default Cost）。

清算方法的中心思想与所有债务具有同等优先权的假设一致，即银行以原始债务相同的比例偿还其债权人。我们定义相对负债矩阵（Relative Liabilities Matrix）$\Pi_{ij} = L_{ij}/l_i^{all}$，其中 $l_i^{all} > 0$，否则 $\Pi_{ij} = 0$。清算矢量 $c^*(s) \in$

$[0, l^{all}]^n$ 是等式 $c^*(s) = \Phi(c^*(s))$ 的解，其中

$$\Phi(c^*(s)) := \begin{cases} l_i^{all}, \text{如果 } l_i^{all} \leqslant \sum_{j=1}^n \Pi_{ji} c_j(s) + s_i a_i^{(e)} \\[3mm] \beta^{(c)} \sum_{j=1}^n \Pi_{ji} c_j(s) + \alpha^{(c)} s_i a_i^{(e)}, else \end{cases} \quad (15)$$

这里 $\alpha^{(c)}$, $\beta^{(c)} \in [0, 1]$ 是常数代表着违约成本，当 $\alpha^{(c)} = \beta^{(c)} = 1$ 时代表着无违约成本的清算向量。如果 $c^*(s) < l_i^{all}$ 则代表着银行 i 处于违约中，其中包括传染性和根本性违约。

2. 模型模拟

考虑拥有 3 家银行的网络模型，在给定相关矩阵的行和与列和之后，此网络有 1 个自由度。令 $x = L_{32}$ 为自由参数，我们可以得到如下一般负债矩阵：

$$L(x) = \begin{pmatrix} 0 & a_2 - x & -a_2 + l_1 + x \\ a_1 - l_3 + x & 0 & l_2 - a_1 + l_3 - x \\ l_3 - x & x & 0 \end{pmatrix} \quad (16)$$

存在满足非负条件 $l_{ij} \geqslant 0$，$\forall i, j \in \{1, 2, 3\}$ 的 x 当且仅当 a 和 l 满足条件 $a_i \leqslant \sum_{j \neq i} l_j$，$\forall i \in N$。假设 $l = a = (1, 1, 1)$，则矩阵 L 的非负性等价于 $0 \leqslant x \leqslant 1$，以及

$$L(x) = \begin{pmatrix} 0 & 1 - x & x \\ a_1 - l_3 + x & 0 & 1 - x \\ 1 - x & x & 0 \end{pmatrix} \quad (17)$$

当 $x = 0.5$ 时，我们得到对于每条有向边拥有相同权重 0.5 的矩阵网络，使用 KL 距离最小化方法则可以得到上述矩阵。如果 $x \in (0, 1)\{0.5\}$，则表示此网络依然是完整的但拥有着不均匀的权重。令 $x = 0, 1$ 则会得到一个循环且网络不再完整。在这个例子中，有向边数目的最小可能值为 3，其对应于两个循环网络，最大可能有向边数是 6，其对应于一个完整网络。

除了给定的行和与列和，我们令 $a^{(e)} = \left(\dfrac{3}{4}, \dfrac{3}{4}, \dfrac{1}{4}\right)^T$ 表示外部资产，

$l^{(e)} = \left(\dfrac{7}{4}, \dfrac{3}{8}, \dfrac{1}{8}\right)^T$ 表示外部负债。因此，总负债是 $l^{all} = \left(\dfrac{11}{4}, \dfrac{7}{4}, \dfrac{9}{8}\right)$，净资产是 $w = \left(-1, \dfrac{3}{8}, \dfrac{1}{8}\right)$。综上我们可以看出只有银行 1 处于根本性违约。

这里我们使用没有违约成本的清算机制，图 7-1 显示了银行间市场稳定性对网络配置的依赖。当 $x \in (0.8, 1]$ 时，银行 3 会由于传染性而违约，而当 $x \in [0, 1]$ 时，银行 1 会由于传染性而违约。事实上，在一些银行间网络配置中，这两家银行都会因为传染性而违约，然而在另一些银行间网络配置中，只有一家银行会因为传染性而违约。此外，所有银行违约的参数范围对应于清算付款的最高值。这可以解释为损失被部分或全部吸收到两家银行的净值，而不是仅仅一家银行的净值。

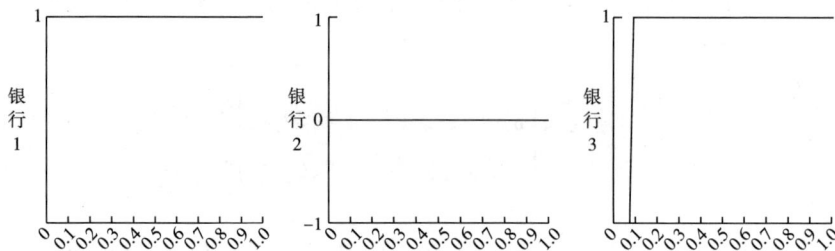

图 7-1　银行间市场稳定性对网络配置的依赖

将标准的 KL 方法应用于此次模拟中，将会得到负债矩阵 L。此次模拟中，只有银行 2 遭受传染性违约，然而这不是银行间网络的最坏可能的结果，因此通过此次模拟可以证明 KL 方法会低估传染性效果。

当我们的模型应用于此次模拟时，一旦模拟器达到 $x = 0$，1 这样的极端情况，其将会仅在这两种情况之间迭代，并以相同的概率访问每个情况。这与模拟的初始设置相一致，因此我们可以证明这两个极端情况相比于中间情况有更大的发生概率。

四　结论与展望

我们描述了生成负债矩阵的机制，这些机制与网络中每个银行的总负债和总资产的边际约束一致，并且还满足一些额外的属性。这些附加属性描述了我们假设已知或至少从经验数据估计而来的银行间债务网络结构的属性。

　　至于对银行间债务网络的冲击，我们可以使用随机性冲击而不是固定冲击。通过为负债矩阵的每个样本抽样一个或几个不同的冲击，我们的方法可以很容易地适应这一点。

　　实际上，来自不同银行的数据可能会基于不同的时间点或不同的银行使用略微不一样的会计假设，甚至最基本的一致性条件 $\sum_{i=1}^{n} a_i = \sum_{i=1}^{n} l_i$ 也常常得不到满足。为了适应这一点，我们的模型可以通过可观察到的银行间总负债／总资产拥有随机误差来得到扩展。

　　以贝叶斯公式为基础的贝叶斯理论，在人工智能中一直是处理不确定性的重要工具。本部分通过构建一个基于贝叶斯统计和机器学习算法的模型来评估金融网络当中的系统性风险，如银行同业市场。通常情况下，在模拟模型中只可观测到每一个参与者负债总额和资产总额。然而，金融系统风险评估需要掌握银行间的单一负债。因此我们以贝叶斯方法为基础构建了一个模型用于估计上述银行间的负债，再利用机器学习算法构造一个Gibbs采样器在条件分布的基础上进行抽样，抽样被用于压力测试，以此给出所有可能测试结果的概率。最后，作为模型的应用，推导出银行的违约概率并讨论其对包含在网络模型中的先验信息的敏感性，帮助金融监管部门评估金融机构的违约风险，减少系统性风险，维护金融市场稳定。

参考文献

Amini, H., Cont, R., and Minca, A., "Resilience to Contagion in Financial Networks," *Mathematical Finance*, 2016.

Anand, K., Craig, B., and Von Peter, G., "Filling in the Blanks: Network Structure and Interbank Contagion," *Bundesbank Discussion Paper* 02, 2014.

Anand, K., et al., "The Missing Links: A Global Study on Uncovering Financial Network Structures from Partial Data," *ESRB: Working Paper Series* 51, 2017.

Bank of England, "A Framework for Stress Testing the UK Banking System," *A Discussion Paper*, October 2013.

Barvinok, A., "Matrices with Prescribed Row and Column Sums," *Linear Algebra and its Applications* 436, 2012.

Biagini, F., "A Unified Approach to Systemic Risk Measures via Acceptance Sets," *Papers 1503. 06354, arXiv. org*, 2015.

Boss, M., et al., "Network Topology of the Interbank Market," *Quantitative Finance* 4, 2004.

Brualdi, R. A., *Combinatorial Matrix Classes*, Cambridge University Press, 2006.

Bruno, V., and Shin, H. S., "Capital Flows and the Risk-taking Channel of Monetary Policy," *Journal of Monetary Economics* 71, 2015.

Caldarelli, G., "Scale-free Networks from Varying Vertex Intrinsic Fitness," *Physical Review Letters* 89, 2002.

Chen, C., Iyengar, G., and Moallemi, C. C., "An Axiomatic Approach to Systemic Risk," *Management Science* 59, 2011.

Chen, N., Liu, X., and Yao, D. D., "An Optimization View of

Financial Systemic Risk Modeling: The Network Effect and the Market Liquidity Effect," 2014.

Cifuentes, R., Ferrrucci, G., and Shin, H. S., "Liquidity Risk and Contagion," *Bank of England Working Paper* Series No. 264, 2005.

Cormen, T. T., Leiserson, C. E., and Rivest, R. L., *Introduction to Algorithms*, MIT Press, 1990.

Craig, B., and Von Peter, G., "Interbank Tiering and Money Center Banks," *Journal of Financial Intermediation* 23, 2014.

Degryse, H., and Nguyen, G., "Interbank Exposures: An Empirical Examination of Contagion Risk in the Belgian Banking System," *Center Discussion Paper* No. 04, 2004.

Diaconis, P., and Sturmfels, B., "Algebraic Algorithms for Sampling from Conditional Distributions," *The Annals of Statistics* 26, 1998.

Eisenberg, L., and Noe, T. H., "Systemic Risk in Financial Systems," *Management Science* 47, 2001.

Elsinger, H., Lehar, A., and Summer, M., "Network Models and Systemic Risk Assessment," *Handbook on Systemic Risk* 1, 2013.

Elsinger, H., Lehar, A., and Summer, M., "Using Market Information for Banking System Risk Assessment," *International Journal of Central Banking* 2, 2006.

Erdos, P., and Renyi, A., "On Random Graphs L," *Publicationes Mathematicae Debrecen* 6, 1959.

Feinstein, Z., Rudloff, B., and Weber, S., "Measures of Systemic Risk," *SIAM Journal on Financial Mathematics* 8, 2017.

Kenourgios, D., Samitas, A., and Paltalidis, N., "Financial Crises and Stock Market Contagion in a Multivariate Time-varying Asymmetric Framework," *Journal of International Financial Markets, Institutions and Money* 21 (1), 2011.

Laeven Luc, Majnoni Giovanni, "Does Judicial Efficiency Lower the Cost of Credit?" *Journal of Banking & Finance* Volume 29, 2005.

Nakajima, J., and West, M., "Dynamic Factor Volatility Modeling: A Bayesian Latent Threshold Approach," *Journal of Financial Econometrics* 11, 2013.

Porta, R. L., Lopez-de-Silanes, F., Shleifer, A., et. al, "Investor Protection and Corporate Governance," *Journal of Financial Economics*, 58 (1—2), 2000.

Porta, R. L., Lopez-de-Silanes, F., Shleifer, A., et. al, "Law and Finance," *Journal of Political Economy*, Vol 106 (6), 1998.

Porta, R. L., Lopez-de-Silanes, F., Shleifer, A., et. al, "Legal Determinants of External Finance," *Journal of Finance*, Vol. 52 (3), 1997.

Shin, H. S., "Financial Intermediation and the Post-crisis Financial System," *BIS Working Papers* No. 304, 2010.

Smith, R. L., "Extreme Value Theory," *Handbook of applicable mathematics* 7, 1990.

Stock, J. H., and Watson, M. W., "New Indexes of Coincident and Leading Economic Indicators," *NBER Macroeconomics Annual*, 1989.

Weber, S., and Weske, K., "The Joint Impact of Bankruptcy Costs, Fire Sales and Cross-holdings on Systemic Risk in Financial Networks," *Probability, Uncertainty and Quantitative Risk* 01, 2017.

本刊编辑部：《让民间资本投资"有门"》，《投资北京》2016 年第 9 期。

本刊讯：《国家发展改革委印发〈招标公告和公示信息发布管理办法〉》，《招标采购管理》2017 年第 12 期。

本刊讯：《国务院办公厅对进一步做好民间投资有关工作做出部署》，《招标采购管理》2016 年第 7 期。

本刊讯：《国务院常务会议部署清理规范工程建设领域保证金》，《招标采购管理》2016 年第 7 期。

本刊讯：《国务院成立政府购买服务改革工作领导小组　张高丽副总理任组长》，《招标采购管理》2016 年第 7 期。

本刊讯：《国务院印发指导意见加快推进社会诚信建设》，《招标采购管理》2016 年第 7 期。

财政部：《财政部印发〈政府和社会资本合作（PPP）咨询机构库管理暂行办法〉的通知》，《中华人民共和国国务院公报》2017 年第 25 期。

曹稷：《监管新环境对 PPP 项目带来的挑战与风险防控分析》，《法制与社会》2019 年第 13 期。

陈国进、林辉、王磊：《公司治理、声誉机制和上市公司违法违规行为分析》，《南开管理评论》2005 年第 6 期。

陈国进、赵向琴、林辉：《上市公司违法违规处罚和投资者利益保护效果》，《财经研究》2005 年第 8 期。

陈静：《宏观审慎视角下的系统性金融风险评估研究》，《上海金融》2012 年第 5 期。

陈林希：《促进民间投资行政审批便利化对策研究》，硕士学位论文，湖南师范大学，2018。

陈守东、王妍、唐亚晖：《我国金融不稳定性及其对宏观经济非对称影响分析》，《国际金融研究》2013 年第 6 期。

陈守东、王妍：《我国金融机构的系统性金融风险评估——基于极端分位数回归技术的风险度量》，《中国管理科学》2014 年第 7 期。

陈雨露、马勇、徐律：《老龄化、金融杠杆与系统性风险》，《国际金融研究》2014 年第 9 期。

程旭：《PPP 模式之立法问题研究》，硕士学位论文，新疆大学，2017。

丁庭栋、赵晓慧：《不同行业与金融系统的波动溢出效应分析》，《统计与决策》2012 年第 3 期。

杜静、宋杰：《PPP 项目资产证券化的约束条件探析》，《工程管理学报》2019 年第 1 期。

杜钰：《分析 PPP 项目资产证券化之破产隔离》，《品牌研究》2018 年第 5 期。

范小云、王道平、方意：《我国金融机构的系统性金融风险贡献测度与监管——基于边际风险贡献与杠杆率的研究》，《南开经济研究》2012 年第 4 期。

高国华、潘英丽：《银行系统性风险度量——基于动态 CoVaR 方法的分析》，《上海交通大学学报》2011 年第 12 期。

《关于进一步激发民间有效投资活力促进经济持续健康发展的指导意见》，《交通财会》2017 年第 10 期。

《国办再出十举措激发民间投资活力》，《中国民商》2017 年第 10 期。

韩庆松：《"一引一紧"促 PPP 模式行稳致远》，《施工企业管理》2018

年第 1 期。

冀宪河：《当前推广运用政府和社会资本合作模式存在的问题及对策建议》，《机构与行政》2017 年第 4 期。

李成、马文涛、王彬：《我国金融市场间溢出效应研究——基于四元 VAR-GARCH（1，1）-BEKK 模型的分析》，《数量经济技术经济研究》2010 年第 6 期。

李修燚：《政府特许经营者权益保护问题研究》，硕士学位论文，兰州大学，2017。

李妍茹：《湖北省发展 PPP 模式存在问题及对策建议研究》，硕士学位论文，中南民族大学，2018。

李阳、帅智军、丁彦竹：《金融行业会计信息披露问题研究》，《审计与理财》2017 年第 3 期。

梁蓉：《〈欧盟特许合同授予程序指令〉研究》，博士学位论文，西南政法大学，2017。

梁涛：《PPP 项目运行中的若干法律问题研究》，硕士学位论文，天津大学，2018。

刘嘉南、项显超：《市政环保类 PPP 项目的保底量与投资回报的关系》，《中国资源综合利用》2019 年第 8 期。

刘赛：《新常态下 PPP 模式应用存在的问题及对策》，《招标与投标》2018 年第 6 期。

刘霞、陈小昆：《中国系统性金融风险预警指标体系构建及测度》，《新疆财经》2013 年第 1 期。

卢福财：《论企业融资与通货紧缩》，《江西财经大学学报》2000 年第 3 期。

卢福财：《企业要增强融资的成本与风险意识》，《企业经济》2000 年第 10 期。

罗迪：《中国 PPP 模式物有所值评价分析——以澳大利亚为参照》，硕士学位论文，西南财经大学，2018。

孟春、胡方俊：《强监管下的公路 PPP》，《中国公路》2018 年第 9 期。

苗菁：《PPP 项目全生命周期政府寻租行为规制研究》，硕士学位论文，天津理工大学，2018。

《PPP 政策文件大盘点》，《中国勘察设计》2016 年第 9 期。

史梦清、张留雨、周兰萍：《将商业项目纳入 PPP 合作范围的风险及破解路径》，《建筑》2017 年第 19 期。

宋文兵：《关于融资方式需要澄清的几个问题》，《金融研究》1998 年第 1 期。

孙汉康：《浅析政府与社会资本合作项目（PPP）资产证券化》，《金融理论与实践》2019 年第 2 期。

谭洪涛、蔡利、蔡春：《金融稳定监管视角下的系统性风险研究述评》，《经济学动态》2011 年第 10 期。

陶玲、朱迎：《系统性金融风险的监测和度量——基于中国金融体系的研究》，《金融研究》2016 年第 6 期。

汪才华、邓文红：《从操作流程角度谈 PPP 法律体系》，《招标与投标》2017 年第 10 期。

汪才华：《基于公开信息的我国 PPP 专家库建立现状的法律问题探析》，《招标与投标》2018 年第 5 期。

王辉：《次贷危机后系统性金融风险测度研究述评》，《经济学功态》2011 年第 11 期。

王建中、张莉：《投资者法律保护与公司融资的配置效率》，《南京审计学院学报》2008 年第 4 期。

王妍、陈守东：《尾部极值分布下的系统性金融风险度量及影响因素分析》，《数理统计与管理》2014 年第 6 期。

魏金明：《系统性金融风险的测度及影响因素研究》，《商业研究》2016 年第 2 期。

温博慧：《系统性金融风险测度方法研究综述》，《金融发展研究》2010 年第 1 期。

吴德庆：《普通国省道养护项目采用 TOT 模式融资可行性研究》，《交通财会》2018 年第 6 期。

肖劲，马亚军：《企业融资效率及理论分析框架》，《财经科学》2004 年第 S1 期。

徐成彬：《当 PPP "新酒" 第一次装入民间投资的 "老坛"》，《施工企业管理》2018 年第 1 期。

徐磊：《中国 PPP 项目分布的多维度差异及其动因研究》，硕士学位论文，浙江大学，2019。

徐丽蓉：《防范"次贷危机"引发中国系统性金融区险》，《时代金融》2008 年第 12 期。

徐明东、刘晓星：《金融系统稳定性评估：基于宏观压力测试方法的国际比较》，《国际金融研究》2008 年第 2 期。

许涤龙、陈双莲：《基于金融压力指数的系统性金融风险测度研究》，《经济学动态》2015 年第 4 期。

颜立群：《PPP 模式迈入政策稳定期与成熟期》，《施工企业管理》2019 年第 6 期。

杨超、李兴华：《PPP 综合信息平台助力交通运输"黄金期"》，《中国公路》2019 年第 10 期。

杨靖文：《公私合作与行政法的回应》，博士学位论文，西南政法大学，2017。

杨晓东：《探索桂林文旅新型城镇化模式，助力海上丝绸之路》，《社会科学家》2017 年第 1 期。

杨燕平：《PPP 项目库管理对人民银行预算项目库管理的启示及建议》，《金融科技时代》2018 年第 8 期。

余文建、黎桂林：《中央银行如何防范和化解系统性金融风险：美联储的经验与启示》，《南方金融》2009 年第 11 期。

袁政、刘金栋、周惠亮等：《PPP 项目资产证券化研究》，《环渤海经济瞭望》2017 年第 10 期。

曾昭灶、李善民、陈玉罡：《我国控制权转移与投资者保护关系的实证研究》，《管理学报》2012 年第 7 期。

张春秀：《浅谈 PPP 项目资产证券化的可行性》，《财讯》2019 年第 4 期。

张瑾：《基于金融风险压力指数的系统性金融风险评估研究》，《上海金融》2012 年第 9 期。

张童：《金融机构防范 PPP 政府隐性债务风险之探析——基于财金〔2019〕10 号文的解读》，《财会月刊》2019 年第 17 期。

张晓朴：《系统性金融风险研究：演进、成因与监管》，《国际金融研究》2010 年第 7 期。

赵进文、张胜保、韦文彬：《系统性金融风险度量方法的比较与应用》，《统计研究》2013 年第 10 期。

《浙江对民间投资不设防——浙江省政府出台促进和引导民间投资新政策》，《政策瞭望》2003 年第 3 期。

《政经动态》，《中国民商》2016 年第 8 期。

周小川：《金融政策对金融危机的响应——宏观审慎政策框架的形成背景、内在逻辑和主要内容》，《金融研究》2011 年第 1 期。

庄鹏：《深圳市龙岗区规范推动政府和社会资本合作（PPP）对策研究》，硕士学位论文，兰州大学，2017。

图书在版编目（CIP）数据

民间投资发展的制度安排与建议：吉林实践／李阳
主编 . -- 北京：社会科学文献出版社，2023.2
　　ISBN 978-7-5228-0699-0

　　Ⅰ.①民…　Ⅱ.①李…　Ⅲ.①民间投资-研究-吉林
Ⅳ.①F832.734

　　中国版本图书馆 CIP 数据核字（2022）第 171723 号

民间投资发展的制度安排与建议：吉林实践

主　　编／李　阳
副 主 编／刘东来　李　硕　刘贺家

出 版 人／王利民
组稿编辑／任文武
责任编辑／丁　凡　张丽丽
文稿编辑／赵熹微
责任印制／王京美

出　　版／社会科学文献出版社·城市和绿色发展分社（010）59367143
　　　　　地址：北京市北三环中路甲 29 号院华龙大厦　邮编：100029
　　　　　网址：www.ssap.com.cn
发　　行／社会科学文献出版社（010）59367028
印　　装／三河市龙林印务有限公司

规　　格／开　本：787mm×1092mm　1/16
　　　　　印　张：15.25　字　数：249 千字
版　　次／2023 年 2 月第 1 版　2023 年 2 月第 1 次印刷
书　　号／ISBN 978-7-5228-0699-0
定　　价／88.00 元

读者服务电话：4008918866